互联网金融监管发展研究

薛 妮 著

吉林大学出版社
·长春·

图书在版编目(CIP)数据

互联网金融监管发展研究 / 薛妮著. —长春：吉林大学出版社，2022.9
ISBN 978-7-5768-0711-0

Ⅰ.①互… Ⅱ.①薛… Ⅲ.①互联网络－应用－金融监管－研究－中国 Ⅳ.①F832.29

中国版本图书馆 CIP 数据核字(2022)第 186233 号

书　　名：互联网金融监管发展研究
HULIANWANG JINRONG JIANGUAN FAZHAN YANJIU

作　　者：薛　妮　著
策划编辑：黄国彬
责任编辑：刘守秀
责任校对：蔡玉奎
装帧设计：姜　文
出版发行：吉林大学出版社
社　　址：长春市人民大街 4059 号
邮政编码：130021
发行电话：0431－89580028/29/21
网　　址：http：//www.jlup.com.cn
电子邮箱：jldxcbs@sina.com
印　　刷：永清县晔盛亚胶印有限公司
开　　本：787mm×1092mm　1/16
印　　张：15.75
字　　数：300 千字
版　　次：2023 年 3 月　第 1 版
印　　次：2023 年 3 月　第 1 次
书　　号：ISBN 978-7-5768-0711-0
定　　价：98.00 元

版权所有　翻印必究

前　言

当前，以互联网为核心的信息技术成为最重要的全球性技术浪潮，并以不可估量的速度和能量改变着各行各业，对政治、经济、文化以及人们的日常生活等都产生了重大影响，正在塑造与农业社会和工业社会完全不同的社会文明形态——网络社会形态。

近年来，以第三方支付、P2P网络贷款平台、股权众筹融资平台、网络银行等为代表的互联网金融蓬勃发展，适应了电子商务发展、中小企业和个人融资的需求以及金融创新的需要，显示了旺盛的生命力和持续的创造力。一方面，新兴互联网金融模式对现有金融体系形成了有力的冲击，改变了商业银行赖以生存和发展的价值网络、客户基础、技术基础和业务结构，冲击着商业银行的负债端、资产端、功能端和盈利端；另一方面，新兴互联网金融模式也极大地激发了传统金融的创新潜能，促使其致力于变革业务流程、加强产品创新、改善金融服务、提高运营效率，在银行长期发展过程中发挥"鲶鱼效应"。

传统金融和新兴金融不断利用互联网技术创新发展，互联网金融业务规模迅猛扩大，金融混业、跨界、脱媒等现象加剧。同时，诸如法律定位不明、监管存在真空、管理规则不一、行业缺乏自律等问题也逐步显现出来，不仅在一定程度上对金融宏观调控效果带来了影响，对现有的金融监管体系和规则也形成了诸多挑战。

基于此，本书从我国互联网金融发展现状和趋势出发，运用规范的理论与实证研究方法对各类互联网金融业态的主要风险、监管现状和国际经验进行了全面分析，提出了互联网金融监管的总体思路、基本框架和政策建议，对各监管部门研究制定互联网金融监管政策、规范互联网金融发展具有重要参考价值。

本书研究目标明确、层次清晰、论证严谨，既可供各级政府经济金融管理干部、经济金融研究机构科研人员、金融行业公司管理人员阅读，也可供普通高等院校经济和金融专业师生教学参考。

由于时间仓促和研究能力所限，很多问题还有待我们今后进一步深入研究。对于该书中出现的缺陷和疏漏之处，诚请广大读者不吝赐教。

海南政法职业学院
薛　妮

目 录

第一章　互联网金融概述 ……………………………………………（1）
　　第一节　互联网金融的概念 ……………………………………（2）
　　第二节　互联网金融主要业态 …………………………………（4）
　　第三节　互联网金融对我国金融监管体系的影响与挑战 ……（12）

第二章　第三方支付监管研究 ……………………………………（15）
　　第一节　第三方支付的发展现状 ………………………………（16）
　　第二节　我国第三方支付市场准入条件 ………………………（28）
　　第三节　第三方支付的主要风险和问题 ………………………（34）
　　第四节　第三方支付的监管现状 ………………………………（39）
　　第五节　第三方支付监管的国际经验 …………………………（41）
　　第六节　我国第三方支付的监管建议 …………………………（46）

第三章　P2P 网络借贷平台监管研究 ……………………………（54）
　　第一节　P2P 网络借贷平台的发展现状 ………………………（54）
　　第二节　我国 P2P 网络借贷问题平台现状与主要风险分析 …（63）
　　第三节　我国 P2P 网络借贷行业监管体系构建及政策建议 …（83）

第四章　股权众筹融资平台监管研究 ……………………………（89）
　　第一节　股权众筹融资平台的现状分析 ………………………（89）
　　第二节　股权众筹融资平台的主要风险 ………………………（90）
　　第三节　股权众筹融资平台的监管发展建议 …………………（96）

第五章　网络银行监管研究 ………………………………………（101）

第一节　网络银行的发展、演变及经营模式 ………………… (101)
  第二节　网络银行的风险特征 ………………………………… (113)
  第三节　网络银行监管的国际经验 …………………………… (124)
  第四节　网络银行监管的主要挑战及监管建议 ……………… (130)

第六章　互联网金融其他业态监管研究 …………………………… (142)
  第一节　互联网保险的现状、问题及监管研究 ……………… (142)
  第二节　互联网征信的现状、问题及监管研究 ……………… (147)
  第三节　互联网理财的现状、问题及监管研究 ……………… (154)

第七章　互联网金融若干特殊风险分析 …………………………… (161)
  第一节　互联网金融的混业风险分析 ………………………… (161)
  第二节　互联网金融的长尾风险分析 ………………………… (165)
  第三节　互联网金融的信息技术风险分析 …………………… (166)

第八章　互联网金融监管国内外比较研究 ………………………… (174)
  第一节　互联网金融监管理论的发展及其中外比较 ………… (175)
  第二节　国外互联网金融监管政策比较分析 ………………… (185)
  第三节　国外经验对我国互联网金融监管的借鉴与启示 …… (195)

第九章　互联网金融监管体系构建 ………………………………… (200)
  第一节　互联网金融监管总体思路 …………………………… (200)
  第二节　我国互联网金融监管的基本框架设计 ……………… (214)
  第三节　互联网金融监管协调机制构建 ……………………… (218)
  第四节　完善互联网金融监管体系的政策建议 ……………… (228)

结束语 ………………………………………………………………… (236)

参考文献 ……………………………………………………………… (237)

第一章　互联网金融概述

对于什么是互联网金融，人们却又难以说清道明。有人认为，互联网金融是互联网信息技术向传统金融业渗透而产生的新兴金融产业，因此具备互联网精神的金融业态都是互联网金融；有人认为，只有互联网企业涉足金融领域所产生的一系列新的金融经营模式才是互联网金融。《中国金融稳定报告》首次在官方报告中对互联网金融的概念及内涵进行了详细描述，指出互联网金融是互联网信息技术与金融的结合，是借助互联网和移动通信等技术实现资金融通、电子支付和网络资金筹措的新兴金融模式，该《中国金融稳定报告》也承认，全球互联网金融还处在快速发展的新阶段，新的经营模式层出不穷，可能给互联网金融这个概念带来新的内涵和外延。

本章首先从互联网金融的概念、产生及其发展入手，从本书研究目的出发，对互联网金融的概念和内涵进行界定；其次介绍互联网金融主要业态与监管现状；最后结合互联网金融科技的发展，对互联网金融的未来发展趋势进行判断，从而为我国互联网金融监管模式及其监管体制的前瞻性研究提供制度法律基础。

第一节　互联网金融的概念

国内互联网金融的概念最早由谢平和邹传伟教授在2012年提出[①]。随后，诸多专家学者分别从金融普惠、去中介化金融、科技金融等多个角度，以及互联网技术创新、金融科技发展对金融业的影响等多个层面，对互联网金融的概念进行了全方位的分析，并形成了多种观点[②]。从内涵来看，国外电子金融的概念与我国互联网金融的概念具有相通之处，互联网金融也可以理解为"电子金融"的升级版[③]。具体来看，谢平教授从瓦尔拉斯均衡角度出发，认为互联网金融是受互联网等信息技术的影响，从传统银行、证券、保险、交易所等面对面进行的金融交易和市场，到瓦尔拉斯一般均衡对应的无中介的所有金融交易和组织形式[④]。但是笔者认为，谢平教授的"无中介"瓦尔拉斯均衡与现实相比过于理想化，且P2P(个人对个人)平台、第三方电子支付、股权众筹等互联网金融模式平台本身也是一种金融中介，只是信息化技术程度更高而已。

马云对互联网金融有过多次阐述，他先后提出了互联网金融和金融互联网两个概念，并认为它们存在本质的区别，前者是利用互联网的思想和技术，让金融回归服务本质，而后者是金融行业的互联网化。[⑤] 由此，马云认为互联网机构做金融，才是互联网金融。[⑥] 这是一种典型的"出生论"，认为互联网思想和技术是互联网企业所特有的，而传统金融机构难以成为互联网金融的创新主体。

也有人将互联网金融和"民间金融""普惠金融"简单等同。有些人认为，互联网金融是在当前金融业严格准入管制下的民间资本进入金融业的典型形

---

① 谢平，邹传伟. 互联网金融模式研究[J]. 新金融评论，2012(1)：50.
② 邵玉君. 金融机构互联网金融发展研究[J]. 2021(2014-3)：61—66.
③ 黄旭，兰秋颖，谢尔曼. 互联网金融发展解析及竞争推演[J]. 金融论坛，2013，18(12)：9.
④ 谢平，邹传伟，刘海二. 互联网金融监管的必要性与核心原则[J]. 国际金融研究，2014(8)：7.
⑤ 张晶. 互联网金融：新兴业态、潜在风险与应对之策[J]. 经济问题探索，2014(4).
⑥ 王振，熊德平. 中介视角下互联网金融发展及对传统金融机构的挑战分析[J]. 科技广场，2020(6)：7.

第一章 互联网金融概述

式,因此,互联网金融其实是戴上"互联网"帽子的民间金融[①];有不少人认为,互联网金融其实就是利用科学技术的普惠金融,以往由于无法解决长尾市场的"高成本、高风险、高信息不对称"等问题,金融服务覆盖面不足,而互联网金融是为了解决这些问题而产生的新型普惠金融模式。[②]

虽然对于互联网金融的定义,仁者见仁,智者见智,但稍做梳理不难发现,在以下几个方面还是取得了一些共识:一是互联网金融是一种新兴金融业态,其存在具有一定的合理性,有助于降低交易成本、提高金融配置效率和风险管理水平;二是"平等、开放、共享、协作、快速"的互联网精神是互联网金融与传统金融的重要区别之一;三是大数据、云计算等互联网技术是互联网金融发展的重要推动力量。但目前对于互联网金融争议最大的是互联网金融的外延,即传统金融业务的互联网化是否属于互联网金融。从我们的研究目的出发认为:目前传统金融业务已经受到严格的监督管理。因此,若传统金融业务只是简单地从线下搬到线上,参照监管一致性的原则,将线下监管平移至线上,则能基本控制风险,但其不是我们所研究的重点。相反,互联网企业涉足金融领域,其思维方式、业务模式、风险控制与传统金融机构存在天壤之别,故现有金融监管体系难以完全覆盖其风险,因此,对互联网企业的风险监管将是我们的研究重点。除此之外,传统金融机构开展的互联网金融产品和服务创新,所触及的现有金融监管尚未覆盖的领域,也是笔者关注的内容。综上,我们认为,互联网金融是互联网信息技术在金融行业的应用和渗透,其是指以互联网技术和思维为依托而开展的一系列金融创新业务,包括科技金融、数字金融、元宇宙金融等,以及由此而形成的具有多元化、多种模式等特点的金融产品、机构、市场和模式场景,既包括互联网企业开展的创新金融、普惠金融业务,也包括传统金融机构采用互联网技术开展的创新型业务,更包括金融科技创新产生的科技金融、数字金融等各种金融创新业态。

---

① 王振,熊德平.中介视角下互联网金融发展及对传统金融机构的挑战分析[J].科技广场,2020(6):7.

② 孟晓华,乔璐萍,刘莉.农村普惠金融发展水平实证分析——以汉中市为例[J].西部金融,2018(6):7.

第二节 互联网金融主要业态

对于互联网金融如何分类,理论界与实务界尚未形成一致的标准。《中国金融稳定报告》认为,互联网金融的主要业态包括互联网支付、P2P 网络借贷、网络小额贷款、众筹股权融资、金融机构创新型互联网平台、基于互联网的基金销售等。谢平等将互联网金融模式分为金融互联网化、移动支付与第三方支付、互联网货币、基于大数据的征信和网络贷款、P2P 网络贷款、众筹融资六种类型。[①] 王曙光和张春霞从业务功能视角将我国互联网金融模式划分为四类,即支付平台型、融资平台型、理财平台型和服务平台型。[②] 孙浩从商业化角度出发提出七种互联网金融模式,即通用支付平台、在线(移动)P2P 支付、互联网人人贷、在线个人理财、社交网络投资平台、互联网金融服务和金融大数据。[③] 基于目前互联网金融的发展现状,本书重点研究七大业态模式,分别为第三方支付、P2P 借贷平台、众筹融资平台、网络银行、互联网保险、互联网征信及互联网理财。

一、第三方支付

第三方支付主要分为第三方网络支付、预付卡支付和银行卡收单三大类。我们主要研究基于互联网技术的第三方网络支付,与传统支付方式相比,互联网第三方支付业务具有以下特征:一是数字性。第三方支付业务通过虚拟数据信息的流转完成款项支付,而传统的支付方式则是通过现金、票据及凭证等物理实体介质的流转完成款项支付。[④] 二是网络开放性。互联网第三方支付业务的运行环境一般基于互联网这一公共开放网络金融服务平台。三是方便快捷性。第三方支付业务完全突破时间、空间和地域的限制,客户凭借电

[①] 谢平,邹传伟.互联网金融模式研究[J].新金融评论,2012(1):50.
[②] 王曙光,张春霞.互联网金融发展的中国模式及其创新[J].中国农村金融,2014(2):2.
[③] 常祖铖,余健.互联网金融模式及风险监管思考[J].新商务周刊,2019(4):1.
[④] 刘达.基于传统供应链金融的"互联网+"研究[J].2021(2016-11):22-29.

脑、智能手机、刷脸支付、可穿戴设备等非接触网络信息终端,可以方便快捷地办理各类支付业务,整个支付过程可不受时间、空间和地域限制在短时间内完成,效率非常高。四是经济实用性。第三方支付业务主要依托数字化网络资源实现,与传统支付依托物理网点需要大量人工不同,第三方支付在网络上实时动态支付,降低了支付服务提供者人员、运营、管理等各方面的成本,客户使用电脑、手机移动网络、刷脸支付、可穿戴设备等终端便可办理网络支付,节约了使用传统支付工具产生的交通费等费用。

二、P2P借贷平台

P2P借贷是一种的个人对个人的在线借贷中介模式,借款人在平台上发布借款需求,并与借贷平台上的出借人达成交易,平台主要承担信息发布和交易撮合的角色。P2P借贷并不只是简单的民间个人借贷的网络化。随着P2P借贷平台的发展,借款人已经不再局限于个人,国内外许多P2P借贷平台也开放给中小企业借款人,形成了所谓的个人对企业(peer-to-business,P2B)或者个人对公司(peer-to-company,P2C)模式,但本质上讲,这些平台仍然属于广义上的P2P借贷平台的范围。

三、股权众筹融资平台

股权众筹融资是指利用互联网网络良好的传播性,向网络投资人募集资金,并在募集资金的过程中,达到宣传、推广效果的一种金融模式[1]。众筹最初是艰难奋斗的艺术家们为创作筹措资金的一个手段,随着众筹网络平台的兴起及社交网络传播的特点,众筹使任何有创意的人都能够向完全陌生的人筹集资金,消除了通常向传统投资者或机构进行融资时可能遇到的一些障碍。故而众筹具有门槛低、方向多样、依靠大众力量和注重创意的特征。股权众筹是刚刚开办的目标初创公司通过互联网证券监督管理部门批准或者允许出让一定比例的股份,面向网络普通投资者出让股份来筹资,投资者通过出资入股公司,以求获得未来收益的网络发行股权出让模式。众筹具有门槛低、

---

[1] 张继源.关于众筹模式及其效率和问题[J].东岳论丛,2015,36(3):5.

筹集资金不多、方向多样、依靠大众力量、极简审批和注重创意的特征。股权众筹平台主要有天使融资众筹平台、京东股权众筹平台、星火乐投APP——私募基金股权投融资平台、同筹荟——安全、高效的互联网众筹融资平台、原始会——中国股权众筹平台、人人投——实体店铺股权众筹平台、云筹、天使街——专注O2O（线上到线下）的股权众筹平台、大家投——股权众筹平台、天使客——股权众筹等，由于我国众筹法律不完善等原因这些平台的发展并不理想。

四、网络银行

网络银行是互联网信息技术发展应运而生的一种新型银行运作模式，这种模式银行不再依赖传统物理营业部网点，而是通过银行网络平台、手机移动网络等网络虚拟远程渠道，为客户提供全方位多元化的银行服务。许多国际组织对网络银行均有定义：美国货币监理署（OCC）的定义：网络银行是一种通过电子计算机或相关的智能设备使银行的客户登入账户，获取金融服务与相关产品等信息的系统[1]；巴塞尔委员会（BCBS）的定义：网络银行是指那些通过电子通道提供零售与小额产品和服务的银行。[2] 这些产品和服务包括存贷款、账户管理、金融顾问、电子账务支付及其他一些诸如电子货币等电子支付的产品与服务；欧洲银行标准委员会（ECBS）的定义，网络银行是指能够使个人或者相关企业使用电子计算机、机顶盒、无线网络电视及其数字设备登录互联网，获取银行相关金融产品和服务的银行[3]；美国联邦储备局（FRB）的定义：网络银行是将互联网作为其产品、服务和信息的业务渠道，并向其客户提供个人或公司业务服务的银行。[4]

---

[1] OCC, Internet Banking—Comptroller's Handbook. Comptroller of the Currency Administrator of National Banks[J], October 1999.

[2] Basle Committee on Banking Supervision (BCBS). Risk Management for Electronic Banking and Electronic Money Activities[R], 1998.

[3] ECBS. Electronic Banking, Eropean Committee for Banking Standards[S], 1999.

[4] FRS. Electronic and Internet Banking[R]. Board of Governors of The Federal Reserve System, 2000, 10.

五、互联网保险

互联网保险是指保险公司或保险中介机构,利用互联网、大数据、人工智能等信息技术为工具,通过自办网站或第三方网站,开展保险产品设计、销售或者提供各种各样的保险中介服务的经营活动。①

目前互联网保险主要有五种销售模式。

(1)官方网站模式,是指在互联网金融保险产品的交易平台中,各个保险公司、保险中介企业通过先进的互联网信息技术建立的自主经营互联网网站的保险业务销售平台。

(2)第三方电子商务平台模式,是指独立于商品或服务交易双方,充分利用信息技术建立互联网网络保险销售平台,依照一定交易模式为各方提供保险销售服务的电子商务企业网站平台,例如,苏宁易购向中国银行保险监督管理委员会(以下简称中国银保监会)申请全国性保险销售代理公司,进军互联网保险业。

(3)网络兼业代理模式,是指大量垂直类的专业网站为给客户提供更方便快捷的服务、提升附加价值,以技术服务形式使用兼业代理的资质与保险公司合作开展业务,此类业务绝大部分以旅行网站、航空铁路客票网站为主,主要经营短期意外险或航空、铁路等交通工具类保险。

(4)专业中介代理模式,是指获得中国银保监会批准专门从事保险中介代理服务的网络公司。② 例如,中国银保监会在 2012 年 2 月正式向社会公布的中民保险网等 19 家获得网上保险销售资格的网站。

(5)专业互联网保险公司模式,按照保险公司经营业务主体的不同,可以分为三类:第一类是财险、寿险结合的综合性互联网保险销售平台,以中国人寿电子商务公司、平安新渠道公司等为代表。第二类是专注财险或寿险的互联网保险专业营销平台,如以新华电商为代表的专业保险电商平台。第三类是纯互联网的"众安在线"保险销售模式,它往往都是通过网络来进行所有

---

① 李晓伊.互联网时代下金融创新模式研究[J].现代营销(下旬刊),2019(03):32-33.
② 李源,伍宁.面对 5G 时代背景我国互联网保险的商业模式研究[J].中国商论,2019(21):2.

保险销售。

六、互联网征信

从表面上看，互联网征信和传统征信似乎只是在数据的获取渠道上有区别①，前者主要来自互联网、大数据、云计算、人工智能、物联网等技术，后者则来自传统线下渠道，但是二者更本质的区别体现在数据内涵、信用评价思路、覆盖人群和应用场景等方面②（如表1-1所示）。

表1-1 互联网征信和传统征信的区别

比较项目	互联网征信	传统征信
数据来源	主要是线上行为数据	线下借贷和履约行为数据
数据类型	主要是交易数据、社交数据等网络数据	信贷数据、公共事业缴费、罚款等数据
数据内涵	体现人的性格和心理，由此推断履约可能性，做到大数据"杀熟"等	体现借贷领域的履约可能性
数据格式	主要是大量非结构化数据	结构化数据
信用评价思路	用实时行为反映人相对稳定的性格	用昨天的信用记录来判断今天的信用
覆盖人群	在互联网上留下足够痕迹的人	有信用记录的人（银行借贷、信用卡、公用事业缴费等）
应用场景	生活中各种履约场景 特点：碎片化、生活化	借贷 特点：金融属性强

（1）从数据内涵来看，互联网征信获取的主要是通过网络的方式得到的个人线上的行为数据，包括网上的交易数据、社交数据、网上购物癖好及其他在互联网服务使用过程中产生的各种行为数据等，这些数据表面上看来与履约行为无关，但实质上，互联网的行为轨迹和细节可以更多地反映人的性格、

---

① 张娜. 互联网征信时代的个人信息权保护[J]. 法制博览, 2019(12): 109-110.
② 李真. 中国互联网征信发展与监管问题研究[J]. 征信, 2015(7): 7.

心理等信息,而这些信息对于分析一个人的履约可能性是至关重要的,而且获得这些数据的公司可以利用大数据、云计算、人工智能等技术进行精准营销、大数据"杀熟"等。

(2)从信用评价思路来看,传统征信往往是用以前当事人发生的信用记录来判断他今天的信用。这就可能对他来说存在两个问题:一是以往信用记录不好的人经过很长时间后是否仍然永远不变继续是一个高风险者?原来信用记录不良的人有没有变好的可能?判断那些有不良信用史的人仍然是不良信用有困难。二是对于过去没有发生过信用不良记录的人,没有再多的资料如何判断其可能发生风险的程度?如果个人过去没有产生信用记录,那么应该如何判断其信用风险。对于第一个问题,互联网征信所获取的各种各样的数据能够实时地反映个人的行为轨迹和范式,以此就能够比较容易推断这个人相对稳定的性格、心理状态和行为模式,进而能够大致推断其未来的真实的履约情况。对于第二个问题,则引出了两者的差异需要该人全方面的信息才能判断。

(3)从覆盖人群来看,2013年年底,具有征信记录的人群仅有3.2亿人,约占2013年总人口数13.5亿的23.7%;2016年6月底,央行征信中心覆盖人群8.8亿人,其中信贷记录人群仅为3.8亿人。[①] 远低于美国征信体系对人口的85%的覆盖率。2018年年初全国共有200多家网络贷款公司,8 000多家小额贷款公司,它们拥有海量的客户的各种各样的金融数据。此外,互联三巨头阿里巴巴、腾讯、京东等从事互联网金融的平台,由于长年累月地为客户服务,还留存客户数以万计的社交、购物、出行、网络金融服务等信息。传统征信覆盖率比较低,主要是因为数据来源渠道较少、采集比较困难或成本过高。随着互联网的不断普及尤其是大数据、云计算、人工智能技术的发展,征信数据的来源日益广泛,同时互联网技术的使用极大地降低了数据采集成本。2019年4月,央行新版个人征信报告已上线,拖欠水费也可能影响其个人信用,6月19日,中国央行已建立全球规模最大的征信系统。2021年6月3日,"蚂蚁消费金融有限公司"正式获批开业,9月中旬,蚂蚁消费金融

---

① 曹光宇.2021年上市银行年报之信用卡专题解读[J].中国信用卡,2022(6):15.

有限公司向所有人发出信号，蚂蚁花呗全部纳入央行征信系统，范围涵盖所有5亿花呗用户。早在蚂蚁花呗之前，京东白条等互联网网络贷款平台的借贷产品已经接入央行征信，可以预见全部互联网平台的金融借贷行为都将被纳入央行征信平台，央行主导的互联网征信平台可以覆盖到过去大量没有信用记录的人，利用他们在互联网留下的各种各样的大量数据痕迹来做信用判断。

（4）从应用场景来看，传统征信数据主要来自金融机构借贷领域并主要应用于借贷领域，而互联网征信因为数据来源、数据内涵、模型思路的不同，信用评价更趋于对人的性格、心理的推断，可运用于除借贷以外更广泛的场景，信用符合个人生活化、日常化、个性化的程度更高。例如，现实中常见的各种履约场景——租房、租车、预订酒店等，因此其信用记录准确率更高。

因此，互联网征信和传统征信存在较大的差异，但是二者并不是孤立的，不是说互联网征信只能服务于互联网金融，而传统征信只能服务于传统金融。反之，两者在采集数据、覆盖人群和应用场景上存在较强的互补关系。从发展趋势来看，二者存在相互融合的可能。例如，个人和企业征信系统引入互联网征信数据可能会提高对个人和企业信用判断的精确程度，反之亦然。在物联网时代对于每个人来说，信用会变得很重要，行为—信用—能力—人格—财富。在大数据的帮助下，你的行为推导出了你的信用值，然后以信用度是支点，能力为杠杆，人格为动力，联合撬动的力量范围，从某种程度来说就是你所掌控财富的多少和世界的大小。

七、互联网理财

互联网理财是指个人或家庭通过互联网获取投资理财服务和金融产品信息，满足其金融资产配置需求的一系列活动。互联网理财并不是一种单纯的金融业务模式，而是多种金融业务和方式的集合，涉及网络基金、网络证券、网络资产管理、网络智能投资顾问、金融产品搜索和评级等多个资产类别和理财投资环节。由于投资者越来越需要一站式的理财解决方案，故集合多种资产类别和服务内容的综合化互联网理财平台已经成为发展趋势，各种业态和服务将会不断发生融合和裂变，但是也会产生各种各样的理财法律风险。

第一章 互联网金融概述

目前，中国的互联网理财市场还处于不断发展阶段，证券、基金等非存款类产品在居民金融资产中的配置比例还非常低。从业务形态来看，各种互联网理财的业态还处于独立发展的阶段，由于法律缺失等原因，整合各种金融产品和服务的综合化互联网理财平台还不够成熟。比较典型的互联网理财业务模式有以下几种。

（1）网络基金。网络基金的基本形态是通过互联网进行基金产品的销售，其中也有部分基金进行了产品设计改进，门槛更低，客户体验更好，还可以将基金和消费场景结合起来。网络基金还可以进一步分为两种模式：一种是以货币市场基金为核心的单品模式，如余额宝、理财通、百赚、零钱宝、沃百富、天天盈等；另一种是综合性的基金超市，如淘宝基金、京东金融、天天基金网、好买基金等。其中，支付宝和天弘基金于2013年6月推出的余额宝发展最为迅速，用户从2013年年底的4 303万人、2014年年底的1.85亿人，2015年年底的2.6亿人，增长到2016年年底的2.95亿人。2017年第3季度用户已达到3.68亿人。2017年余额宝资产净值突破万亿规模，达到1.14万亿元，本期利润87.04亿元，而且发展越来越快，天弘基金表示，其大部分资金都来自个人投资者，用户数量已超3亿。[①]到2020年年初余额宝最新对接的6只货币基金规模达到了10 302亿元。

（2）网络证券。目前国内网络证券的基本形态是让用户在网上开立证券账户并进行证券交易，典型的代表是国金证券推出的佣金宝以及与QQ合作的五家证券公司（中山证券、华龙证券、西藏同信证券、华林证券、广州证券）等。

（3）网络智能投资顾问平台。其典型的代表是新浪理财师，在该平台上证券投资顾问可以为投资者提供个人理财顾问服务。2016年被称为"智能投顾元年"，各种金融证券投资机构纷纷与科技公司合作投入巨资来开发智能投顾软件。中央财经大学法学院邢会强教授2019年7月19日在《学习时报》撰文指出，智能投顾平台存在一系列的风险：监管套利风险、不公平竞争风险、法

---

① 郑雯露.互联网货币市场基金产品的流量统计分析——基于余额宝用户的申购和赎回数据[D].浙江大学，2018.

律滞后会阻碍行业发展的风险、消费者权益保护的风险等。①

(4)金融产品搜索引擎。其典型的代表是银率网、融360、百度财富等,投资者可以通过该平台搜索和比较不同的金融产品,既包括基金、信托、保险等理财产品,也包括信用卡、房贷、车贷等信贷产品。

(5)个人财务管理工具。其典型的代表是挖财、随手记、51信用卡管家等,消费者可以通过手机移动网络客户端管理个人消费记录和信用卡账单等,同时也可以购买其推荐的各种各样的金融理财产品。

第三节 互联网金融对我国金融监管体系的影响与挑战

20世纪90年代以来,为与我国金融改革与发展相适应,我国金融监管体系逐渐由"大一统"监管向"分业监管"体系转变。目前,我国已建立起比较完善的分业监管体系。在分业监管的框架下,我国金融业监管体系体制机制日益完善,对于防范各种金融风险、保障国家经济平稳健康运行发挥了重要的作用。然而,随着全球金融科技创新和混业经营的发展,尤其互联网金融的迅猛发展,我国传统的基于机构和产品逻辑的分业经营、分业监管模式已经很难适应新的金融科技创新模式。相比,互联网金融具有的特点及面临的挑战如下。

一、金融边界拓宽,金融科技创新形态突变带来的挑战

互联网金融具有明显突破传统的物理空间的不受时间、空间、地域限制的金融服务模式,催生了新的金融服务商业模式,如网络保险销售、P2P(个人对个人)借贷和股权众筹等,这些新模式与传统金融产品存在很大差异。一是从服务对象来看,互联网金融拓展了传统受空间限制的交易业务边界,服

---

① 程雪军.中国互联网消费金融的发展模式及治理反思——基于"一带一路"沿线国家的经验[J].消费经济,2021,37(4):12.

务了大量原来传统金融服务难以覆盖的各色人群,而且服务成本更低、效率更高。二是互联网金融的经营模式往往突破国界,对风险监管的国际协调带来挑战。互联网金融经营业务没有时间、空间和地域限制的实时性给金融监管的科技创新带来一定的挑战,这就要求金融监管部门加强科技投入,利用大数据、云计算、人工智能、区块链等技术进行实时动态监管。三是互联网金融新兴业态的涌现和各种互联网金融产品推出速度的加快,使得监管体制滞后、监管技术手段落后,无法全方位、无缝隙、穿透式地进行监管使矛盾更加突出。这样的情况下,导致较长时间内部分新兴互联网金融业态或产品处于无监管或者监管不到位状态,会产生各种各样的金融风险。因而,应完善对互联网金融的监管体系,以适应互联网金融快速变化的特点。

二、互联网金融混业经营,跨界融合带来的挑战

互联网金融通过金融科技创新导致"金融+非金融"业务跨界与混业经营融合,产生各种各样的金融创新产品。例如,支付宝和天弘基金联合推出的余额宝,实现了"理财+消费"双重功能乃至于多重功能的创新金融产品,这些金融产品不仅新而且金融监督部门往往导致难以监管。事实上,随着互联网金融科技的发展和演进,金融业与电子商务、社交媒体、移动互联网、大数据技术、人工智能技术、物联网技术、区块链技术、虚拟现实等金融科技和产业形态之间的界限也被不断打破,导致互联网金融呈现出新的业务产品和新的经营发展模式。

金融跨界混业经营中出现的多头监管和法律不完善等诸多问题是金融监管面临的主要挑战。而英国20世纪80年代中期的金融大爆炸[1],日本20世纪90年代初期的金融混业经营[2]到1999年美国金融服务现代化法导致的美国金融混业经营[3],形成了金融发达国家金融监体制和法律制度的多次创新,但是仍然存在不少金融风险,而我国互联网金融存在多头监管以及监管空白和监管成本过高与法律不完善等一系列的问题。此外,在分业监管体制下,互

---

[1] 李新宽. 近代英国社会关于证券市场发展的大争论[J]. 世界历史, 2022(2): 15.
[2] 胡子啸. 20世纪90年代初期日本衰退分析及对我国发展的启示[J]. 河北金融, 2021(5): 3.
[3] 唐婧, 杨光. 美国金融业综合经营和风险防控[J]. 中国金融, 2020(1): 2.

联网金融跨界混业经营给不同金融行业间以及金融行业内部不同子行业间的监管协调、防范风险带来了很大的挑战。

三、金融科技密集发展，快速迭代带来的挑战

互联网金融随着大数据、云计算、人工智能、移动互联网、区块链等智能化、信息化、虚拟化、生物科技化金融技术的突飞猛进，将会进一步重塑互联网金融的格局，导致传统的互联网金融向科技金融、数字金融发展最可能再向原宇宙金融乃至于更加先进的生物金融科技发展。互联网金融在很大程度上依托于互联网技术，而互联网技术的发展和演进速度非常快。云计算、大数据、移动互联网、智能化等新型互联网技术，将会在很大程度上改变互联网的生态，并进一步重塑互联网金融的格局。互联网技术的快速演进迭代，也对分业监管模式提出了更高的要求。以支付技术为例，之前被认为典型的支付模式有POS机刷卡、网银个人电脑端支付、手机银行等。但近年来，开始出现很多新的支付技术创新，如近场支付、二维码支付、声波支付，还有基于生物特征的支付。

互联网金融的新技术应用给金融监管带来的挑战主要包括以下几个方面：一是互联网金融发展使得原有传统监管手段和方式，已难以适应互联网金融创新带来的大量风险。例如原来以使用客户终端为依据来区分不同支付模式并分类加以监管的方法，已经难以跟上互联网金融支付技术创新的步伐。二是互联网金融业务野蛮式的发展和布局产生的一系列的金融风险还会产生大量的违法犯罪行为。三是我国既懂互联网技术又懂互联网金融的综合性、复合型高层次金融监管专业人才严重缺乏。

第二章　第三方支付监管研究

随着支付方式的网络化发展，以支付宝、财付通、汇付天下等为代表的第三方支付机构异军突起，其不仅解决了交易双方存在的信任问题，还增强了网络交易的可信度。然而，我国对第三方支付管理相对较弱，由此而引发了一系列不同程度的风险，诸如政策风险、洗钱、逃税、走私、暴恐融资等金融犯罪风险以及资金风险等。严重危及了我国金融市场秩序的稳定，故对第三方支付监管的创新与改革势在必行。中国人民银行发布《非金融机构支付服务管理办法》，其将所有非金融的"支付机构"全部正式纳入国家支付体系并进行监管。中国人民银行等部门颁布的《关于规范商业预付卡管理意见的通知》，进一步明确了央行对多用途预付卡的全面监管职能。由此，第三方支付监管逐步迈向规范化、法治化的道路，推动了第三方支付市场的法治化监管进程。

本章在全面分析中国第三方支付市场产生、发展历程、市场准入条件的基础上，全面分析了中国第三方支付市场存在的一系列法律问题和金融风险，并借鉴美国和欧盟对第三方支付的监管经验，从而提出对我国第三方支付的监管建议与法律对策，希望借此促进我国第三方支付市场健康、稳定和谐发展，避免各种金融风险发生。

第一节 第三方支付的发展现状

一、第三方支付机构的界定

第三方支付的诞生、发展和壮大取决于资金在电子商务活动中以互联网为依托实现最终的顺利周转。从这个意义上说，央行数字货币非常方便快捷地在网上流通，推动了我国电子商务活动的迅速发展。北京首信"易支付"推出网关支付平台，标志着我国第三方支付机构的正式产生[①]。在历经一系列的竞争激烈期及垄断竞争期和我国2020年年底推出反垄断措施后，第三方支付市场逐渐走向成熟，但是由于早期，我国规划和安全法律意识不足，我国的第三方支付平台大量被外国资金参股或者控股，严重威胁到我国金融信息的安全，以支付宝、财付通、微信、京东白条、快钱等为代表的第三方支付机构，成功地打通网上交易的各个环节，成为第三方支付市场中的主要竞争者，同时这些第三方支付平台也积累了海量的客户数据，占据了先机。在经历了萌芽期、初步发展期、竞争激烈期及垄断竞争期后，第三方支付市场逐渐走向成熟，以支付宝、财付通、快钱等为代表的第三方支付机构，成功地打通了电子商务网上交易的各个环节，成为第三方支付市场中的主要竞争者。第三方支付机构在市场需求和创新发展的双重作用下，获得了前所未有的发展，并由此而形成了新兴的第三方支付产业。

随着第三方支付机构的不断扩张，其业务模式日趋多样化，各类风险也初露端倪。为规范第三方支付市场，2010年中国人民银行发布了《非金融机构支付服务管理办法》(中国人民银行令〔2010〕第2号)，（以下简称"2号令"）。根据"2号令"，第三方支付机构是"依据2号令相关规定取得'支付业务许可证'，提供支付服务的非金融法人企业"。其提供的服务主要包括网络支付、

---

① 张益群.中国电子商务第三方支付的市场结构研究[D].北京邮电大学，2018.

预付卡的发行与受理、银行卡收单及中央银行确定的其他支付服务。其中，网络支付是指依托公共网络或专用网络在收付款人之间转移货币资金的行为，包括货币汇兑、互联网支付、移动电话支付、固定电话支付、数字电视支付等。目前国内的第三方支付机构已经将网上支付、电话支付和移动支付多种形式结合起来，将银行、商家以及消费者等各参与者纳入电子支付产业链上的整个环节。

二、第三方支付的分类

第三方支付按业务模式主要有以下分类，即：第三方网络支付、指纹支付、预付卡支付、银行卡收单、刷脸支付等等。

(一)第三方网络支付

第三方网络支付主要有以下三种模式。

(1)支付网关模式。支付网关模式主要解决电子商务企业与商业银行之间收款或付款的网络连接问题[①]（如图2-1所示）。在该支付模式下，第三方支付平台相当于商户与银行之间的"支付中转站"，通过电子商务认证中心，客户发出支付指令后，支付平台通过信息网络将指令传递给银行，银行完成转账后再将信息传递给第三方支付平台，支付平台将此信息通知商户进行确认，这些往来交易信息通过认证中心进行，这样就能够确保整个交易信息的真实性、完整性，并与商户进行账户结算。支付网关位于互联网和传统的银行专网之间，其主要作用是保证互联网和银行专网连接的交易往来信息的安全性、私密性和不可篡改性，进而实现对银行专网的隔离和保护作用。

---

① 杜春泽. 第三方支付监管研究[J]. 青海金融, 2019(3)：3.

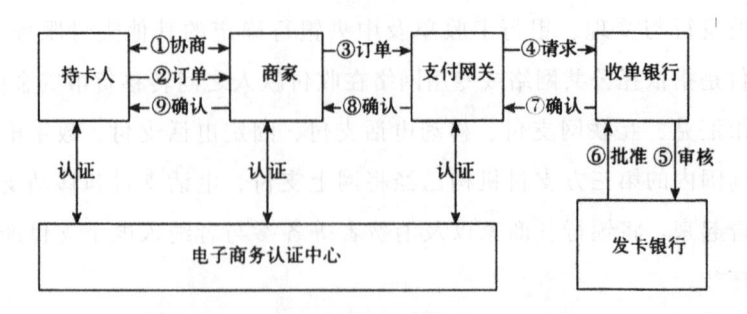

图 2-1　网关支付模式资金清算流程图

（2）虚拟账户模式。虚拟账户之间、虚拟账户与实际银行账户之间可以实现转账[①]。第三方支付机构按照法律规定应该获得网络支付许可证，通过虚拟账户实现对客户支付交易的担保，使得商家和消费者之间建立起相互的信任关系，就能够保证交易安全：通常在付款之前，由于第三方支付机构有法律允许的经营资质，其实际上发挥了代替买卖双方暂时保管货款的信用中介作用，并且第三方支付机构的介入，解决了网上交易的信息真实性、完整性等信用问题，这样就能够极大地促进电子商务的发展。许多大型支付公司，如我国的支付宝和美国的贝宝（PayPal）都采用这种模式，能够很好解决交易双方的信任问题，他们的资金清算流程可概括为：买方在电子商务商城选购商品，通过第三方支付平台开立的虚拟账户对所购买的商品进行网上支付；第三方支付机构负责通知卖家货款到达，可以进行发货；买方收到商品并验货完全满意而且不存在任何瑕疵后，第三方支付机构就按其指令将购买物品的具体款项转至卖家账户；若买卖双方因为购买的物品存在瑕疵或者其他不满意的情况下取消交易或买方退货，由于交易没有成功，没有得到买方的确认，那么第三方支付机构就不能够支付款项而是将资金转回买方虚拟账户，客户可依据实际交易情况将资金从虚拟账户转回至买方原银行结算账户或其他银行结算账户。在这种交易模式中，第三方支付机构往往扮演"信用中介"的角色，解决了买卖双方由于不了解而产生的信任的问题。具体来说，买家确认收到交易的商品前，第三方支付平台代替买卖双方暂时保管货款，以消除买

---

① 郝雅红.支付机构业务发展及中央银行监管研究[D].中国社会科学院研究生院，2014.

第二章　第三方支付监管研究

方对卖方的疑虑，在买方验货确认无疑后实现电子交易的最终完成（如图2-2所示）。

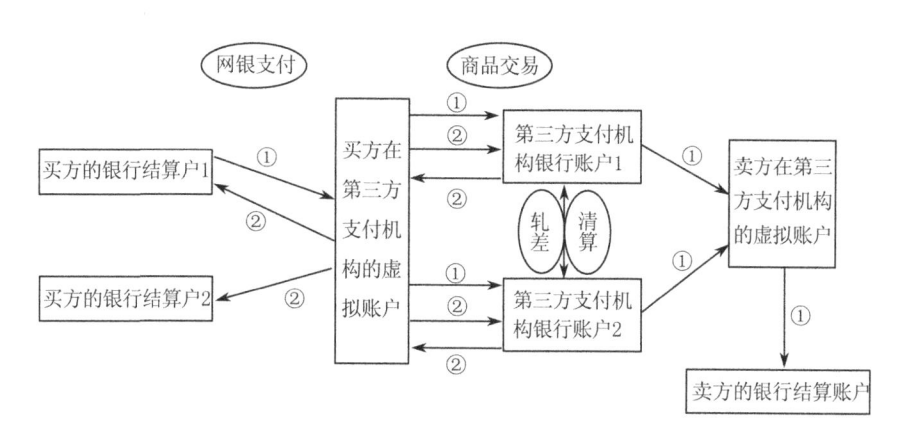

图 2-2　虚拟账户支付模式资金清算流程图

（3）便捷支付工具模式。大数据、云计算、人工智能、物联网的普及，第三方支付机构逐渐开始大力推广各种便捷的支付工具。[1] 具有多种功能的创新支付模式，基于手机客户端，已经非常便利快捷，并成为主流的移动支付业务。除了央行数字货币支付模式正在逐渐兴起外，移动支付已经成为现有支付行业发展的主流发展模式。从用户使用场景来看，移动支付产品可分为近场支付与远程支付两类[2]。随着用户的需求越来越趋于多元化、智能化、便捷化发展，由此而使得各种创新支付产品逐渐交叉融合，近场支付与远程支付之间的界限也越来越模糊，而且越来越向科技化、智能化、虚拟网络化、非接触化的方向发展。[3]

①支付账户模式。其是指付款人直接向支付机构提交支付指令，将支付账户内的货币资金转入收款人指定账户的支付方式。[4] 此种模式要求买家和卖

---

[1] 兰虹，熊雪朋，胡颖洁.大数据背景下互联网金融发展问题及创新监管研究[J].西南金融，2019(3)：10.

[2] 李睿，薛竞，李秀峰，等.第三方移动支付市场洞察与运营策略[J].信息通信技术，2021，15(6)：6.

[3] 彭心怡.浅析我国移动支付发展现状、问题及未来趋势[J].今日财富，2018(22)：1.

[4] 肖鹏，崔婉旻，李翠平，等.支付系统集中账户分布式记账模型研究[J].计算机科学与应用，2019，9(7)：8.

家在同一个支付平台上开设账户：支付宝是支付账户模式的典型代表，其支付平台由阿里巴巴开发而成，目的是降低淘宝网上购物的信用风险。平台同各大银行建立合作关系，承担买卖双方的担保职责，并利用其电子商务平台和中介担保支付平台来吸引商家开展经营业务。

②银行账户模式。这种模式最典型的代表是银联电子支付。中国银联（China Union Pay）成立于2002年3月，由于金卡工程导致各大商业银行建设各自的支付系统，使得跨行信用卡支付难以进行，经国务院同意，中国人民银行批准设立中国银行卡联合组织，总部设于上海，截至2019年9月，中国银联已成为全球发卡量最大的卡组织，发行了近80亿张银行卡。

PayPal网络服务商是目前全世界最大的网络支付机构。PayPal账户是PayPal公司向全世界推出的网络电子账户。[①] 截至2017年，PayPal在全球190国家和地区，有超过2.2亿用户而且正在快速发展。

1998年12月Paypal成立，是由特斯拉执行总裁马斯克购买开发完成的第三方支付工具，总部位于美国加利福尼亚州圣荷西市。2002年Paypal为了获取更多的资金扩大经营便公开上市发行股票筹集资金，由于Paypal公司的电子支付非常有利于电子商务的网上支付，随后eBay收购了Paypal公司，Paypal成为eBay大部分用户的首选支付模式。PayPal在全球迅猛扩张，其充分利用各种新兴的大数据、云计算、人工智能技术使得它的使用率不仅大为提高，而且获得了越来越多客户的信赖。同时，PayPal的信誉非常好，它特别注重并逐渐扩大对销售方和购物者的货物支付的信用保障。

除PayPal外，美国也有各种各样的支付平台，Google旗下的Google Wallet支付平台、ISIS支付体系及零售商联盟MCS支付工具。2020年第二季度，PayPal新增新活跃账户（NNA）2 130万，创下自创立以来的季度新高。营业收入增加25%，达到52.6亿美元。在2019年12月，PayPal宣布，在9月30日中国人民银行批准后，PayPal已完成对国付宝信息科技有限公司70%的股权收购。交易完成后，PayPal正式加入中国的电子支付竞争，成为第一家获准在中国市场提供在线支付服务的外资支付平台。

---

① 马晓蕾.17岁创立25岁上市[J].经营者（汽车商业评论），2020，No.593(09)：50-51.

(二)预付卡支付

预付卡支付是一种"先付款后消费"的支付模式,预付卡是指以营利为目的,用于购买商品或服务等各种交易的具有预付价值的卡片。[①] 如商通卡、连心卡等,这些卡由于使用场景多、运用广往往发行量比较大,但是在管理上非常严格。在发行、受理、使用、充值和赎回预付卡时,其发卡主体必须符合国家法律规定被纳入第三方支付机构中,受中国人民银行的严格监管。

目前,由于第三方电子支付的兴起,对它的使用越来越少了。由于预付卡发卡机构接受的是消费者支付的预付金,消费者未使用的预付卡余额就形成了在发卡机构的沉淀资金,按照法律规定,这些资金的所有权属于预付方。如果监管不足,就可能出现"沉淀资金"被非法挪用的现象,甚至成为洗钱、套现、偷逃税款以及行贿受贿等非法犯罪行为的通道。[②]

(三)银行卡收单

银行卡收单是指银行与商家之间以合约的方式所进行的资金结算。具体来说,持卡人在与银行具有结算合约关系的商场内进行商品刷卡消费时,由银行根据交易的单据与数据进行商品结算,在扣除一定的费用后将款项划拨至商家。在这个过程中,第三方支付机构作为收单机构,它就需要符合管理规定,该机构则属于"2号令"的监管范畴[③]。

(四)刷脸支付

刷脸支付属于生物科技创新技术在支付领域的新型运用[④],在信息审核安全性上,由于每个人脸部生物特征不同,刷脸支付技术可以严防冒名顶替者,可以大大提升信息比对的准确性。人脸识别可以快捷、精准、卫生地进行身份认定,准确性非常高且具有不可复制性,即使当事人做了整容手术,该技术也能从几百张脸中准确无误地找出"原来的你"。刷脸支付的过程非常简单,

---

① 常欣怡.第三方互联网支付的经济法规制探讨[J].中外企业家,2019(25):1.

② 何思榆.第三方支付平台客户虚拟账户资金及利息归属研究[J].湖北警官学院学报,2014,27(9):3.

③ 任静远.信用卡收单机构与发卡行法律关系的认定:以交行信用卡中心诉卡友公司案为例[J].中国审判,2021(13):4.

④ 刘晓明,夏天文.支付机构刷脸支付技术应用现状及问题研究[J].金融科技时代,2020,28(12):5.

支付时只需要将自己脸面对刷脸支付 POS 机屏幕上的摄像头进行对照，刷脸支付系统会自动将消费者的面部信息与个人账户相关联进行比对，整个交易过程十分便捷。

三、第三方支付的发展现状

(一) 第三方支付市场有序发展

第一，第三方网络支付交易结构呈现多元化与均衡化特征。2013 年第三方网络支付市场迅速发展起来。第三方支付机构不断上线金融、商业、航旅、酒店等各个领域场景的在线网络支付功能，尤其是二维码的广泛应用，网络支付交易规模大幅提升。到 2017 年为止，网络支付已经全方位地深入人们生活中的各个环节，民生领域线上支付各个环节也逐步打通并且对其的使用越来越多。2019 年上半年，我国第三方移动支付交易规模已经达到 110.4 万亿元，伴随着用户支付习惯的建立以及支付场景覆盖率的不断提高，我国移动支付市场交易规模结束了快速增长期，进入稳步增长期[1]。

第二，第三方支付多元化发展趋势明显。最初，绝大多数的第三方支付企业都以互联网支付业务为主。由于智能手机的普及以及科技与移动网络日新月异的发展，让移动支付的用户规模进一步扩大，移动支付已成为我们日常生活中不可或缺的一部分，小到上街买菜，大到买车买房，从交水电天然气费，到购买保险基金，都会用到移动支付。移动支付用户规模不断扩大，2018 年联网商户为 2 650 万，手机网民数量达到 78 800 万，移动支付各季度交易规模呈增长趋势[2]。

2019 年 3 月 29 日，中国人民银行在北京召开 2019 年支付结算全国工作电视电话会议。会议要求，要全面推广移动支付应用，切实通过监督管理保障支付消费者合法权益，提升支付服务供给效能[3]。随着我国布局 5G 技术，网络和设备不断升级，移动支付必将成为第三方支付发展的中坚力量。

第三，支付出海迎来新的高潮。随着全球化进程的进一步深入，"一带一

---

[1] 肖谢. 支付市场呈现"合而不同"的发展趋势[J]. 中国信用卡，2020(2): 3.
[2] 贾兰. "未来已来"服务平台开启移动支付 3.0 时代[J]. 计算机与网络，2019, 45(9): 1.
[3] None. 央行：全面推广移动支付应用[J]. 国企管理，2019(4): 1.

第二章 第三方支付监管研究

路"的繁荣发展,以及中国国际地位的不断提升,支付出海已经是未来的发展趋势。从2013年外管局开启跨境支付试点工作以来,监管机构不断规范跨境支付行业的相关业务,持续放开对跨境支付行业的业务限制。2018年,人民币跨境支付系统(二期)全面投产,人民币国际化"高速公路"全面升级,为支付出海提供了便利。与此同时,一系列推动跨境电商、出国留学、出境旅游政策的出台,刺激着相关企业对跨境支付服务的需求。而第三方支付,以其去中心化控制、服务门槛低、交易成本小等行业优势,能够为用户创造满意的消费体验,已成为国际支付的新宠。

2013—2020年间,如图2-3所示(其中,CAGR是compound annual growth rate的缩写,意思是复合年均增长率;2018e是2018年数据预算数),随着人民币信用的提高,国内第三方支付机构的跨境互联网支付交易规模迅速增长,复合年均增长率达到127.5%,2017年交易规模已突破3 000亿元,我国推出人民币国际化的各种举措,到2020年,国内第三方支付机构的跨境互联网支付交易规模已经超过5 000亿元人民币。中国人大规模出境旅游使用银联卡刷卡支付、移动支付方式的境外线下支付交易规模分别为436.8亿美元、263.3亿美元,我国主要支付结算机构银联、支付宝、微信等第三方支付机构处理的支付业务规模为700.2亿美元;2017年,刷卡支付、移动支付方式的线下支付交易规模分别达到484.2亿美元、322.8亿美元,第三方支付机构处理的业务规模超过800亿美元[1],而且仍然在大规模增加,随着数字货币支付的出现,竞争会越来越激烈。

---

[1] 于英. 益普索发布2018上半年《第三方移动支付用户研究报告》[J]. 计算机与网络, 2018, 44 (15): 4.

图 2-3　2013—2020 年国内第三方支付机构跨境互联网支付交易规模

(二)网络支付模式全面"断直连"

为了进一步加强备付金的监管,央行支付结算司印发《中国人民银行支付结算司关于将非银行支付机构网络支付业务由直连模式迁移至网联平台处理的通知》(以下简称《通知》),由央行牵头策划成立一个线上支付统一清算平台,即网联,在京注册成立,注册资金为 20 亿元,由中国大的民营第三方支付机构参与,包括阿里巴巴、腾讯、百度、京东相关支付机构等 45 家股东遵循市场"共建、共有、共享"原则,共同参股出资。为了确保公平、公正、公开及其监管效率,央行作为第一大股东,组织下属 6 家单位(央行清算总中心、上海清算所、黄金交易所等)出资约 7 亿元,占股超过 30%。除民营系支付宝和财付通分别持股约 10% 外,中国清算支付协会持股比例达 3%,其他第三方支付参股份额比较低。[①]《通知》明确规定了支付机构直连迁移网联平台的具体时间点,第三方支付机构受理的涉及银行账户的收款和付款网络支付业务全部通过网联平台处理[②],为了防止各种金融风险的发生,各银行和支付机构应完成接入网联平台和业务迁移相关各项工作,这就是所谓的"断直连"[③]。

中国银联(China Union Pay),是经国务院同意,为了统一各个商业银行

---

① 乐锋. 无现金时代支付收单的融合和创新[J]. 时代金融,2018(14):1.
② 张宁."断直连"等监管新政对第三方支付影响商业银行盈利能力的实证分析[J]. 中国商论,2022(7):4.
③ 建行全面完成网络支付"断直连"工作[J]. 金融科技时代,2019,27(2):1.

所发银行卡及其 POS 机（销售点情报管理系统）标准，中国人民银行批准设立的中国银行卡联合组织。中国银联处于我国银行卡产业支付与结算的核心和枢纽地位，对我国银行卡产业标准统一、互联互通、互相兼容发展发挥着基础性作用，各银行通过银联跨行交易支付清算系统，实现了系统间标准的统一、快捷、互通，进而使我国各银行发行的各种各样的银行卡得以跨银行、跨地区和跨境使用，非常便捷有效（如图 2-4 所示）。

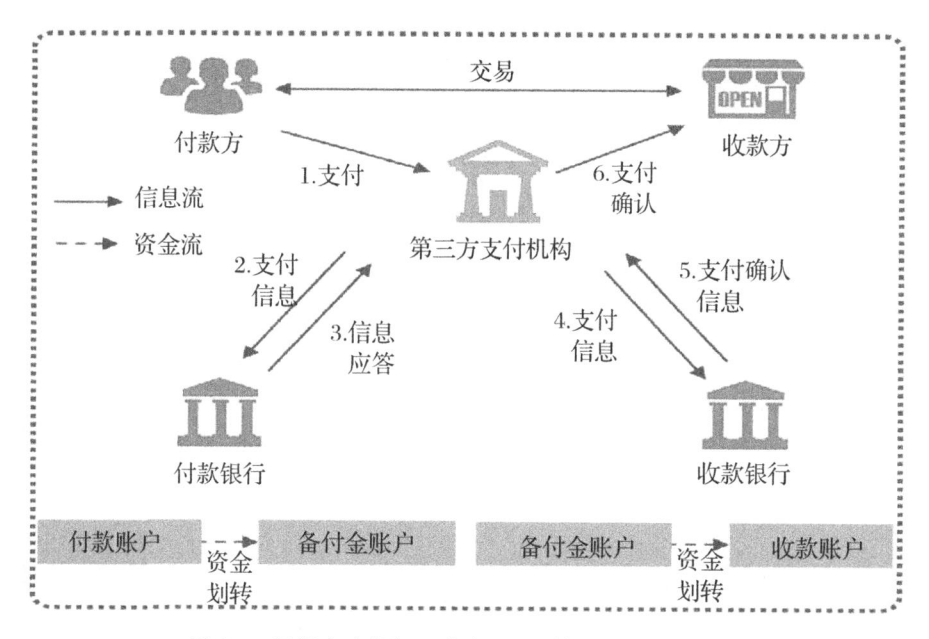

图 2-4　银行卡跨银行、跨地区和跨境使用便捷示意图

在原有业务的模式下，第三方支付机构通过在合作的商业银行开设多个账户，直连银行处理交易信息，并进行资金划转，完美地绕过银联，充当了跨行清算的角色。由于其清算没有相应的授权和监管，人民银行无法监控资金流向，让诈骗、洗钱、逃税、暴恐融资等犯罪行为有了可乘之机。一旦出现问题，很容易传导至银行体系。

人民银行下发《非银行支付机构风险专项整治工作实施方案》（以下简称"112 号文"）中，针对跨行支付业务的情形明确要求"支付机构开展跨行支付业务必须通过人民银行跨行清算系统或者具有合法资质的清算机构进行"。这里所说的具有合法资质的支付清算机构，目前来看就是指中国银联以及注册成立的网联。第三方支付机构线上支付是直接对接各大银行的，为了加强监管及其防治各种金融风险发生，也为了央行有效管理客户的各种交易大数据，现在只需要对接网联或者银联，再由网联或者银联作为中间平台实现与银行的对接，整个支付结算就非常便捷完成了。[①]"直连"变"间联"，更有利于金融监督管理部门对第三方支付的有效监管[②]（如图 2-5 所示）。

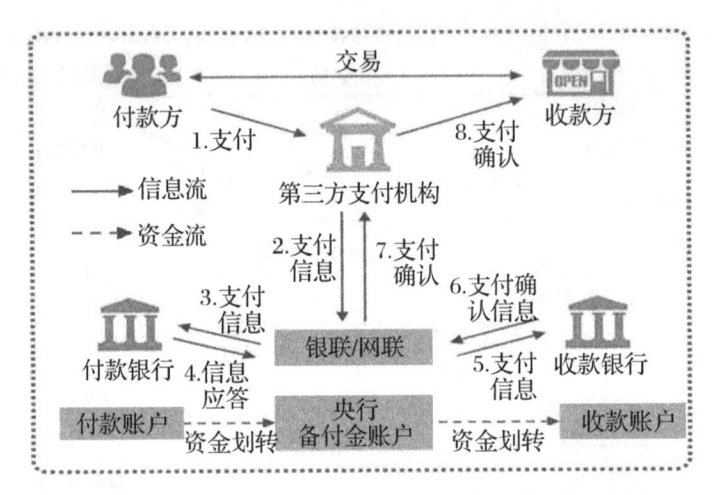

图 2-5 "直连"变"间联"对第三方支付的有效监管示意图

网联作为我国在数字经济时代国家级重要的金融基础设施，由央行下属的中国支付清算协会组织非银行支付机构相关专家共同参与设计。金融监督管理部门通过网联就能够很好地对所有第三方支付的账户资金往来进行有效监管，并组织制定、推行平台系统及与网络支付市场相关的统一技术标准规范和监管指标体系，协调和仲裁业务纠纷。网联提供了风险防控等专业化的配套及延展服务，并利用大数据分析达到了良好的监督效果。[③]

---

① 刘瑾.网联的影响及其面临的挑战研究[J].新金融，2019(4)：4.
② 李雪."直联"和"间联"利弊分析[J].科技致富向导，2012(14)：1.
③ 唐大杰.分级监管，系统防控金融风险，促进支付行业创新发展，构筑国家竞争新优势——评央行《非银行支付机构监督管理条例（征求意见稿）》[J].市场周刊·理论版，2021(5)：2.

(三)第三方支付创新

1. 技术升级

基于互联网技术和信息通信技术的迅猛发展,大数据、云计算、人工智能、物联网、区块链等智能技术与金融支付领域融合,技术创新异彩纷呈,包括近距离无线通信技术(NFC)、条码(二维码)支付、可信服务平台(TSM)、通证技术(token)、生物刷脸技术、主卡仿真技术(HCE)、区块链等各种新技术在金融支付领域深度融合。新技术的出现为第三方支付结算市场的高速发展带来了持续的科技创新动力,支撑了第三方支付的业务创新、服务创新和经营创新。

蚂蚁金服在支付宝开放日活动上推出了刷脸支付新产品"蜻蜓"。[1] "蜻蜓"接入线下门店,大幅度降低了刷脸支付的设备投资成本。随着生物识别技术精确度提高,人工智能、物联网技术的进步,会有越来越多更加先进的技术开发出来,应用于新的支付结算场景,消费者将会拥有更多元、更便捷的选择。

NFC是目前近场支付的主流通信技术,它是一种短距离的高频无线通信技术,随着现代科技的发展它可以非常便捷高效地允许电子设备之间进行非接触式点对点数据传输交换数据。相对于扫码支付,NFC支付操作简单安全,但普及度较低。随着支付硬件设备(包括用户端与商家端)的逐渐成熟,特别是部分手机厂商已开始转战NFC支付功能的大量投资和深度研发,相信不久的将来NFC支付市场占比有望得到大幅提升。

2. 场景建设

互联网支付场景更加丰富,移动支付成为互联网支付的新热点,未来移动支付的重心将会放在构建创新支付场景上。从滴滴打车开始,到车联网、社交金融、券商金融、移动医院、移动银行等场景应运而生,"互联网+产业+金融"的模式正在发展,其利用大数据和云计算,将医疗、教育、农业、旅游、传媒和交通运输等诸多行业向O2O趋势创新发展。

---

[1] 黄伟.刷脸时代来了——中国非现金社会发展现状[J].检察风云,2017(20):3.

3. 业务开拓

在原有的监管政策下，备付金利息是第三方支付机构的主要收入来源之一，且由于客户备付金金额较大，第三方支付机构往往能获得银行的支付通道优惠，等于变相降低自身的通道成本。备付金集中交存后，第三方支付机构不仅失去了这部分利息收入，也失去了与银行间的议价能力。监管趋严，开拓新业务、扩大收入来源，成为第三方支付机构的主要应对策略。

4. 金融创新

互联网金融经历 2013 年的爆发式增长之后继续飞速发展，从网络理财、P2P 借贷向众筹、互联网金融、移动支付等更多领域扩展。[①] 例如，"互联网金融"首次写入政府工作报告；五大民营银行获批，微众银行上线；京东、阿里金融系涉足互联网金融所有领域；基于卡的 NFC 充值及消费应用开始普及；免密支付成为趋势；可穿戴设备与移动支付结合；支付标记化（token）技术普及等等。[②] 此外，通过在技术上对互联网金融予以布局，实现了互联网金融平台业务的综合化转型发展，其利用互联网的跨时空的特性实现了用户时间和资金的整合化，进而推动了互联网金融的移动化、社交化以及场景化发展。

第二节　我国第三方支付市场准入条件

中国人民银行是第三方支付牌照的发放机构，自 2011 年到 2015 年一共发放第三方支付牌照 10 批共 271 张，后续没有再新发牌照，支付牌照有效期为五年，到期时持牌机构需要进行续展方可继续从事支付业务，续展不通过者应迅速退出市场。截至 2019 年，持有支付牌照的第三方支付机构有 238 家。[③] 从支付牌照发放的目的来看，其最初目的是为了促进我国蓬勃发展电子商务规范化、法治化发展。然而，由于第三方支付对资金流数据享有高度控

[①] 冀陶. 新时代视域下互联网金融经济发展与风险探析[J]. 产业创新研究，2022(7)：3.
[②] 盛近春. 应用支付标记化技术　保障消费者资金安全[J]. 金融电子化，2021(2)：2.
[③] 周元英，林天爱. 支付行业大变局[J]. 2022(3).

制权,在数字经济和数字金融时代具有大量的经济发展先机,导致其将支付功能发挥得淋漓尽致,故逐渐发展壮大并成为金融行业中不可或缺的一部分。从网民数量来看,截至2020年12月,我国网民规模为8.29亿,互联网普及率达59.6%,而且我国移动互联网迅猛发展,手机网民规模达8.17亿,占网民总数的98.6%,手机上网已成为网民最常用的上网渠道之一。[1] 可见,庞大的网民决定了互联网支付发展的巨大潜力。总之,互联网支付所依托的不断大力发展的先进电子信息技术创新,不仅将现代金融服务技术下沉至零散的小额账户内,有效推动了我国普惠金融的发展进程,使传统金融机构能够非常便捷地发现"低净值客户"的价值,也为互联网金融体系带来了新的活力,增加了互联网金融行业的创业机会和发展盈利商机,同时不可避免地带来了风险。

一、第三方支付机构支付牌照的获取情况

为了有效规范第三方支付行业发展秩序,2010年6月,中国人民银行正式对外公布《非金融机构支付服务管理办法》,要求包括第三方支付在内的非金融机构须按照规定条件申领"支付业务许可证",逾期未能根据条件申请取得许可证者将被禁止继续从事支付结算业务,至此我国第三方支付行业正式纳入中央银行金融监管体系。根据中国人民银行网站披露的数据显示,央行根据法律规定通过严格审核首批发放27张第三方支付牌照,中央银行第5次集中审核发放19张第三方支付牌照,此后半年仅广物电子商务一家获得支付牌照。伴随第三方支付机构乱象丛生、频发金融爆雷风险的状况,金融监管和行业监管被迫越来越严格。据不完全统计,媒体就报道发生过11起第三方支付公司收购/拟收购事件,其中包括万达集团以3.15亿美元收购快钱68.7%的股权、北亚资源以14.3亿元收购上海得仕51%的股权等大型收购案例。[2] 人民银行依据规定对违法的第三方支付机构进行严厉处罚,注销3张支付牌照,为了防范各种金融风险"大开杀戒",终结了第三方支付牌照"只发不

---

[1] 中国互联网络信息中心,李静. 第41次《中国互联网络发展状况统计报告》发布[J]. 中国广播,2018(3):1.

[2] 汪梅花. 一种基于数据处理技术的聚合支付平台[P]. CN107784490A.

撤"的历史。中国人民银行明确宣布,为了防止第三方支付机构各种违法行为发生,坚持"总量控制"原则,侧重于监管从严,"一段时期内原则上不再批设新机构",并通过考核审查注销长期未实质开展支付业务的支付机构牌照。当前,我国第三方支付牌照的发放一直处于"停滞"阶段,现存第三方支付牌照约238张。截至2020年5月底,由于业务变动、公司合并、续展不通过等原因,目前已有33家机构的支付牌照被注销,其中20家因严重违规被注销,2家主动注销,另有11家因业务合并而注销。

从238张第三方支付牌照的地域分布情况来看,分布在29个省区市。拥有牌照数量前四名的城市分别为分别是北京、上海、深圳和江苏省,各拥有49、46、19、16张,累计拥有130张,占牌照总数的比例约55%。①

截至2020年4月,238家第三方支付机构中,取得中国证券监督管理委员会(以下简称"证监会")发放的基金销售支付牌照,为公开募集基金销售机构提供各种支付结算业务的第三方支付机构共40家。取得国家外汇管理局跨境支付牌照的,目前有30家。②

238家获得支付牌照的第三方支付机构中,同时获得基金销售牌照和跨境外汇支付牌照的机构有支付宝(中国)网络技术有限公司(支付宝)、上海汇付数据服务有限公司(汇付天下)、连连银通电子支付有限公司(连连支付)、网银在线(北京)科技有限公司(网银在线)、联动优势电子商务有限公司(联动优势)、网易宝有限公司(网易宝)、南京苏宁易付宝网络科技有限公司(易付宝)、重庆易极付科技有限公司(易极付)等。

二、第三方支付市场准入条件

市场准入制度通常是指国家出于维护社会经济秩序的需要,依据相关法律的规定,对市场主体进入某个市场领域进行直接干预的制度。第三方支付市场的准入,必须设置严格的市场准入规范标准。

---

① 梁春丽.寒冬来了,第三方支付牌照估值严重缩水[J].金融科技时代,2018,26(11):1.
② 本刊讯.外汇局进一步完善支付机构外汇政策[J].金融电子化,2022(5).

第二章　第三方支付监管研究

(一)支付业务许可证制度

根据"2号令"的规定，第三方非金融机构提供支付服务，应当依据"2号令"满足规定条件申请并且经过严格审核通过后才能取得"支付业务许可证"，第三方支付机构才能开展业务。

1. 支付业务许可证的申请人的条件

根据"2号令"第八条规定的限制，申请人可以是有限责任公司，也可以是股份有限公司，但银行、证券公司、保险公司作为申请人申请获得"支付业务许可证"，应当具备下列条件。

(1)申请人应当是在中华人民共和国境内依法设立的有限责任公司或股份有限公司，且为非金融机构法人。

(2)有符合"2号令"规定的注册资本最低限额。根据"2号令"的明确规定：申请人如果打算在全国范围内从事支付业务的，其注册资本最低限额为1亿元人民币而且必须为实缴货币资本；打算在省(自治区、直辖市)范围内从事支付业务的，其注册资本最低限额为3千万元人民币而且必须为实缴货币资本。与普通公司注册条件不同，"支付业务许可证"的申请人，其注册资本最低限额为实缴货币资本，出资形式只能是货币资本而不能是不动产或者知识产权等。[①]

3)有符合"2号令"规定的出资人。根据"2号令"第十条规定，申请人是主要出资人，包括拥有实际控制权的出资人和持有10%以上股权的出资人。

(4)有5名以上熟悉支付业务的高级管理人员。根据人民银行制定的《非金融机构支付服务管理办法实施细则》(以下简称《实施细则》)第三条的规定，有5名以上熟悉支付业务的高级管理人员，是指申请人的高级管理人员中至少有5名人员具备下列条件：具有大学本科以上学历或具有会计、经济、金融、计算机、电子通信、信息安全等专业的中级技术职称；从事支付结算业务或金融信息处理业务2年以上或从事会计、经济、金融、计算机、电子通信、信息安全工作3年以上。前款所称高级管理人员，包括总经理、副总经理、财务负责人、技术负责人或实际履行上述职责的人员。

---

① 曹习.第三方支付变局[J].财经文摘，2010(8)：3.

(5)有符合国家法律规定或者政策要求的反洗钱措施。根据《实施细则》第四条的规定，反洗钱措施包括反洗钱内部控制、客户身份识别、可疑交易报告、客户身份资料和交易记录保存等预防洗钱、恐怖融资等金融犯罪活动的措施。

(6)有符合要求的支付业务设施。根据《实施细则》第五条的规定，支付业务设施包括支付业务处理系统、网络通信系统以及容纳上述系统的专用机房。同时，《实施细则》还规定了申请人提交的支付业务可行性研究报告中，要包括拟从事支付业务的技术实现手段。按照"2号令"的要求，申请人还应提供技术安全检测认证证明，以表明支付业务设施符合中国人民银行规定的业务规范、技术标准，具体包括检测机构出具的检测报告和认证机构出具的认证证书。

(7)有健全的组织机构、内部控制制度和风险管理措施。根据《实施细则》第六条的规定，组织机构包括具有合规管理、风险管理、资金安全管理和系统运行维护职能的部门。在申请人提交的可行性研究报告中，应包括拟从事支付业务的风险分析及其管理措施。

(8)有符合要求的营业场所和安全保障措施。

(9)有明确规定严格禁止事项。申请人及其高级管理人员最近3年内未因利用支付业务实施违法犯罪活动或为违法犯罪活动办理支付业务等受过处罚。

2. 外商投资支付机构的准入条件

对于外商投资第三方支付机构的业务范围、境外出资人的资格条件和出资比例等，"2号令"并未作出明确的规定。为了扩大金融对外开放，促进支付服务市场健康发展，经国务院批准，2018年3月19日，人民银行印发《中国人民银行公告〔2018〕第7号》(以下简称《公告》)，它明确规定外商投资第三方支付机构的一系列市场准入和金融监管政策。《公告》规定境外机构拟为中华人民共和国境内主体的境内交易和跨境交易提供金融电子支付服务业务的，应当在中华人民共和国境内设立外商投资企业，根据《非金融机构支付管理办法》规定的条件和程序取得支付业务许可证。

3. 审批与监管

1)审批

根据"2号令"规定，中国人民银行负责"支付业务许可证"的颁发和管理。

中国人民银行分支机构依法受理符合要求的各项申请，并将初审意见和申请资料报送中国人民银行。中国审查批准的，依法颁发"支付业务许可证"，并予以公告。

"支付业务许可证"自颁发之日起，有效期 5 年。支付机构拟于"支付业务许可证"期满后继续从事支付业务的，应当在期满前 6 个月内向所在地中国人民银行分支机构提出续展申请。中国人民银行准予续展的，每次续展的有效期为 5 年。

2) 监管

支付机构有下列情形之一的，中国人民银行分支机构有权责令其限期改正，并处 3 万元罚款；情节严重的，中国人民银行注销其"支付业务许可证"；涉嫌犯罪的，依法移送公安机关立案侦查；构成犯罪的，依法追究刑事责任。具体违法违规行为包括以下情形：转让、出租、出借"支付业务许可证"的；超出许可证核准业务范围或将业务外包的；未按规定存放或使用客户备付金的；未遵守实缴货币资本与客户备付金比例管理规定的；无正当理由中断或终止支付业务的；拒绝或阻碍相关检查监督的；其他危及支付机构稳健运行、损害客户合法权益或危害支付服务市场的违法违规行为的。

此外，支付机构未严格按规定履行反洗钱义务的，中国人民银行及其分支机构依据国家有关反洗钱法律法规进行处罚；情节严重的，中国人民银行注销其"支付业务许可证"。

(二)跨境支付登记管理制度

我国跨境外汇支付方式，按照支付渠道的不同，可以分为第三方跨境支付平台、商业银行和专业汇款公司支付。第三方跨境支付平台既满足了用户的便捷性需求，又因低费率而备受青睐。[①]

2019 年 4 月 29 日，国家外汇管理局发布了《支付机构外汇业务管理办法》（以下简称《办法》），国家外汇管理局分局、外汇管理部负责从事支付机构名录登记管理。支付机构申请办理名录登记，应具备下列条件。

---

① 张丹，兰欣悦.第三方跨境支付平台风险管理现状与对策——以 M 银通电子支付有限公司为例[J].现代经济信息，2020(3): 3.

(1)具有相关支付业务的合法资质。

(2)具有开展外汇业务的内部管理制度和相应技术条件。

(3)申请外汇业务的必要性和可行性。

(4)具有交易真实性、合法性审核能力和风险控制能力。

(5)至少有5名熟悉外汇业务的人员(其中1名为外汇业务负责人)。

(6)与符合第十一条要求的银行合作。

该《办法》第十一条：支付机构应与具备下列条件的银行签约，并通过合作银行办理相关外汇业务：具有经营结算售汇业务资格；具有能够审核支付机构外汇业务真实性、合规性的能力；至少有5名熟悉支付机构外汇业务的人员；已接入个人外汇业务系统并开通相关联机接口。支付机构应根据外汇业务规模等因素，原则上选择不超过2家相关银行开展合作。

第三节　第三方支付的主要风险和问题

第三方电子支付面临着各种风险和问题，尤其是金融创新过程中产生的现实难题，这就亟须通过有效监管来化解风险，进而建立直接针对第三方支付机构的法律法规体系。

一、操作风险

用户在第三方支付机构积累了大量的个人数据，这些数据的所有权和使用权到目前仍没有明确的界定，对于大数据的深度挖掘，很可能就会侵犯到个人隐私，这蕴含着巨大的侵权隐患。[①] 互联网支付涉及的客户众多，会带来一系列的风险，一是操作失误的风险；二是用户使用第三方支付平台，会产生用户数据资料、个人隐私泄漏和资金被盗用的风险。如果该第三方支付机构未能妥善保护用户信息或者该系统的保密级别不够，就很容易被黑客入侵导致用户信息泄露；三是一些不法分子、黑客会利用支付机构系统存在的一

---

① 杨张博，王新雷.大数据交易中的数据所有权研究[J].情报理论与实践，2018，41(6)：6.

第二章 第三方支付监管研究

系列安全隐患,来盗取用户在支付环节输入的密码、指纹识别信息、人脸识别等个人敏感信息,蕴含着巨大的侵权隐患。[①]

此外,还有一些第三方支付机构风险管理经验不足,在支付安全上缺乏有效的保障机制和管理手段。比如,在新的支付业务上线时,第三方支付机构往往注重支付功能的创新,而忽视风险管理配套制度的制定和执行,忽视支付业务处理的流程管理,进而导致了支付业务处理存在着严重的安全隐患,对于支付产品的创新,支付机构也缺乏配套的业务制度和处理流程。具体来说,支付机构业务处理过程中分工不明确、岗位设置不能相互制约、内控管理缺失、流程存在疏漏,从而引发了极大的资金结算风险。

支付机构内部员工的工作疏忽、违法、违规或违章操作行为,致使客户信息及机构资产受到侵害,也是操作风险。此外,外部人员伪造支付卡、盗用客户账户信息等外部主观或不可抗力等因素也会造成一定的操作风险,给机构或者客户的信息及资产的安全埋下了隐患。

二、洗钱和其他非法交易的风险

第三方支付交易存在匿名性、隐蔽性和信息不对称性的特点,导致交易资金来源的真实性以及资金的去向很难辨别,进而使洗钱、恐怖融资以及套取现金等违法犯罪成为可能。

第一,第三方支付为非法资金注入金融体系提供了潜在渠道。当客户在第三方支付机构开立虚拟账户时,需要提供相关信息,对于这些信息,第三方支付机构往往难以逐一核实验证。因此,第三方支付平台就为一些匿名或虚假账户实现洗钱提供了途径。[②] 第三方支付机构参与支付过程使得原本完整的银行结算过程被割裂成两个表面无关的交易:一是第三方支付平台与银行之间的交易流程,第三方支付机构根据客户的支付指令通知银行,银行据此将资金由客户账户划入第三方支付平台上;二是第三方支付平台与客户之间的交易流程,客户确认付款后,第三方支付平台根据客户指令将资金划入目

[①] 周光权.涉人脸识别犯罪的关键问题[J].比较法研究,2021(6):17.
[②] 王钟.略论第三方支付体系存在问题及解决措施[J].全国流通经济,2017(7):2.

标账户中。在整个结算过程中,第三方支付平台圆满地充当了买方的"卖方"和卖方的"买方"。① 这就使得银行也很难确定两笔交易之间的因果关系,即使真实的买方、卖方都在同一家银行开立账户,也不好确认因果关系。资金来源的不明性、资金管理的随意性以及资金流向的不确定性都使得交易背景具有模糊性,从而给互联网金融监管提出了一大难题。此外,第三方支付机构的介入,使得现金流动脱离了银行监管体系。在这一过程中,资金源头的隐匿性为简易完成洗钱提供了可能。

第二,第三方支付为信用卡套现取款提供了便利的渠道。信用卡套现通常可以通过两个虚拟账号实现,套现者可以以虚假交易或交易达成后再取消交易的方式,通过第三方网上支付平台套取信用卡额度。这一过程中,持卡人可以以虚假方式长期套取银行资金,而第三方支付机构仅仅被动地充当了中介的角色。付款人可以利用第三方支付虚拟POS机功能通过取消交易的方式实现现金套现。当买方取消交易时,付款人在第三方支付机构虚拟账户中的余额相应增加,付款人可以将资金从虚拟账户提现。

第三,鉴于第三方支付往来业务特点,第三方支付机构账户中往往会存在巨额沉淀资金,这些巨额沉淀资金并非第三方支付机构的自有资金,若监管不到位,这些资金往往被第三方支付机构非法使用牟利。沉淀资金来源于第三方支付交易的业务量,即在交易过程中,当第三方支付业务量达到一定规模时,第三方支付机构账户中就会形成沉淀资金。在缺乏有效金融监管的情况下,第三方支付机构往往会产生转移和挪用沉淀资金的进行牟利的动机,进而给交易活动客户带来支付风险和安全风险,使得第三方支付机构逐渐演变为诸如地下钱庄、网络赌博、走私、逃税等违法资金的掩饰通道。

第四,可能形成恐怖融资风险。由于第三方支付机构业务往来的匿名性和虚拟性为恐怖分子融资提供了可乘之机,也给金融监管增加了难度。

三、消费者权益保护的问题

消费者权益保护的问题,主要是指第三方支付机构在经营过程中确保消

---

① 郑卉殷.对于国内第三方支付的分析和启示——基于博弈论的视角分析[J].发展改革理论与实践,2017(3):6.

费者的资金安全问题与隐私保护问题。第三方支付的一个显著特征和优势是利用网络优势的方便快捷性完成支付，其认证程序简单，免去了客户输入程序的麻烦。由于这种认证指令单一、无磁卡、无加密，客户认证安全级别低，即使辅以手机短信验证，但安全性仍然不高，往往导致客户资金被盗的风险。

四、由第三方支付衍生的业务监管问题

目前，无论是购物还是旅游都体现了第三方支付与社会生活的融合，尤其是微信支付和支付宝支付更是渗透到人们生活的方方面面。[①] 第三方支付对人们生活方式的改变，使得"外卖""微商"等业务不断发展壮大，这一方面满足了人们"足不出户，购于天下"的需求；另一方面，其模糊了金融与非金融之间的界限，给金融监管带来了很大的挑战。此外，第三方支付还会与其他金融产品结合衍生出新的跨界金融产品，如"货币市场基金＋第三方支付"，对这类金融产品的监管涉及监管分工与协调的问题，即司法机关、"一行两会"、工业和信息化部、国家发展和改革委员会（以下简称"发改委"）、商务部等部门的监管职责划分和协调以及金融监管部门与非金融监管部门之间的协调问题。另外，由第三方支付所衍生的电子货币发行、信用创造等问题的监管也是未来监管中的一大难题。

五、第三方支付风险的新动向

（1）主要风险由信用风险向技术风险转变。随着大众对互联网支付接受程度的增加及对交易规则和处理措施的逐步了解，交易中的信用风险逐渐减少。但日新月异的应用创新和支付场景创新，包括二维码支付、条形码支付、声波支付在内的创新业务，涉及不少新的技术、流程和识别方式。使得技术风险成为主要风险。

以二维码支付为例，二维码支付形成的闭环体系实际上打破了传统支付模式，其风险控制水平对客户的信息安全与资金安全会造成很大影响。[②] 二维

[①] 佚名.迈向移动支付时代——来自中国市场的经验[C]// 艾瑞咨询系列研究报告（2017年第8期）.2017.

[②] 李腾.P支付公司二维码支付风险防范研究[D].陕西师范大学，2018.

码支付的主要风险表现为：一是安全保障系数较低。如果被黑客或者犯罪分子通过病毒或木马入侵智能手机，用户的支付账号和支付密码就有可能被盗取，进而造成客户资金损失；第二，由于识别功能存在漏洞，二维码信息一旦被篡改，则可能导致收款账户和支付金额被修改，甚至被盗用。

(2)流动性风险被广泛关注。流动性是第三方支付平台中清算模块具有的基本特征，也是其重要风险来源之一，能够直接影响支付清算系统运行的安全性与稳定性。第三方支付平台缺乏盈利功能，支付机构若在短期内不能够准备足够的资金并且在规定时间内偿还产生的债务，则会出现罚息与投资失败的情况；若投资产品不能够及时变现，满足第三方支付企业在短期内产生的资金需求，则会导致第三方的资金无法正常流转，产生经营困难，造成流动风险，影响客户的经济效益。因此，第三方支付机构的运行情况越稳定，资产管理行为与投资工具就越合理，流动性风险就越小。尽管第三方支付机构留存了大量沉淀资金，并为此设立了虚拟账户，但为满足用户及时到账的体验需求，常常需要对客户资金进行垫付。当第三方支付机构将沉淀资金作为存款用于产生利息，导致剩余资金不足以满足用户即时到账的需求时，就会产生流动性风险。

微信红包通过技术手段使用电子钱包代替传统的新年红包，其风险控制水平直接关系到客户的信息安全与资金安全[①]。其主要风险点如下：一是信息安全方面，微信红包需要绑定一个银行账号，在获取红包时，需要点击红包链接，其链接可能是营销广告甚至是木马病毒，极易造成绑定的账号信息泄漏，导致资金损失。二是资金安全方面，微信红包背后无不是大型互联网通信公司的操控支持，容易形成巨额的沉淀资金，若缺少有效的外部监督，将存在一定的安全隐患。三是反洗钱方面，微信红包虽然单个红包或单笔有额度限制，但所有红包的收取次数和金额都没有上限，都会归集到"零钱"里，个人可以通过注册多个微信号的方式，实现对红包发放限额的突破，此外，"零钱"具有提现功能，用户则可以把资金从"零钱"转到绑定的银行卡里，实现提现功能，这可能导致不法分子利用该功能进行洗钱活动。

---

① 黎四奇.对微信红包法律风险的透视[J].暨南学报：哲学社会科学版，2016，38(10)：8.

同时，根据中央银行《非金融机构支付服务管理办法实施细则》和《支付机构反洗钱和反恐怖融资管理办法》的规定，网络支付机构在为客户开立支付账户时，应当识别客户身份，登记客户身份基本信息，通过合理手段核对客户基本信息的真实性。具体来说，客户通过银行结算账户进行支付的，支付机构应当记载相应的银行结算账号。客户通过非银行结算账户进行支付的，支付机构还应当记载客户有效身份证件上的名称和号码。

微信支付的违规风险在于，一旦匿名用户发生交易纠纷、欺诈案件，若收款方为匿名用户，微信支付只能提供对方开通微信时的手机号码，而无法披露收款人的身份信息，从而使付款人无法通过合法渠道获得救济，进而给用户合法权益的保护带来挑战。

第四节　第三方支付的监管现状

一、准入许可

第三方支付机构取得"支付业务许可证"必须向央行申请，需满足条件：第一，组建公司方面，机构必须是中国境内依法成立的企业，是在市场监督管理部门登记注册设立的有限责任公司或者股份有限公司，其主要出资人也必须是依据国家法律依法登记注册设立的有限责任公司或股份有限公司，明确规定该机构截至申请日必须连续盈利两年以上，并且最近三年内机构高管及其公司无犯罪记录；第二，在机构的注册资本要求方面，拟在全国范围内从事支付业务的第三方支付机构，其为实缴注册资本不低于人民币1亿元，拟在省范围内从事支付业务的第三方支付机构，其为实缴资本不低于人民币3 000万元；第三，在机构人员方面，第三方支付机构必须有五名以上，近三年内无犯罪记录且熟悉支付金融业务的高级管理人员；第四，在机构硬件配备方面，第三方支付机构必须有符合要求的办公场所、信息支付技术系统、支付业务设施、安全保障措施；第五，在机构内部治理方面，第三方支付机构必须建立健全的组织机构，制定符合要求的反洗钱、逃税、暴恐融资措施、内部控制制度及其法律风控措施。《非金融机构支付服务管理办法》对第三方支付机构从业务准入、客户备付金安全管理、业务规范流程角度建立了对非金融机构支付业务的详细的监督管理机制，主要审查要素包括第三方支付机构的业务范围、资本实力、主要出资人是否符合规定条件、支付业务技术系统是否安全可靠、高管人员任职资质等。就非金融机构业务管理而言，非金融机构从事支付业务必须依据规定的条件申请取得"支付业务许可证"，方可从事第三方支付服务。[1]

二、业务监管

根据《非金融机构支付服务管理办法》，第三方支付的业务范围包括银行卡收单、网络支付以及预付卡的发行与受理。第三方支付公司业务经营与银行实施"一对多"的对接。针对对接过程中产生的问题，中国人民银行通过强化对第三方支付机构业务制度的规制，将非现场监管和现场监督相结合，实施分类监管、属地化监管、年度监管报告、重大事项报告、备付金核验的管理机制并组织开展预付卡、银行卡收单业务现场检查，以加强对支付机构业务经营的动态监测。

三、行业自律

中国人民银行于2011年5月推动成立了中国支付清算协会作为行业组织进行自律监管。支付清算协会在中国人民银行的指导、帮助、监督、支持下，建立健全自律管理规范和行业服务监管体系，制定了一系列行业自律公约并设立了专项工作委员会，使得行业自律管理体系越来越规范和完善。

四、反洗钱监管

第三方支付的快速发展，在推动金融市场发展的同时也为洗钱等犯罪行为提供了契机，由此而使得第三方支付成为我国金融监督部门及公安机关监测洗钱行为的重点关注领域。据不完全统计，央行自从发放第三方支付牌照

---

[1] 李瑞红. 商业银行与第三方支付机构合作风险及防控建议[J]. 2021(2013-8)：47-50.

以来，开出与反洗钱相关的罚单共有 25 次。在因违反反洗钱规定被处罚的第三方支付机构名单中，"未按规定履行客户身份识别义务""商户实名制落实不到位""未按规定报送可疑交易报告"，成为占比最高的三种类型。[①] 对此，央行多次出台各类监督管理文件对第三方支付行为加强监管，要求第三方支付机构建立健全客户身份识别机制，防止各种风险及其违法犯罪行为发生，采取切实有效的反洗钱措施。我国央行颁布实施的《支付机构反洗钱和反恐怖融资管理办法》，从客户身份识别、客户身份资料及交易记录保存措施、可疑交易标准和分析报告程序等方面对支付机构反洗钱义务进行了明确。

第五节 第三方支付监管的国际经验

在信息技术不断进步和金融创新的不断推动下，境外非金融机构支付服务市场发展极为迅速，完全打破了以"银行提供支付业务"为主的支付格局。西方发达国家的金融监管机构对非金融机构支付服务市场的监管，逐步由初期的市场自发调节、自律调节向市场调节与金融机构依法严格监管并重的方向转变。目前，美国、欧盟、日本、英国等发达国家地区及组织，加强了对非金融机构支付、监管体制和法律体系的建设。

一、美国

美国对第三方支付实行业务功能监管的模式，在联邦和州这两个层面上，监管机构根据各自不同的法律法规对第三方支付业务进行系统性的监管和管理。

（一）第三方支付监管的法律框架

（1）联邦层面的监管。联邦立法层面尚未有针对第三方支付的统一立法，只是把原有的相关法律拓展至第三方支付业务，或者对现有法规进行增补。涉及的法律主要有《美国法典》《金融消费者保护法》《金融现代化法案》《电子资

---

① 李琳.第三方支付平台反洗钱工作存在的问题及建议[J].河北企业，2020(1)：2.

金转移法》《诚实信贷法》《银行保密法》和《非法网络博彩强制法案》等。根据现有法规，第三方支付服务组织被视为"货币服务机构"，是货币转账企业或货币服务企业，而不是银行或其他类型的存款机构，不需要获得"银行业务许可证"，对货币服务机构以发放牌照的方式进行管理和规范。此外，法律明确规定了初始资本金、自有流动资金、投资范围限制、记录和报告制度、反洗钱等方面的内容。①

(2)州层面的立法监管。已有多个州制定了与第三方支付有关的监管法规，这些法规主要从第三方支付机构许可证、保证金、最低资本净值等方面进行监管，同时也针对电子支付的特殊性，通过了相关立法。例如，犹他州制定并颁布了《数字签名法》，承认数字签名的效力，以实现和推动电子商务的发展。加利福尼亚州制定并通过了《统一电子交易法》，确认了电子签名与书面签名具有同等的法律效力，并承认了电子记录的法律证据效力。

(二)美国第三方支付的市场准入法律管理

《美国法典》第18卷第95章第1960条规定"未获经营许可的货币转移业务将会按照本规定受到罚款或入狱不超过5年，或同时受到两种处罚"。此外，在要求申请货币转移业务经营许可的州，如果未获得该州的经营许可而从事货币转移业务将构成犯罪。《美国法典》第31卷第53章第5330条规定，"无论所从业的州是否要求货币转移业务许可，任何拥有或控制货币转移机构的人都必须在开展业务或《1984年反洗钱法案》生效后的180天内(两个时间选择较晚的一个)在财政部登记注册"才能进行经营。② 美国各州在第三方支付准入监管方面虽不完全一致，但主要的监管理念是一致的，体现在：第一，货币转移机构要从州监管当局获得专项业务经营许可后才可营业，经营许可要定期更新；第二，申请经营许可的机构要满足法定的程序和资质(如资本金)要求；第三，申请材料中要包括该机构的经营状况、业务发展、承担经济责任的能力，以及具备获得公众信任的业务能力；第四，监管机构对获得许可的机构要定期检查，当货币转移机构出现财务问题、涉嫌从事非法活动或违

---

① 南振兴.《基于社会网络模型的金融市场风险交叉传染机制与智能防范策略》书评[J].商情，2022(21)：3.

② 邵文娟.美联储货币政策正常化的路径解析[J].中国货币市场，2022(3)：5.

反了有关法律要求,其经营许可有可能会被吊销。非金融机构支付服务提供商在某个州获得的经营许可不适用于其他州,若该机构希望在多个州提供服务,就需要在其意愿开展业务的州分别申请牌照,并遵循各州的法律要求提供材料并接受各州监管部门的监管。

(三)反洗钱及其他犯罪行为的法律监管

第三方支付为洗钱、赌博等金融犯罪活动提供了一个便利的资金转移途径。为了打击利用第三方支付进行犯罪,美国制定了一系列的法律,主要有《银行保密法》和《爱国者法案》,这些法律不仅适用于银行、储贷协会、信用合作组织,也适用于货币服务业务机构。《银行保密法》规定,财政部负责金融交易信息的记录,具体由美国金融犯罪执行网负责执行;《爱国者法案》则进一步细化了反洗钱的各项规定,面对不断加重的恐怖主义和洗钱犯罪行为,力求加大对洗钱、恐怖融资等金融犯罪活动的监管力度。作为货币服务企业,依据《爱国者法案》,第三方支付服务组织需要在美国财政部的金融犯罪执行网进行注册,同时接受联邦和州两级的反洗钱监管,对于可疑交易要及时汇报,并负责记录和保存所有交易。违反《反洗钱法》会受到民事和刑事双重处罚。

(四)消费者权益的法律保护

美国发生的金融危机对经济和金融造成了很大的打击,2010年美国时任总统奥巴马经过参、众两院多次讨论终于通过并正式签署了《多德-弗兰克华尔街改革和消费者保护法》,法案的第10章"金融消费者保护法"明确规定:在美国联邦储备委员会(以下简称"美联储")下,设立相对独立的消费者金融保护局(Consumer Financial Protection Bureau,CFPB),统一履行分散在不同金融监管机构的金融消费者权益保护职责。根据法案规定,CFPB的监管对象不仅包括银行、储蓄机构和信用社等存款类金融机构,还包括从事不动产抵押贷款、教育贷款、工资抵押贷款的非存款类金融机构及其他市场份额较大的非存款类金融机构。《金融消费者保护法》对金融产品或服务的定义包括"销售、提供或发行支付工具"。该法案指出,支付工具的提供者必须实际控制提供给消费者的支付服务。因此,如果CFPB认定第三方支付服务机构"市场份额较大",就会对其进行监管,但如果第三方支付服务机构只是作为支付通道，则不在 CFPB 的监管范畴内。

二、欧盟

(一)第三方支付监管的法律框架

与美国第三方支付的监管许可证和注册监管重点不同，欧盟监管的重点是第三方支付服务机构。① 欧盟将第三方支付机构视为电子货币机构，明确规定第三方支付机构必须取得银行业执照或电子货币机构的经营执照才能开展各种各样的支付业务。换句话说，欧盟对第三方支付机构的监管是通过对电子货币的监管来实现的。

欧盟委员会颁布实施了关于电子货币机构的两个新指令：一是《关于电子货币机构业务的开办、经营与审慎监管的指引》明确规定了电子货币经营开办的详细条件；二是对原有《信贷机构指引》的补充。2009 年，欧盟对《2000/46/EC 指引》做了重新修订，并颁布了新的《电子货币指引》，目的是通过放松监管来促进降低市场准入门槛，促进公平竞争。新的《电子货币指引》指出，电子货币的发行并不构成法律规定的存款，虽然电子货币发行机构被认为是合法的信用机构，但它们不可以向公众吸收存款，否则就是违法行为，也不可以向公众发放贷款。

电子货币是以电子方式存储的货币模式，发行人须收到客户用于特定交易活动的资金才能依法发行电子货币。实施过程中，欧盟成员国必须在本国立法中体现《电子货币指引》的内容，但是各国可以援引"弃权条款"。也就是说，如果第三方支付服务机构发行的电子货币金额少于 500 万欧元，《电子货币指引》中的某些规定可以不被成员国采纳。在欧盟"单一许可制度"下，获得从事电子货币发行业务许可的成员国，其也自动获得在其他欧盟成员国从事此类业务的资格。

(二)市场准入监管

《电子货币指引》指出，电子货币机构是根据该指引被授权发行电子货币

---

① 孙蕾,王芳.中国跨境电子商务发展现状及对策[J].中国流通经济编辑部,2021(2015-3): 38-41.

的法人机构。对其的监管需要从电子货币机构从业务许可和资本金要求两个方面进行分析。

首先,电子货币机构必须按照《电子货币指引》要求,在一个欧盟成员国获得电子货币发行许可资格,才可以开展电子货币发行业务。

其次,电子货币机构还要满足一定的资本金要求。《电子货币指引》要求成员国在批准电子货币机构时,其初始资本金不得少于35万欧元。电子货币机构从事电子货币发行业务所需持有的自有资金,在任何时候不得少于其平均未清偿电子货币债务的2%;但是为了对电子货币机构的风险管理程序、风险损失数据库和内部控制机制进行评估,监管当局可以要求电子货币机构所持有的自有资金超过《电子货币指引》要求的20%,或允许电子货币机构所持有的自有资金低于《电子货币指引》要求的20%。

(三)沉淀资金监管

《电子货币指引》指出,电子货币的发行并不构成金融机构存款,电子货币只是硬币和纸币的电子替代物而已,是用来进行支付的,通常数量有限。[①] 电子货币发行机构不得将其接受的用于发行电子货币的资金用于发放贷款,否则就构成违法行为,也不得对电子货币持有者提供超过其持有期限长度的利息或者其他利益。本质上说,电子货币是对发行者的一种请求权,因此电子货币机构不得截留所接受的资金。此外,为了确保沉淀资金的安全,《电子货币指引》规定,电子货币机构要依据相关法律妥善保管客户资金,要将其自有资金与未兑现的电子货币资金完全分离,为电子货币资金开立专门的账户。账户中的资金只能投资于高流动性、低风险的资产。

(四)非法金融活动的监管

欧盟发布了最新的《关于防止利用金融系统从事洗钱及恐怖主义融资犯罪的指令》(以下简称《欧盟反洗钱指令Ⅲ》),调整了严重犯罪的定义,详尽规定了尽职调查客户的义务。《欧盟反洗钱指令Ⅲ》扩大了负有反洗钱调查义务的主体名单,要求金融机构必须建立完善客户身份识别制度、详细的交易流水

[①] 刘琳. WTO《SCM协定》规则和实践视野下我国自贸区优惠政策和扶持措施的完善[J]. 时代法学,2022,20(3):9.

记录制度、信息披露报告制度和内部法律风控制度等。《欧盟反洗钱指令Ⅳ》对欧盟打击洗钱犯罪、腐败以及逃税犯罪的法律进行了重要补充，特别是在资金流动的透明度和成员国合作等方面做了详细规定，如所有公司都要将资金往来记录保存好，客户资金活动信息不得采用匿名方式等等。

第六节　我国第三方支付的监管建议

一、第三方支付有效监管原则

随着互联网技术的高速发展，第三方支付服务组织面临一系列法律问题和难题，需要对其进行合理、适度的监管，明确其客户的身份，制定全面有效的监管核心原则。监管措施制定应该最大化第三方支付的优势，最小化第三方支付的风险，确保第三方支付安全可靠，规范整个行业的健康发展。[①]

（一）有效监管和鼓励金融创新原则

第三方支付机构是金融市场的新生事物，金融监管部门在制定监管措施时，首先，要从监管有效性和市场需求出发，以促进支付机构良性发展为目标，避免一放就乱、一管就死的现象；其次，坚持第三方支付的监管与监管期待收益相协调，即监管成本与监管收益相匹配；最后，要使监管措施与第三方支付服务机构的创新发展相互促进，金融监管可以带来金融创新又能够防止金融风险发生，但过于严厉的监管会扼杀金融创新。这就要求相关监管措施和规则应考虑到产业未来的发展趋势，为未来的发展预留足够的生存和发展空间。

（二）支付行为监管与审慎监管统一原则

行为监管是监管机构为了保护消费者的合法权益而对交易主体、交易行为以及交易内容进行的规范和指引，其要求对金融机构保护消费者的总体情况以及银行参与市场的行为进行现场和非现场的检查、评估、披露以及处置。

---

① 汤莹.第三方支付机构跨境电商收款业务及监管对策[J].河北金融，2022(2)：5.

审慎监管则以防范和化解各类风险为目的,因此,第三方支付交易活动中应实现行为监管与审慎监管的有机平衡。

(三)他律监管与自律监管统一原则

他律监管主要是指监管部门的监管,我国主要监管部门是中国人民银行。自律监管则是指行业协会等自我监管,目前主要监管部门是支付清算协会。如果仅仅是他律监管,有"剥洋葱"之感,发现问题会耗时、耗力。如果引入自律监管,内行人一眼就能看出问题。因此,应坚持他律监管与自律监管的统一,发挥人民银行的主导作用,推动"一行两会"的协调性监管,引导金融监管部门与非金融监管部门的协调统一,成立独立的第三方支付协会,以便更好地发挥行业自律的作用。

(四)系统性风险防范原则

第三方支付是我国支付体系的一部分,是电子商务得以快速发展的重要基础,也是金融风险的传递渠道之一。在支付体系中,一旦某个参与者无法结算其债务或系统某个环节出现故障或困难,就会导致其他系统参与者不能在期满时结算债务,进而导致更大范围的流动风险和信用风险,甚至威胁到整个支付系统的稳定或金融市场的稳定。因此,防范和控制第三方支付可能导致的系统性风险,也是监管的重要原则。

(五)公平竞争有序发展原则

随着第三方支付机构的加入,银行专营支付服务的局面被打破,使支付市场的服务主体和支付渠道呈现多元化竞争的特点。[①] 第三方支付机构的个性化、专业化、差异化的发展在加剧市场竞争同时,也提高了市场运营的效率。一方面,第三方支付机构通过与银行的密切合作,为无法接入传统金融体系的长尾客户(long tail client)提供了支付服务,拓展了传统的支付服务范畴;另一方面,第三方支付丰富了支付服务的方式,提高了支付效率,有利于支付市场的可持续发展。

与金融机构一样,第三方支付机构也是我国金融支付体系的有机构成部

---

① 杨晓丽,艾璐.第三方支付机构与商业银行的竞争与合作浅析[J].现代经济信息,2015(2X):2.

分。因此，对第三方支付机构的监管要坚持公平与有序发展并重的原则，着眼于第三方支付产业的长远发展，给予其与其他金融机构平等的"国民待遇"，使其能共享国家公共金融资源、公平竞争，共同丰富和完善现有的支付体系，提高支付金融市场的经营效率，从而促进金融行业及电子商务产业的发展，以营造一个良好的金融支付营商环境。

二、第三方支付有效监管的组织框架

对于我国第三方支付监管的组织框架，应借鉴美国和欧盟的监管模式，并结合我国金融监督的特色，在现有监管框架的基础上，形成以中国人民银行主导监管、商业银行参与监管、加强行业协会自律监管、社会舆论协调监管的模式，从而营造一个良好的监管体制机制。

(一) 发挥中央银行第三方支付监管主导地位

维持支付体系的安全和效率是各国中央银行的基本职能之一。[①] 根据《中华人民共和国中国人民银行法》，中国人民银行有维护支付、清算系统的正常运行的法定职责。第三方支付机构属于我国金融支付体系的一部分，一定要坚持中国人民银行作为第三方支付机构监管者的主导地位。按照相关法律法规，中国人民银行对第三方支付机构在市场准入条件、业务模式、经营行为、资本金等方面实施监督管理，有权依法对第三方支付机构进行定期或不定期的现场和非现场检查，有权对第三方支付机构损害服务对象合法权益或可能危及支付市场正常秩序的违法、违规行为进行行政处罚。[②] 在监管过程中，中国人民银行应该从以下几个方面加强监管。

一是要加强支付机构支付业务的准入管理。支付机构支付业务监管工作重点，应从准入审批调整为支付机构日常业务合规经营与风险防控。中国人民银行应适度把握审批节奏，择优审批，支持盈利前景好、规范意识强、对社会公益事业有益的增量机构业务申请。从严控制"预付卡发行与受理"的新增机构，适度控制"银行卡收单"的新增机构，适度支持"网络支付"的新增机

[①] 张晨阳. 数字时代全球支付体系及中央银行数字货币前景分析[J]. 北方金融，2022(1)：5.
[②] 夏青，王昱斐，薛倩玉，等. 博弈论视角下第三方支付反洗钱监管研究[J]. 哈尔滨学院学报，2019，040(005)：32-36.

构,鼓励资质好、实力强的机构,通过对已获许可机构兼并重组的方式进入支付服务市场,引导已获许可机构向精细化管理发展,以促进存量市场资源优化整合。

二是要建立支付机构从业人员资质审核制度。应尽快出台《支付机构高级管理人员管理办法》及《支付机构从业人员资格管理办法》等制度,细化支付机构高级管理人员的任职资格、基本行为准则、监督管理、违规责任,以及支付机构从业人员的资格取得与注册登记、监督管理等内容。对于支付业务存在重大安全隐患、频繁发生支付清算纠纷和举报等情况的支付机构,应组织相关高管人员重新参加考试,考试不合格的,应建议支付机构总公司取消其高管人员任职资格。

三是要重视支付机构变更事项监管工作。中国人民银行作为支付机构监管主体,应高度重视支付机构变更事项监督管理工作,认真、严格落实各项工作要求,抑制非法、非正常的变更情形,从而防范支付机构通过变更故意规避监管,转让或变相转让、租借"支付业务许可证"等违规行为的发生。

四是要进一步推进非现场监管,提高客户备付金监管效率。应采取非现场监管措施,设立一套指标分析方法,对收集的数据、报表和有关资料进行深入加工、整理和综合分析,从而完善支付机构运营风险情况初步评价和早期预警机制。

五是要加强现场监管力度,净化支付服务市场环境。应按照属地管理原则,对辖内已获许可及已备案机构适时开展支付业务执法检查,促进支付机构业务合规开展,严肃市场纪律。同时,各监管主体间应加强沟通,规范跨省份支付机构的支付业务,以防范支付机构寻找监管的"真空地带",扰乱支付服务市场秩序。

六是要加强支付机构退出管理。支付机构申请终止支付业务时,应严格审查支付机构提交的公司法定代表人签署的书面申请、公司营业执照(副本)复印件、"支付业务许可证"复印件、客户合法权益保障方案、支付业务信息处理方案等资料。针对部分尚未取得支付业务许可,仍在"正常"经营的机构,既要积极引导其合理评估支付服务市场利润空间,防止"跟风"情况发生,又要及时依法进行清理，杜绝"先违规再审批""先突破再倒逼"等行为[①]，避免造成不良效应。

(二)发挥商业银行的金融监管作用

无论是在传统的支付业务中，还是在有第三方支付机构参与的支付链条中，商业银行都是支付清算过程中必不可少的重要机构。作为第三方支付资金流动服务提供者，商业银行与其他银行之间或监管机构之间，共同发挥着监管作用。例如，备付金存管银行和备付金合作银行的引入，可以实现对第三方支付机构客户备付金和沉淀资金进行全方位的监管，促进社会资金的安全流动。

(三)发挥自律监管的作用

自律监管体现在支付机构的自我约束和自我监督。支付机构自律组织制定的自律原则，应通过自检和互检，发挥防患于未然的作用，促进本行业的可持续发展。此外，自律组织要与监管部门密切合作，督促自律组织成员贯彻实施法律法规。自律组织有权对违反自律规则和法律法规的机构予以处罚。

国内最主要几家第三方支付机构应共同发起倡议，形成一个具有操作性和实践性的行业自律协议或公告，向社会公示表明自己规范经营的态度，以充分得到社会的理解和认同，让消费者放心消费，让商家合法经营。

(四)舆论监督

在相关法律、法规、条例、办法正式出台之前，舆论监督是促进第三方支付服务组织规范发展的有效机制。因此，应当充分发挥舆论监督作用，使在不泄露客户隐私和公司机密的前提下，将一些公众最关心和担忧的信息尽可能地公开，并定期在网上发布。对此，第三方支付机构应充分予以理解，并给予配合和支持，不应加以阻挠和进行不必要的干预。

三、第三方支付有效监管的几个重要阶段

关于第三方支付有效监管的具体措施，需要在事前、事中和事后形成一个立体监管网络。此外，监管部门也需要加强现场与非现场检查，防范第三

---

① 贺斌.互联网第三方支付法律监管研究[D].湖南师范大学，2014.

第二章　第三方支付监管研究

方支付机构的欺诈行为。

（一）事前监管

事前监管主要是指对第三方支付机构的市场准入的资格审查和证照审批。我国对于支付机构的市场准入主要采用事前监督的模式。中国人民银行《非金融机构支付服务管理办法》对申请人的资格条件做了严格的规定，如申请人拟在全国范围内从事支付业务的，其注册资本最低限额为1亿元；拟在省（自治区、直辖市）范围内从事支付业务的，其注册资本最低限额为3 000万元；注册资本最低限额为实缴货币资本等。

事前监管也包括设置第三方支付交易限额、对第三方支付机构发行的电子货币的资格审查以及备付金权属确定等。即首先，要对第三方支付交易主体进行充分的尽职调查，既要保证交易主体的信息安全，也要降低系统性风险，以防范洗钱或者恐怖主义等犯罪活动；其次，明确第三方支付机构发行电子货币的属性，将第三方支付机构界定为服务机构，其发行的电子货币不具有法定性；最后，明确备付金归属于客户，即客户享有备付金的收益权。

此外，事前监管还包括保险等手段。一般而言，对于支付安全的投保应当基于"自愿、平等、公平"的原则。然而，当涉及到消费者隐私或者商业秘密时，应当予以强制保险。在市场竞争激烈的情形下，第三方支付机构要想吸引客户，必须保证客户资金的安全，因此，应当基于不同情况对第三方支付交易活动设定不同的保险需求。

（二）事中监管

《非金融机构支付服务管理办法》指出，中国人民银行及其分支机构依据法律、行政法规、中国人民银行的有关规定对支付机构的公司治理、业务活动、内部控制、风险状况、反洗钱工作等进行定期或不定期现场检查和非现场检查。[①] 可见，事中监管主要包括定期或不定期监管以及现场监管和非现场监管。此外，事中监管（过程监管）还应该包括交易记录强制备份等。第三方支付的交易量成千上万笔，单纯依靠人工进行现场与非现场检查是不够的，要对这些交易的过程进行监管，这些监管手段需要借助于信息技术手段以强

---

① 张晟玮. 我国互联网第三方支付法律监管的问题研究[D]. 华侨大学，2015.

化对信息科技风险的防范能力,如异常交易自动识别软件、交易行为自动记录等。同时,要完善纠纷解决机制,对于交易过程中的纠纷,除了依靠诉讼来解决之外,需要特别重视非诉讼机制,如在线仲裁、协会或者各种委员会等。

(三)事后监管

事后监管是指风险出现后,对消费者权益进行的保护和风险处置。它的基本准则是不管采用什么手段来化解风险,都必须保护消费者的利益。首先,健全事后奖惩机制。对第三方支付机构的违规行为一定要重罚,增加其违规成本,从一开始就要增加违法成本的预期,从而减少违规行为,提高事后惩戒的威慑力。其次,对于已经发生的系统性支付风险,政府应改变多头执法、多层执法的格局,联合支付机构以及保险机构等协调调查,对于同一市场主体的检查一次性完成,以提高执法的水平。最后,建立系统完善的风险损失分担机制,从而实现责任承担的公平、公正性。

四、第三方支付有效监管的主要方面

(一)市场准入监管

首先,监管机构应慎重地审核第三方支付机构的业务经营资质。实施准入监管,将第三方支付机构的数量保持在一个相对合理的水平上,对不符合法律法规的申请者严格禁止其获得许可证,为第三方支付稳健经营提供有效的保障,从而提高行业的运作效率。其次,应该参考美国和欧盟的经验,制定第三方支付的最低资本金要求和资质要求,完善第三方支付机构抗风险的能力。明确第三方支付机构的经营范围、性质和权限,建立第三方支付服务机构退出机制,从而实现行业的自我更新和发展,避免内部出现恶性竞争。最后,监管机构应对金融机构的技术基础进行系统审核。如果危及金融机构的清偿能力,监管机构有权进行干预。此外,金融机构的经营章程应当提交给监管机构,必要时,还应经监管机构批准。

(二)严格客户资金监管

首先,建立第三方支付机构风险保证金制度。根据第三方支付服务组织的资本金实力、业务规模、风险管理能力和业务运行情况,从自有资金中提取一定比例的保证金,作为滞留在第三方支付服务组织的资金保障,并可以要求支付机构向保险公司进行风险投保。与此同时,第三方支付服务组织出现资金问题时,保证金也可以用来降低客户的损失。其次,明确客户结算资金的备付金及其沉淀资金属于客户所有,第三方支付机构无权挪用。

(三)强化支付机构风险管理

一是完善第三方支付机构的公司法人治理组织架构。

二是加强对控股股东行为的法律约束。支付机构的公司治理,应当体现在坚持对支付机构控股股东的监督管理上,严格防范控股股东伤害其他股东和客户的合法权益。

三是禁止支付机构与关联方从事关联交易,伤害客户、管理人员、股东的权益。支付机构不得为股东、实际控制人及其他公司高级管理人员等提供融资担保和各种不正当关联交易,发生这种情况应严格严厉处罚。

四是追究恶意股东责任。针对支付机构可能发生股东抽逃或者变相抽逃出资、转移公司资产,并利用支付机构有限责任公司的性质,申请公司破产,以逃避债务,危害机构安全经营的违法行为,应采用公司法人人格否认制度,追究其法律责任。[1]

(四)加强消费者保护机制

第三方支付机构掌握着大量因业务经营获取的客户信息,既包括客户的个人隐私,也包括商业数据。[2] 要加强保护客户的隐私数据和商业数据。首先,加强消费者保护的顶层设计,加快自上而下的市场监管改革步伐,明确相关部门消费者权益保护职责;其次,加强与金融机构之间的合作,实现客户信息保护的互联互通,从而为全面监管提供信息支撑;最后,建立消费者举报奖励机制,引导消费者充分利用举报权利,对积极举报非法机构的违法行为一经查实给予高额奖励,让违法支付机构无处藏身。

---

[1] 赵宇.公法债权人得否适用法人人格否认制度[J].甘肃政法学院学报,2019(2).
[2] 王岑岑."互联网+金融"模式下的信息安全风险防范探讨[J].中国战略新兴产业:理论版,2019.

第三章 P2P 网络借贷平台监管研究

第一节 P2P 网络借贷平台的发展现状

一、P2P 行业的国内发展历程

2007 年的"拍拍贷",是 P2P 网络借贷正式入场的标志性事件。然而,由于"拍拍贷"大众化的认知程度不够,使 P2P 行业并没有实现大规模发展,直到 2013 年,"余额宝"的广泛应用推动了 P2P 行业爆炸式发展。回顾 P2P 的这段发展历程,可以划分为:起步期、爆发期、调整期。[①]

起步期(2007—2011 年):我国早期的 P2P 网络借贷平台,诸如"拍拍贷""红岭创投""人人贷"的运作基本上复制国外 P2P 平台"信用借贷"模式,以信用借贷为主。由于我国存在征信体系发展迟滞、征信信息混乱无序、征信数据共享受限问题,使得信用评级不具有社会可信度,对互联网金融行业的深远发展与业务创新产生了非常不利的影响[②]。

爆发期(2012—2013 年):这一时期 P2P 网络借贷平台爆发式增长,以网络为载体,民间线下借贷行为转移到线上,形成了 P2P 网络贷款平台。民间借贷的网络化加速了网络贷款平台的开设进度,短期内从 20 家暴涨到 240 家左右,又增加到了 800 家,爆发期的月交易成交额也呈现爆发式增长。根据

[①] 王竟鸿. P2P 网络借贷借款人信用风险影响因素研究[D]. 华中师范大学,2018.
[②] 马睿. 我国 P2P 网贷平台财务风险评估研究[D]. 吉林大学,2019.

第三章　P2P 网络借贷平台监管研究

相关数据显示，2012 年，P2P 网络贷款平台月成交额为 30 亿元左右，有效投资人数在 2.5 万～4 万人之间。2013 年，P2P 网络借贷平台月成交额约为 110 亿元，活跃投资人约为 9 万～13 万人之间。[①]然而，该时期由于 P2P 网络贷款平台的粗放型管理，使得网络贷款平台出现了相互挤兑倒闭的情况。

调整期（2014 至今）：这一阶段的 P2P 网络借贷行业大受风投青睐。首先，P2P 网络贷款平台经过一定阶段的发展后，其具有稳定的客户资源。无论是 P2P 网络借贷平台还是投资者都希望以有效监管的方式，来保证 P2P 网络贷款业务的正常发展。其次，国家鼓励 P2P 网络借贷行业的发展，对 P2P 网络借贷平台进行了政策倾斜，很多一直观望的企业家和金融巨头开始试水互联网金融领域，组建独立 P2P 网络借贷平台。[②]

2020 年，30 多家 P2P 平台获风投融资，实现了 P2P 网络贷款市场化认可。然而，P2P 网络贷款平台超出预想的发展速度为跑路、诈骗平台的出现提供了契机。经过仅仅两年多的历史周期，验证了 P2P 网络贷款行业的高门槛性，一是市场大浪淘沙、优胜劣汰，让从业者意识到资本并不代表一切，金融底蕴和互联网基因的双重专业实力才是王道；二是监管发力，让任何宣传上虚张声势、运营手段投机取巧的行为，都越不过诚信、合规的原则。总之，在行业门槛逐渐被拔高、市场竞争越来越激烈、监管逐渐到位的环境下，人们不得不反思过去两年、P2P 网络借贷平台的野蛮发展到底走了哪些弯路？在行业标杆企业的努力和成就中，P2P 网络借贷平台的价值如何衡量？

二、P2P 行业在国内的发展现状

（一）地域分布

P2P 网络借贷平台分布以沿海发达地区为主，广东、北京和上海位居前三[③]，紧接着是浙江、山东等 30 多个地区。P2P 网络借贷平台分布以沿海发达地区为主，北京、广东和上海位居前三，紧接着是浙江、山东等 30 多个地区。

全国网贷成交量达 2.8 万亿元。其中，以北京居首，为 7 059.67 亿元；上

[①] 一禾.P2P 平台激增 风险控制是关键[J].卓越理财，2014(7)：2.
[②] 李良艳.P2P 网贷平台发展演进及反思[J].中国经贸导刊，2020，000(011)：80-82.
[③] 王琦.P2P 问题平台的风险防范探究[J].经济研究导刊，2020(13)：7.

海以6 777.39亿元位居其二；广东紧随其后，以6 690.8亿元排列第三。由此可见，北京、上海和广东以其发达的经济以及政策性支持为P2P网络借贷行业提供了发展条件。全国网络贷款行业总体贷款余额超过1.2万亿元。其中，北京、上海、广东、浙江四个地区的贷款余额超万亿元，占全国同期贷款余额的89%。[1]

(二) 网络贷款利率及期限

据统计，网络贷款行业平均借款期限为9.16个月，与2019年同期相比增加了1.27个月。[2]北京、上海等经济比较发达的地区，其平均借款期限明显长于行业平均水平9.16个月，全国主要省市P2P网络贷款行业平均借款期限正在向更长期延伸。但P2P网络贷款年化收益率正在逐年下降。据融360统计，P2P网络贷款平均年化收益率为18.5%[3]。从地域分布来看，超过20个省市均值高于全国平均水平（如图3-1所示）。就其变化而言，北京、上海、广东、浙江、江苏以及四川等地，网络贷款行业综合收益率均有所降低。相关人士指出，P2P网络贷款行业年化利率的降低，表明了其对国家监管政策的回应，也是P2P网络贷款行业的理性回归。

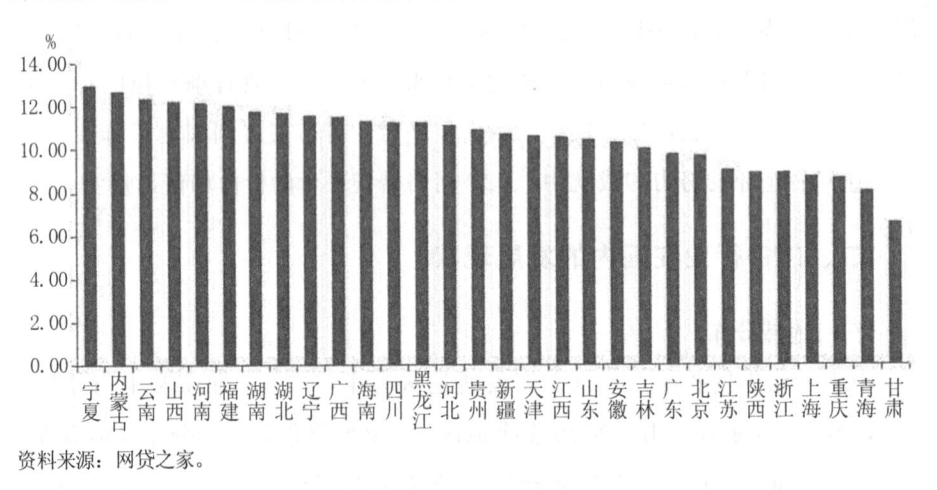

资料来源：网贷之家。

图3-1 网络贷款行业平均借款收益率

---

[1] 11月P2P网贷行业成交量环比增长8.98%[J].银行家，2019(1)：1.
[2] 叶思晖.P2P的收益率为何不断降低——来自监管政策的证据[J].中国经贸导刊：中，2019.
[3] 盘长丽.大数据背景下P2P网络借贷平台可持续性发展研究[J].创新，2019，13(5)：13.

(三)投资人数量及属性

网贷天眼对 12 200 名投资人的抽样调查显示，95%的投资人投资 P2P 网络贷款获得了盈利。30 至 39 岁之间的投资人占主要部分，是总数的 54%，超 83%的投资人受过本科及以上高等教育，67%的投资人有证券投资经验，89%的投资人有投资银行理财产品的经验。[1] 可见，目前投资 P2P 网络借贷的主力群体是一些有投资经验的高学历人群。

(四)交易额排名

P2P 网络贷款行业贷款余额为 1.2 万亿元，比 2018 年同期增长 50%，成交量为 2.8 万亿元，比 2019 年同期增长 35.9%[2]。天眼研究院不完全统计表示，成交额前 50 家的平台成交额合计 881.03 亿元，环比上涨 15.24%，占比 12 月行业总成交额的 46.44%，12 月借款人数达 246.40 万人，环比下降 40.95%，投资人数为 316.24 万人，环比上涨 17.57%。2020 年 12 月 50 家平台的平均综合利率为 9.45%，略低于本月 P2P 网络借贷行业平均水平，借款期限为 9.52 个月，较上月增加 0.81 个月，且低于行业平均水平。[3]

三、P2P 行业的细分市场

目前，越来越多的 P2P 网络借贷平台从细分市场着手，以某一类借款人、某一资产类别或者某一类借款需求为目标，打造一个"小而美"的平台，从而增强 P2P 网络借贷行业的风控能力，并使其在激烈竞争下获得生存机会。[4] 就 P2P 网络借贷平台细分市场的情况来看，产品设计的细分主要包含三个方面的内容：一是借款人身份，如农民、大学生、白领借贷市场。二是借款人资产类别，如车辆抵押、房屋抵押及应收账款融资市场，P2P 网络借贷平台提供抵押贷款。三是借款人需求，如首付贷、经营贷、融资租赁（financial leasing）市场。[5]

---

[1] Abdulkadir S, Adam Saad A, Sharofiddin A. The Study of Islamic P2P Crowd Funding Model as an Alternative to SME Financing in Nigeria. 2022.
[2] 樊佳园. P2P 网络借贷平台成交量的影响因素分析[J]. 经济研究导刊, 2019(10)：2.
[3] 张淞淇, 朱泽弘, 胡至鸿, 等. 互联网金融与银行科技创新[J]. 中国集体经济, 2022(15)：4.
[4] 卢鑫. 中国"P2P 网贷"的业务模式与发展趋势研究[D]. 电子科技大学.
[5] 刘翔, 樊艳甜. 监管政策下的 P2P 行业市场结构发展现状[J]. 经贸实践, 2017(17)：2.

(一)借款人身份的细分市场

基于借款人身份的不同,P2P 网络借贷平台搜寻长尾客户,从而设计对应的产品①,以满足他们的借款需求。目前,最主要的就是农民借贷市场和大学生借贷市场。

1. 农民借贷市场

总体上来说,农民借贷市场对 P2P 网络借贷行业的发展既提供了机遇又带来了挑战。农民借贷市场需求巨大,农民借贷呈现出"借款金额小、季节性强、期限短以及还款方式倾向于期末偿还本金等"的特点。农民的平均文化水平较低,以"村民"集中为单位的农民借贷市场呈现"小聚居"的状态。然而,农民借贷所具有的高风险、随意性等特点,使信用评估和收回贷款难以常态化和规范化。较高的交易成本也降低了传统金融机构下沉农村的意愿。翼龙贷是专注于为农民提供借贷服务的 P2P 网络借贷平台,翼龙贷引入加盟商,加盟商负责线下市场开发,加盟商和平台一起进行风控审核,减少了平台直联成本。②

2. 大学生借贷市场

大学生在中国是一个庞大而又特殊的群体。根据统计数据显示,中国在校大学生约有 3 180 万人依靠助学贷款。以国家助学贷款为例,在提供贫困证明,且通过其他审核的基础上,全日制本专科学生每人每年可以获得不超过 8 000 元的助学贷款。然而,大学生不仅仅有着优秀的教育背景,而且其还有追求时尚潮流的购物欲望,大学生资金来源的有限性难以满足大学生的消费需求。③ 对此,银行试图针对大学生提供消费贷。早在 2007—2020 年,国内曾有数家银行在大学生中推广办理信用卡。

(二)借款人资产类别的细分市场

1. 汽车抵押借贷市场

汽车抵押借贷市场针对的是"有车一族",他们在一段时间内因急需一笔

---

① 蒋先玲,张庆波,程健. P2P 网络借贷市场信用风险识别[J]. 中国流通经济,2020,34(4):9.

② 崔同宇. 中国网贷(P2P)市场商业模式案例与分析[D]. 天津大学.

③ 秦月,秦基. 互联网视阈下"网贷"大学生正确消费观的培育研究[J]. 四川职业技术学院学报,2019,029(002):71-74.

第三章　P2P 网络借贷平台监管研究

数额不大的周转资金，而又碍于面子不想求助亲友，也不想靠卖车进行资金周转，从而以抵押汽车的方式来满足自己的资金需求。在抵押实现的过程中，银行并不开展汽车抵押借贷业务，因此给了 P2P 网络借贷平台机会，以 P2P 网络借贷平台为载体的汽车抵押借贷平台走向了市场。[①]

以微贷网为例。微贷网是以汽车抵押借款为主营业务的 P2P 网络借贷平台。一般微贷网的放贷金额不会超过抵押车辆估价的 70%。[②] 汽车抵押借贷市场的出现使抵押车辆即使在贷后违约的情况下，也可以变卖套现。

微贷网总部在美丽的杭州，汇集了来自金融行业、BAT（百度、阿里巴巴、腾讯）等著名 IT 企业和头部销售企业的精英。微贷网在北京、上海、广州和四川、浙江等 28 个省市开设网点 440 余家。[③] 据其半年报显示，微贷网平台累计成交额突破 1 141 亿元，累计创收 20.3 亿元，月均成交额占车贷行业的 40.14%，营收 15.76 亿元，净利润 2.63 亿元[④]。

需要说明的是，微贷网以在车辆上安装不易拆卸的全球定位系统（global positioning system，GPS）来进行实时监控。因而，从事汽车抵押借贷行业存在一定的技术门槛。简单来说，微贷网能在汽车抵押借贷这一细分市场快速发展，很大程度上得益于加盟商模式。

2. 房地产抵押借贷市场

"有房一族"以房抵押获取借款，借款金额相对于汽车抵押贷款明显较高。房地产抵押借贷可以通过 P2P 网络借贷平台来实现。银行对借款人要求极为苛刻，除了房产证明之外，对借款人信用记录与还款能力证明也要求颇严，银行放款审批周期长，不解近渴。除此之外，目前，很多 P2P 网络借贷平台开展二次抵押业务。换句话说，即使没有还完银行按揭贷款的房子，借款人仍能在 P2P 网络借贷平台进行二次抵押借款[⑤]。

国诚金融是一家以房地产抵押借贷为主的平台，其面向主要是短期内亟

[①] 李露琦. P2P 网贷平台商业模式转型研究[J]. 智富时代，2019(5): 1.
[②] 陈颖瑛. 探索互联网金融专业学徒制人才培养方案的实施——以微贷网为例[J]. 当代经济, 2019(11): 3.
[③] 曾磊. 微贷网 P2P 网络借贷风险管理研究[D]. 石河子大学, 2020.
[④] 孙旭龙. 汉鼎宇佑高溢价进军游戏[J]. 证券市场周刊, 2017(19).
[⑤] 潘雨威. P2P 网络借贷平台风险浅析及解决方案[J]. 2019.

须周转资金的上海本地客户。抵押房产基本位于上海本地或周边[①]。借款人在与国诚金融办完房产抵押手续后,可获得最高借款额度为抵押房产估值60%的借款,平台人均借款147万元,人均借款期限为1.86个月,充分体现了房地产抵押借贷"期限短、金额较大"的特点。此外,优越的地理位置为国诚金融很好地控制风险提供了便利。

3. 应收账款融资市场

目前,应收账款融资市场潜在需求巨大,专注于此类资产的P2P网络借贷平台主要有爱投资和道口贷等,受P2P网络借贷平台的青睐,具有广阔的市场前景。其原因如下。

第一,传统的应收账款融资市场已相当成熟。

第二,应收账款融资比一般信贷产品更加透明。登记信息可网络查询,比一般信贷产品更为透明、可信。

1) 爱投资

P2P网络借贷平台的出现,促进了P2P网络借贷平台与保理公司之间的合作,大大降低了保理业务的融资成本。典型的例子是爱保理。《中华人民共和国民法典》出台后,保理业务正式走上台面,其基础就是对应收账款的管理和融资需求的迎合。[②] 爱保理是爱投资平台与保理公司合作推出的基于应收账款转让的一款产品。其具有三大优势:一是投资期限通常不超过12个月,可以满足短期投资者需求;二是还款保障度强,即具有多重还款来源,包括保理公司到期回购、保险公司承保等;三是相对于货币类理财产品,爱保理年化收益率高。[③]

从业务流程来看(如图3-2所示),爱投资平台会与其合作的保理公司联合开展尽职调查,包括双方企业经营状况、财务数据、交易历史记录等。对于交易合同和应收账款的真实性与合法性,则交由专门的律师及会计师审核。

[①] 沈莉萍.未经审核的房地产抵押附记内容应当予以撤销——张某甲,张某乙诉上海市不动产登记局房地产抵押附记案[C]// 上海法学研究集刊(2019年第16卷 总第16卷)——上海市第三中级人民法院(上海知识产权法院)文集.2019.

[②] 张乐.LH保理公司应收账款保理业务的风险防范问题及对策[D].江西财经大学,2019.

[③] 张龙.商业保理与互联网金融融合发展研究[D].新疆财经大学,2016.

第三章　P2P 网络借贷平台监管研究

审核通过之后，保理公司会通过爱投资平台将应收账款转让给平台投资者。

2）道口贷

道口贷是国内第一家基于高校环境的 P2P 网络借贷平台，以校友企业的供应链为服务基础，以建立国内知名校友网上金融服务社交为目标，专注于应收账款融资业务。[①] 在上线 78 天以后，平台的累计成交额已突破 1 亿元。目前，与道口贷合作的核心企业规模逐渐下降，单一核心企业能够带来的贷款规模在降低，累计合作 60 家核心企业，累计交易额 75 亿元，业务趋于稳健发展。[②]

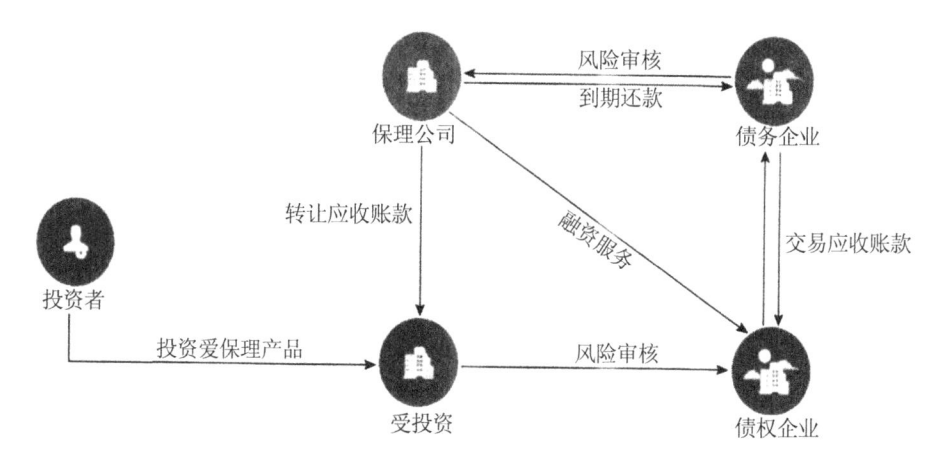

图 3-2　爱投资平台下的"爱保理"产品流程说明

4. 票据融资市场

我国经济市场快速的发展，促进了与经济发展有关的行业和金融手段的产生和发展。票据融资是一种新的资金流通的方式，这种方式对于经济市场的健康发展具有重要意义和作用。它可以让资金有效流通起来，能够盘活市场经济。因此，票据融资对我国市场经济的发展起到了重要的作用。尤其是票据融资的经济功能和市场地位，对于市场经济的发展具有促进作用。

---

① 郭飒飒.我国 P2P 网络借贷信用风险分析——以道口贷为例[D].山东大学，2016.
② 郭苏莹.孵化 8 家估值超亿元企业！610 名港澳青年人才汇聚天河[J].中国产经，2022(3)：2.

(三)借款人需求的细分市场

1. 首付贷市场

"首付贷"是地产中介或金融机构为存在首付资金压力的购房客提供资金拆借的一种服务。① 随着 P2P 网络借贷行业在国内的火热,首付贷市场成为 P2P 网络借贷平台细分市场的主要战场,其包括新浪(房金所)、搜狐(搜易贷)、平安集团(平安好房)等。首付贷市场的兴起,与国内长期以来居高不下的房价有着密不可分的关系。北上广深等经济发达城市发展前景好,吸引了大量外来人口,收入水平高,房价水平也高。一些二三线省会城市,也因为货币投放量的激增和资产荒,房地产成为资金的避风港,推高了房价。② 居高不下的房价为首付贷的发展提供了条件,促使贷款买房俨然成为一种发展趋势。

2. 融资租赁市场

目前,国内融资租赁市场 P2P 网络借贷平台主要有拾财贷、爱投资、积木盒子等。由于融资租赁行业门槛较高,现阶段 P2P 网络借贷平台只能通过与融资租赁公司合作的方式切入。我国融资租赁行业 2019 年企业总数约为 12 130 家,增长了 2.91%,与此相对应的融资租赁市场渗透率也有了大幅度的提升。③

根据监管的差异,融资租赁模式又分为"金融租赁"和"融资租赁"。④ 融资租赁公司也亟须与 P2P 网络借贷平台合作。融资租赁公司掌控着租赁物所有权,对风险的控制能力要远高于一般性抵押贷款。⑤ 以爱投资平台上的"爱融租"产品为例,租赁期内,设备所有权归融资租赁公司作为履约担保。⑥ 在这种模式下,设备生产商还会承担中小企业租金逾期时,第一时间回购设备的责任。此外,"爱融租"产品还有一种售后回租模式,由融资租赁公司收购企

---

① 林鸿.房产中介"首付贷"业务合同效力问题研究——以一起"首付贷"典型案例为切入点[J].法律适用,2020(12):9.
② 甄爱军.50 城房价收入比小幅下降[J].理财周刊,2019.
③ 2019 年融资租赁业发展情况报告[J].华北金融,2021(2020-3):26-34.
④ 李川东.我国融资租赁业发展现状、问题与对策研究[J].今日财富,2020(20):43-44.
⑤ 刘芯蕊,罗丹程.融资租赁资产证券化风险问题研究[J].2020.
⑥ 丁亦佳.爱投资网上公开催贷引爆步森股份资本局中局[J].投资有道,2018(11):5.

业现有设备，所有权发生转移，再以租赁的方式给企业使用。租赁期满后，再将所有权完璧归赵。

第二节 我国 P2P 网络借贷问题平台现状与主要风险分析

一、我国 P2P 网络借贷问题平台的现状

P2P 网络借贷平台因经营不善、恶意诈骗等原因而产生的问题平台不断增多。自 2013 年 P2P 网络借贷平台爆发式增长，数量一直处于只增不减的状态。2014 年，就出现了 92 家问题平台；2015 年出现了 181 家问题平台，P2P 网络借贷行业经历了一波激烈的洗牌。随着互联网、大数据以及云计算等的进一步渗透，P2P 网络借贷行业基于利益的驱使，"失联跑路"的现象更为突出，正常运营的 P2P 网络贷款平台仅余 1 539 家，较 2016 年底减少 24%。问题平台（不含转型）共 3 902 家，占总量的比例超过了 70%，公告停业或隐性停运的至少 1 300 家，占总数的 34.4%。[①] 2018—2021 年网络贷款平台备案工作正式开启之后，更多的不合规平台出局，行业马太效应加剧，大平台优势更加突出。

（一）准入门槛

1. 注册资金

根据网络贷款之家的数据显示，P2P 网络借贷平台的平均注册资金为 1 357 万元，新上线 900 家平台（含问题平台），平均注册资金为 2 784 万元，新上线的网络贷款平台超过 1 500 家（含问题平台），平均注册资金约为 3 885 万元。[②]

此外，很多问题平台存在虚报资金、伪造营业执照等问题。因此，仅仅以"注册资金"作为投资标准具有一定的盲目性和不真实性，故投资者应理性

---

① 黄蕾，TP 图. P2P 爆雷地图：浙江上海问题平台数量多[J]. 今商圈，2018.
② 杨晓恬. P2P 网贷行业近年发展现状分析[J]. 经贸实践，2019.

综合分析平台运营的安全性，以维护自身的投资权益。

2. 信息披露

1)平台本身资质信息披露

P2P 网络借贷问题平台的另一大特征是信息披露不充分。① P2P 网络借贷平台本身的资质信息主要包括管理团队信息和证书信息，需向投资者传达平台运营状况的信号。② P2P 网络借贷问题平台与 P2P 网络借贷对比平台之间资质信息的差异主要因为传播信息的方式不同。如表 3-1 所示，总结了不同平台在资质方面信息披露的情况。

表 3-1　不同平台在资质方面信息披露的情况

平台基本情况	P2P 平台	管理团队信息	证书信息
问题平台	里外贷	没有	有
	中汇在线	没有	有
	融融网	没有	有
	上咸 bank	少量	有
	美贷网	有	有
	中贸易融	没有	有
	渝商创投	有	有
	沪乾投资	有	有
	万通财富	少量	有
	全民贷	没有	有
	聚融贷	没有	没有
	涌金贷	没有	有
	快速贷	有	有
对比平台	人人贷	有	没有
	积木盒子	有	没有
	宜人贷	有	没有
	陆金所	有	没有
	红岭创投	少量	没有

来源：作者根据不同 P2P 平台在资质方面信息披露的情况整理总结得出。

---

① 常祖铖，余健.互联网金融模式及风险监管思考[J].新商务周刊，2019(4)：1.
② 蒋品.我国 P2P 网贷行业的问题与建议措施研究[J].中国民商，2019，74(02)：73+103.

2)借款标的信息披露

在借款标的方面,问题平台一般向投资者披露的信息较少,其披露的主要是基本信息,有些平台甚至缺乏借款的明确目的和用途的信息。[①] 事实上,投资者需要了解更多信息,包括业务的真实性、预期抵押物的变现渠道等。不同平台披露信息的成本存在差异,而运营较差的平台往往无法实现信息披露。资质较好、运营正规的平台,信息披露的成本要低于运营相对较差的平台;而资质较差、运营不完善或者有恶意目的(诈骗)的平台,披露信息的成本会更高。因此,运营较好的平台则会对借款标的信息进行较为详细的描述。从另一个方面来说,为降低成本支出,问题平台在借款标的方面披露的信息一般会少于对比平台。[②]

3)投资者资金保障信息披露

对于平台自身信息的公开,问题平台一般只在网站上公布少量的公司背景情况,如营业执照、公司照片等,但很多照片都存在明显的修改痕迹,如多家问题平台使用同一办公照片,仅在照片上修改公司名称。相反,正常运营的 P2P 网络借贷平台则对自身状况有更详细的介绍,对平台成立背景、运营团队、合作机构等都会作一一说明。如表 3-2 所示:表中总结了不同平台对投资者资金保障信息的披露情况。

表 3-2　不同平台对投资者资金保障信息的披露情况

平台	第三方担保
里外贷	有
中汇在线	无
融融网	无
上咸 bank	有
美贷网	无

---

① 胡翠萍.新形势下我国 P2P 网贷平台转型及其发展对策分析[J].吉林工程技术师范学院学报,2021.

② 高宇,孙雁南,姚鑫.互联网金融创新监管的多阶段博弈规律研究——基于平台异质性的市场反应分析[J].当代经济科学,2022,44(3):17.

续表

平台	第三方担保
中贸易融	有
渝商创投	无
沪乾投资	有
万通财富	无
全民贷	无
聚融贷	无
涌金贷	无
快速贷	有
人人贷	有
积木盒子	有
宜人贷	有
陆金所	有
红岭创投	有

来源：作者根据不同P2P平台对投资者资金保障信息披露的情况整理总结得出。

对于平台运营信息的公开，据统计，85％以上的问题平台都没有公布平台的运营数据，包括累计成交额、待还金额、累计收益等数据，尤其对于诈骗平台的信息公开更是无从谈起。数据的非公开化使得投资人很难找到与平台运营相关的信息，也很难判断平台运营状况。[①]

3. 资金托管

P2P网络借贷平台使用第三方托管对资金予以管理是投资人判断平台安全可靠的一个重要依据[②]。银保监会多次倡导P2P网络借贷平台使用资金第三方托管方式对资金予以管理，投资者的资金不经过P2P网络借贷平台，而是直接放到第三方托管公司的账户，从而可以避免平台私自挪用交易资金或

---

① 詹韫如. 数字平台运营商信息报告义务之新规及应对策略——基于OECD《规则范本》的解读[J]. 海峡科学, 2022(4): 7.
② 张媛媛. 商业银行P2P托管业务前景分析[J]. 中小企业管理与科技, 2021(13): 3.

出现其他非法使用资金的行为。①在这个过程中，P2P网络借贷平台不直接接触投资者资金，也无法挪用资金，其仅仅作为单纯的中介平台。一定意义上，第三方托管杜绝了资金池问题，保证了投资者资金的安全。据统计，大部分都没有使用第三方托管，是逃避义务的一种手段。实际上，问题平台仍对投资资金享有使用权，其仍能使用用户资金进行投资来获得收益，故其行为本质上是对用户知情权的一种侵犯。

(二)资产开发模式

1. 自己开发项目的问题平台

据统计，平台自己开发资产端项目的问题平台共有147家，占到232家问题平台中的63.3%。②据分析，自己开发项目的问题平台较多的原因有两点：一是自己开发项目的平台要承担全部风险；二是问题平台中有很多平台属于诈骗平台。因此，投资者不能盲目相信P2P网络借贷平台上提供的所谓的抵押担保。

2. 与其他公司合作开发项目的问题平台

与担保公司合作开发借款项目的P2P问题平台共有79家，占到了232家问题平台的34.1%③，可见，与担保公司合作也是P2P问题平台的常见运营模式之一。除此之外，还有6家P2P问题平台选择与小贷公司合作，其仅占到232家问题平台的2.6%④。据不完全统计，在正常运营的P2P平台中，有90%的平台都选择与小贷公司或担保公司进行合作。与担保公司、小贷公司合作，由担保公司、小贷公司对借款项目进行筛选、风险控制并进行担保，一方面既可以转移P2P平台的风险，另一方面也可以减轻P2P平台风控压力。然而，这种模式却暗藏了很大的危机，其并不能杜绝问题平台的出现。担保公司和小贷公司对贷款提供担保，本质上是变相加大了自身的经营杠杆。一旦出现违约事件，则很容易爆发系统性风险。

---

① 黄迪. 我国P2P网络借贷平台风险控制体系的构建研究[D]. 浙江工商大学，2014.
② 梅一凡. 对当前"P2P"平台频繁"爆雷"的思考[J]. 现代经济信息，2019.
③ 余道子. P2P网贷平台担保的法律风险问题[D]. 西南政法大学，2016.
④ 赵大伟，杜谦. P2P网络借贷行业转型发展相关问题研究[J]. 西部金融，2020(2)：7.

(三)运营特征

1. 运营时间

我们统计了551家问题平台的运营时间,从平台本身来看,如图3-3所示,31.2%的平台平均运营时间不到100天,70%的平台平均运营时间都在1年以下,只有30%的平台平均运营时间超过1年。我们选取了网贷之家上30天内交易金额前100名的平台进行了统计,运营时间超过1年以上的占比74%。从平台本身来看,大多数问题平台运营时间较短,部分投资者对平台的评估以"打新"为策略,即考虑到刚成立的新平台可能为其可持续发展和用户口碑考量会稳定经营一段时间,投资者利用该稳定期进行投资获益。然而,投资者"打新"多数难以获利,新的平台"新形态、新方向、新稳定"的三新现象一直为市场高度关注,平台创始初期产生问题的可能性较小,而日后平台经营持续走低则成为问题平台的普遍现象。此外,部分诈骗平台也正是抓住了部分"打新党"的心理,用高息、短期天标吸引投资者盲目选择新成立的平台,这也是当前体制下另一个饱受诟病的弊端。[①]

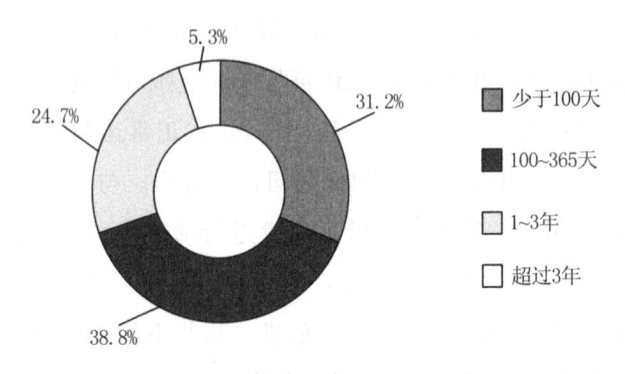

图3-3 P2P问题平台运营时间统计

2. 问题平台地域分布

通过对各省P2P网络借贷问题平台的数量及概率进行统计,由图3-4可知,广东、山东、浙江问题平台数量排名位居前三,这些地方经济发达,网

[①] 陈立毅,石珂.论"伪P2P平台"背景下行为人集资诈骗数额的认定——以"事态的控制"与"整体性思维"为理论路径[J].政法学刊,2021,38(6):7.

第三章　P2P 网络借贷平台监管研究

络贷款平台较多,因而问题平台数量较高。就问题平台发生率而言,湖南、山西和广西排名位居前三,其中山西和广西虽然从绝对数量上看问题平台数量并不多,但是平台总数量较少,因此问题平台发生率较高。值得一提的是,山东问题平台最多,占全国问题平台的 33%,初步分析出现问题平台的原因是诈骗和经营不善导致了资金流断裂,进而开启了整个山东地区的集体恐慌挤兑潮。

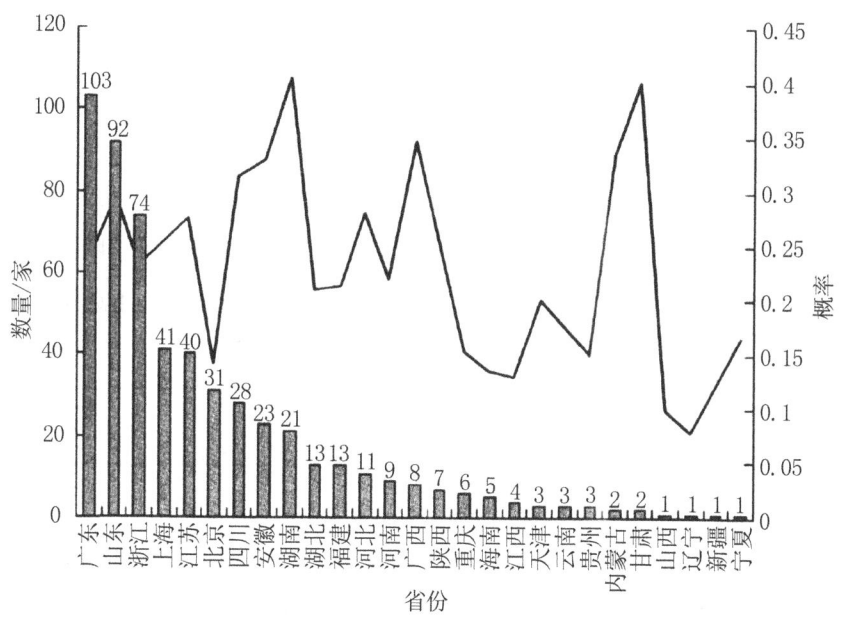

图 3-4　各省出现 P2P 问题平台的数量及概率

(四)平台是否提供保障机制

需要指出的是,平台承诺本金或本息担保时,其一定程度上是扮演信用中介而非信息中介的角色。在信用中介中,平台的代收金额和平台的注册资金之间的比值是衡量平台风险的重要指标,即杠杆。[1] 国务院《融资担保公司监督管理条例》(以下简称《条例》)规定:"融资担保公司的担保责任余额不能超过其净资产的 10 倍",而实际上许多国有担保公司运营的杠杆一般为 5 倍

---

[1] 张柯,谢力.基于改进 TOPSIS-GRA 的装备承制单位动态信用评价[J].武汉理工大学学报:信息与管理工程版,2022,44(2):5.

左右。相比较而言，P2P网络借贷问题平台的杠杆超过了10倍以上。P2P网络借贷问题平台承诺担保的杠杆太大，一旦发生风险，公司需要用自有资金偿付投资者，从而会引发资金链的断裂。目前，国家对P2P网络借贷平台的杠杆并没有明确规定，但银保监会已明确提出P2P网络借贷平台的监管方向，即P2P网络贷款平台未来的发展方向还是作为纯信息中介平台。① 在整个交易过程中，平台与客户资金完全独立隔离，客户的投资资金通过银行系统直接划拨给借款人，而借款人按照约定还本付息后，也由银行对资金进行划拨，这就意味着P2P平台完全无法接触到资金本身，其仅仅作为信息中介服务平台。

P2P网络贷款行业的"高收益、低门槛、高度灵活、安全稳定"等特性，使其在金融理财投资领域占据着越来越大的份额。在多轮监管整顿后，P2P网络贷款平台的运营开始走向稳定合规高速发展的黄金时期。对此，投资者应谨慎选择，综合考虑投资平台的各个方面，不能仅仅看到高息就盲目投资。

二、我国P2P问题平台的分类

根据收集到的各个投资项目的情况，按照出问题的原因把问题平台分为三类。

(一)实业自融平台

这一类平台的特点是，老板通常有线下实体产业或者投资项目，其开设P2P网络借贷平台的目的是为企业、关联企业或项目融资。从法律层面上来看，平台自融踩到了非法集资的红线，一旦政策收紧或明确，平台则面临被查处的风险；从风险层面上来看，平台募集资金流向单一、风险过分集中，其为吸引投资者，往往发布短期、高息标且并虚构担保措施；从企业经营层面上来看，由于没有第三方金融机构对融资企业经营状况进行评估并批准授信额度，企业极易融入大量与经营实力不匹配的资金并盲目扩张。此外，自融平台还存在着因线下企业运营不善而导致企业资金状况不佳的现象，这类

---

① 丰帆，于博.P2P网贷平台资金杠杆率对平台成交量的非线性影响研究[J]. 2021(2020-11)：1-11.

企业往往已经背负巨债和高额利息，抵押物通常被二抵或者三抵，即其已无法从线下金融机构融资，只能转移到线上融资。因此，在这种模式下，投资人将钱投入自融平台只会白白损失。然而，实业自融平台发标多为虚构，当实业经营顺利时，平台能够向投资者偿还本息。反之，平台便无力承担。

我们发现自融平台有五个明显特点，分别是平台利息偏高、融资额度偏大、融资期限较短、信息重复率高和平台代收金额不断增多。

1. 平台利息偏高

如爆出问题的"网赢天下"利率高达50%左右[1]。作为自融平台股东的关联公司，金陵财富的平均利率高达40%左右[2]，然而，持续的低融资成本使得线下实业资产产生了坏账，最终导致了问题平台的形成。

2. 融资额度偏大

我们对自融平台的平均融资额度进行了统计（如图3-5所示），在收集到数据的37家自融平台中，有57%的自融平台的融资平均额度在50万元以下，30%的自融平台的融资平均额度为50万~200万元，13%的自融平台的融资平均额度在200万元以上。其中，部分自融平台的单笔融资额度较高，达到了数千万元，应注意借款人总借款额度的综合信息。

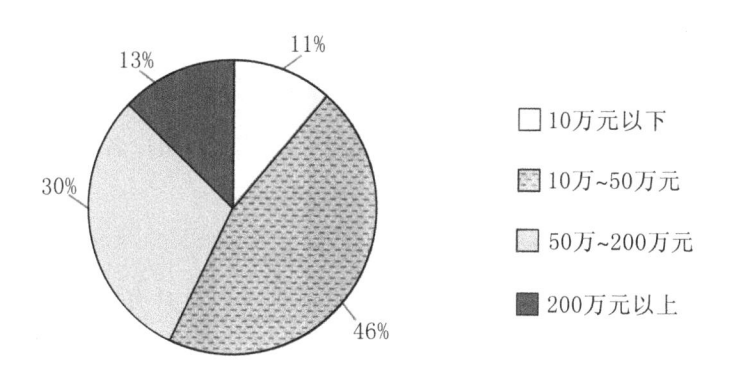

图3-5 自融平台的平均融资额度

---

[1] 程水远.浅议我国P2P网络借贷行业的现状及管理——以网赢天下为例[J].收藏与投资，2017(3)：49.

[2] 李览青.P2P暴雷，两大国资股东闹上法庭[J].国企，2020(28)：2.

3. 融资期限较短

我们对收集到融资期限数据的35家自融平台进行了统计(如图3-6所示)。有92%的自融平台的融资期限都在3个月以下。如前所述,当第一个短期标到期时,自融平台又会发新的短期标募集资金来还第一个标的投资者的钱。当线下企业或项目运作良好并且自融平台资金流稳定时,自融平台可稳定向投资者偿付利息。反之,企业出现坏账或自融平台需集中兑现时,问题便集中爆发出来。

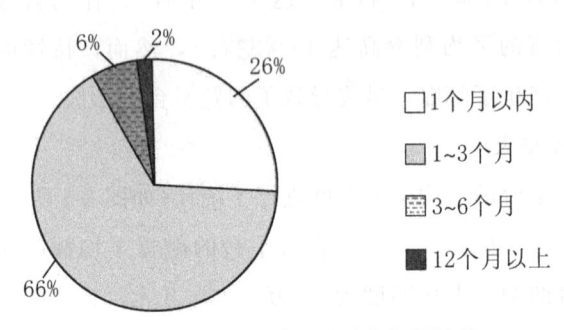

图 3-6 自融平台的平均融资期限统计

来源：作者根据收集的35家平台融资期限整理图示。

4. 信息重复率高

自融平台借款标内部借款人信息重复率高,或者与其他平台借款信息类似。[1] 前者表现为平台内部信息叙述模式单一、借款人用户名类似以及融资金额和所处行业类似等情况。

5. 平台代收金额不断增多

与上述原因类似,自融平台资金流向企业或项目具有"期限长"的特点,而自融平台发标期限又较短,因而,平台需要不断发标以偿付投资者的利息和本金。在这一过程中,自融平台每次的融资金额往往会比前一次大,代收金额也会不断逐渐增加。

---

[1] 王重润,孔兵等.P2P网络借贷平台融资效率及其影响因素分析——基于DEA-Tobit方法[J].河北经贸大学学报,2017,38(5):7.

(二)蓄意诈骗平台

这一类平台的目的是诈骗投资人资金,平台基本信息一般为虚构,即公司证件、办公地址、发标信息等全为虚假信息。当平台累积到一定资金后,就可能出现卷款跑路、提现困难、平台倒闭的情况。这些失联或倒闭的问题平台,40%是蓄意诈骗的"高收益、强风控"的资金池骗局。[①]

如图 3-7 所示,大部分诈骗平台运营时间都小于 100 天,没有一家诈骗平台运营时间超过 3 年。P2P 平台诈骗资金多为融资人自用,资金去向多为转放高利贷、进行高风险投资或个人消费挥霍,资金流通过旁氏骗局予以维持。

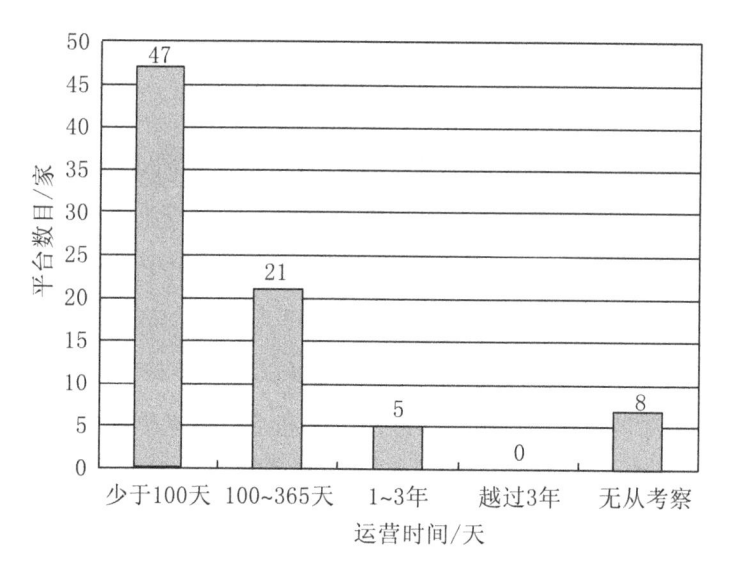

图 3-7 P2P 诈骗平台运营时间统计

来源:网贷之家。

与自融平台类似,诈骗平台普遍利率偏高,特点如下。

1. 公司资质多为造假

投资者不能盲目相信平台网站上所放的照片,其在投资时可以在中华人民共和国国家市场监督管理总局网站(http://www.samr.gov.cn/)查询核

[①] 陈立毅,石珂. 论"伪 P2P 平台"背景下行为人集资诈骗数额的认定——以"事态的控制"与"整体性思维"为理论路径[J]. 政法学刊,2021,38(6):7.

实 P2P 平台的注册情况，根据平台所在地区工商局查询平台网站、主办单位的具体情况，包括管理人员、注册资本金、实缴资本金、营业期限、经营范围，以及出资历史信息和变更信息。此外，投资者可以通过第三方搜索工具，验证平台公布的照片、团队创始人身份和公司地址是否为伪造。

2. 平台透明度低

诈骗平台发标信息皆为虚构，这些意在短期内获得大量资金的平台不会花费较高的造假成本，来编造大量区分度高的借款人信息。[①] 在整个平台信息中，其仅仅显示借款人的地理位置、收入、是否有车房等信息，但这些信息并不能帮助投资人判断投资是否有风险。因此，投资者需警惕此类平台，避免因平台虚高的收益率而被盲目吸引。

(三)经营不善平台

与以上两类平台不同，这一类平台既无诈骗的意图也没有自融的意愿，其因自身经营不善而引发资金流的问题。至今，P2P 行业的高速发展吸引了大量的金融和非金融人士参与。然而，平台运营方对 P2P 行业的风险缺乏正确的认识，其业务能力、风控能力弱，操作手段不当，最终引发了问题的发生。[②] 通过对 551 家 P2P 问题平台的分析，可以判断有 53 家平台是因经营不善而倒闭或出现提现困难，从平台自身情况和平台投资项目两个角度详细地分析这 53 家 P2P 问题平台。

1. 平台背景

我们对选取的 53 家经营不善的平台的成立背景进行了统计。53 家经营不善的平台，有 6 个平台是原有实体母公司旗下的子公司。16 家平台出自小贷公司或投资管理公司。此外，从电子商务和互联网科技公司转型而来的平台有 8 家。剩余 23 家是新成立的无背景或线下运营经验的平台。

2. 平台所在地

除了公司强大的背景外，平台所在地也是一个需要考虑的因素。一些平台即使一开始运营得很好，但却因处于"事故多发区"，难免出现挤兑和提现

---

① 张敬辉. P2P 网络借贷平台监管的博弈分析[J]. 金融理论与实践, 2018(11): 4.
② 王丰阁, 张瑞雪. P2P 网络借贷平台风险识别与监管研究[J]. 经济研究导刊, 2020(11): 2.

困难问题。如表3-3所示。

表3-3 经营不善企业所在地分布表

地点	平台数量/家	比例/%
北京	1	1.85
上海	3	5.56
广东	7	14.81
山东	14	25.93
浙江	11	20.37
江苏	5	9.26
天津	1	1.85
湖南	2	3.70
湖北	3	5.56
安徽	1	1.85
福建	1	1.85
重庆	1	1.85
四川	2	3.70
江西	1	1.86
总计	53	100.00

注：比例是指该地区平台数量占所有经营不善平台的百分比；因四舍五入，图书中数据相加不等于100%。

来源：作者根据选取的53家经营不善企业所在地分布情况整理总结图示。

3. 平台运营时间

在考虑了公司背景和所在地之后，平台运营时间也是一个重要因素。通常情况下，平台运营时间的长短在一定程度上反映了平台的风控能力。[①] 通过对53家P2P行业经营不善平台的调查发现，有4家平台运营时间超过3年，约占所有调查对象的7.55%。其次，有17家平台运营时间为1~3年，由此

---

① 于博.P2P网络借贷：交易决策，风险传导与监管策略——文献综述与研究反思[J].中央财经大学学报，2017(10)：12.

可见，共计 21 家平台的运营时间超过 1 年。此外，运营时间为 100～365 天的平台最多，有 23 家，占所有经营不善平台的 43.40%。剩余 9 家平台运营时间较短，运营时间少于 100 天。与诈骗与自融平台类似，经营不善平台平均运营时间相对较短，说明 P2P 平台具有相对脆弱性。

4. 借款期限

对 53 家 P2P 经营不善平台的借款期限平均值进行统计（如图 3-8 所示），除了 4 家问题平台借款期限无法考察外，有 6 家平台借款期限少于 1 个月。有 22 家平台融资期限为 1～3 个月，占所有经营不善平台的 41.51%。此外，借款期限在半年以上的平台有 11 家，占比相对较小，约为 20.75%。在本书的样本中，没有融资期限超过 12 个月的平台。整体来看，大多数平台的融资期限在 6 个月以内，借款期限在 12 个月以内。这些短期标虽然加快了投资者的资金流动速度，但是部分平台仍存在着金额拆标和期限拆标、构建资金池等现象，一旦新的标无法满额或者借款人无法按时还本付息，平台的资金链则极可能出现断裂情形。

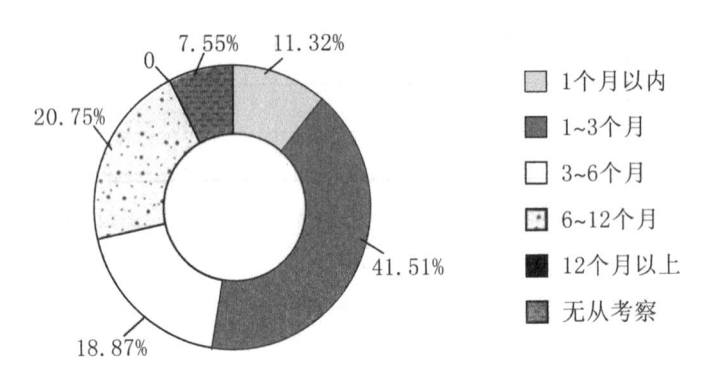

图 3-8 经营不善平台融资期限分布图

来源：网贷之家。

5. 借款额度

对 53 家问题平台上借款项目的借款额度进行了统计（如图 3-9 所示）。在实践中，部分平台可能存在着将大标拆分成若干小标分期发布的现象，其风险并没有得到分散。投资者在选择平台和产品时要注意查询资金的去向和各标的之间的关系。

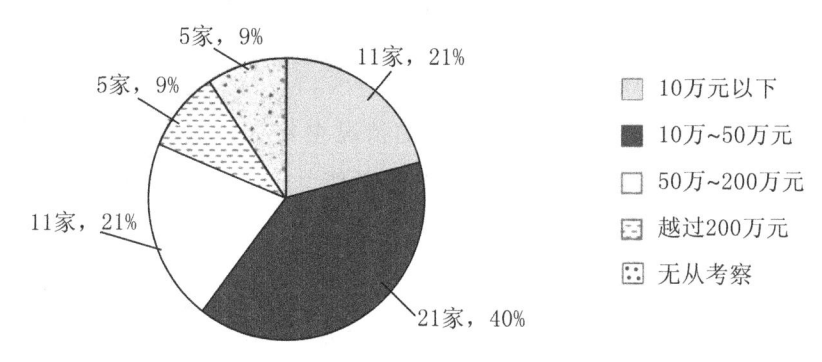

图 3-9 经营不善平台借款额度分布图

来源：网贷之家。

6. 年化收益率

对 53 家 P2P 行业经营不善平台进行了统计（如图 3-10 所示），可以看出，年化收益率超过 24% 的只有 1 家，不存在收益率低于 8% 的平台。总之，经营不善问题平台的平均利率显著小于诈骗和自融平台的平均利率。

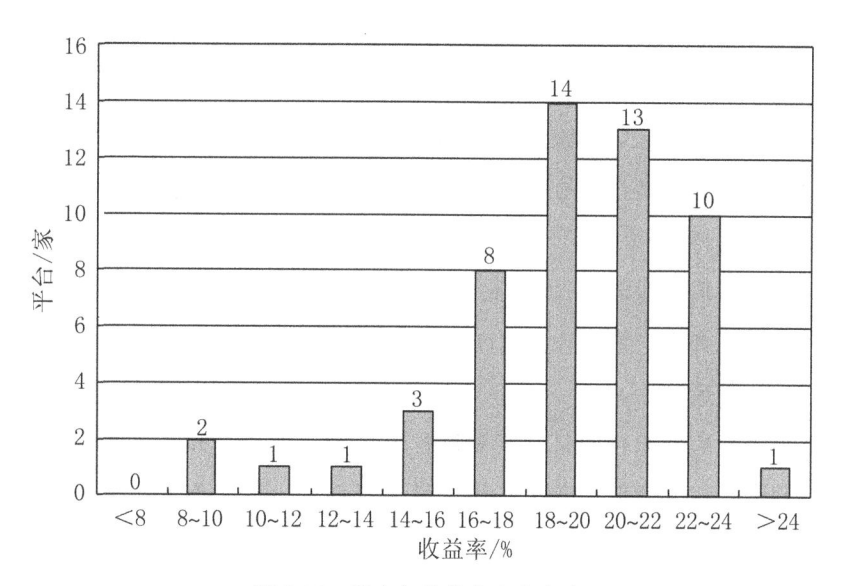

图 3-10 平台年化收益率分布表

来源：网贷之家。

三、我国 P2P 网络借贷问题平台的风险分析

(一)非法集资风险

P2P 网络借贷平台涉嫌非法集资的情况主要有三种：一是资金池，即 P2P 网络借贷平台利用其便利的资金管理条件，通过"设计理财产品"的方式聚拢资金，当资金归集一定数量而形成资金池时，其以"出借"或者"投资"的方式动用资金，或者卷款潜逃；二是不合格借款人，即 P2P 网络借贷平台未尽到借款人身份真实性核查义务，未能及时发现借款人发布的虚假借款标，使其向不特定的多数人募集资金，并用于投资房地产、股票、债券、期货等市场，或高利贷出赚取利差；三是庞氏骗局，即 P2P 网络借贷平台自己发布虚假的高利率借款标募集资金，并采用借新贷还旧贷的庞氏骗局模式，短期内募集大量资金用于自己投资经营或卷款潜逃。[①]

案例一："里外贷"非法集资

里外贷是国内 P2P 网络借贷行业，出现问题最多、涉及资金规模最大的平台，平台总成交量 22.48 亿元，待收本息共计 9.34 亿元，涉及的投资人数多达 18 000 人，而平台借款人数仅有数十人。数据显示，平台的最高利率为 51.02%，借款期限最短的不足一个半月，人均借贷额最高为 8 138.17 万元。里外贷的平均每日借贷人数为 3~5 人，较少的借贷人可以解释里外贷相当高的人均借款额，一旦其中的一个借贷人出现问题就会造成非常严重的后果。[②] 据媒体记者爆料，"里外贷"通过平台的融资购入土地等，再向银行抵押获得借款，再归还平台的借款。[③] 由此可知，里外贷为典型的自融资平台，涉嫌非法集资，投资者应当警惕收益过高的平台。

(二)诈骗风险

诈骗平台的发起目的是为了骗取投资者的钱财，其和其他问题平台一样具有高利率、短借款期限和高人均借贷额等特征。通常诈骗平台与正常运营

[①] 彭新林. P2P 网络借贷平台非法集资行为刑事治理问题要论[J]. 北京师范大学学报：社会科学版，2017(6)：10.

[②] 钱箐旎. 380 余个 P2P 网贷平台被立案侦查高息诱惑套路多[J]. 楚天法治，2019(6)：1.

[③] 王健，余剑锋. P2P 金融真的是高收益低风险吗？[J]. IT 经理世界，2018(9)：3.

第三章　P2P网络借贷平台监管研究

平台存在以下几个方面的差别：一是平台网页，一般诈骗平台的网页大多粗制滥造，抄袭或复制其他平台的信息；二是平台产品，诈骗平台通常存在产品属性或设计上的缺陷，如大量推出期限短、回报率高的秒还标吸引投资者[1]；三是信息披露，信息披露程度一般都较差。

P2P网络借贷平台交易资金托管的中间账户，一般开设在银行或第三方支付平台。开设中间账户的机构一般只允许平台开户，对账户资金的来源、流转、结算和托管等不承担操作和监管责任，这意味着P2P网络贷款平台仍享有对中间账户资金的支配权。换句话说，P2P网络借贷平台的管理者可以独立支配中间账户的资金。

案例一：卓忠贷[2]

卓忠贷，在运营22天后卷款百万便倒闭。在倒闭之前，有网友发现，该平台抄袭和复制其他平台的信息。例如，该平台专家顾问与人人贷平台的专家顾问完全相同，并且该平台上的某客服人员照片和山东一家网络贷款平台发布的客服照片一样。卓忠贷依靠复制其他平台网页内容和照片就吸引了一些投资者，获得资金后便卷款跑路。

案例二：聚融贷[3]

聚融贷是行业中典型的诈骗平台，在运营了一个月内骗走200名投资人的700多万元资金。登录聚融贷的官网后可以发现，网站页页面非常粗糙。此外，聚融贷在借贷投标单、投资者资金保障及平台本身资质方面的信息披露是非常有限的。

案例三：网赢天下[4]

深圳P2P网络借贷平台"网赢天下"上线运营四个月后宣布倒闭，停止交易时，累计交易额达7.9亿元，实际未还款约1.5亿～2亿元，涉及投资者超千人。正是因为平台开设的中间账户未得到相应的监管，巨额资金才得以被平台实控人挪用。

---

[1] 孙柔嘉. P2P平台信任机制研究——基于平台信息披露和声誉的影响[D]. 东南大学，2016.
[2] 何欲晓. 互联网金融风险监管研究[D]. 华南理工大学. 2018.
[3] 高波，任若恩. 怎样识别P2P网贷问题平台[J]. 财会月刊(中)，2017(2)：5.
[4] 程水远. 浅议我国P2P网络借贷行业的现状及管理——以网赢天下为例[J]. 收藏与投资，2017(3)：49.

(三)系统安全风险

P2P网络借贷的交易过程依赖于互联网技术来实现。因此,系统安全风险对P2P网络借贷平台尤为重要。系统安全风险主要是指P2P网络借贷平台系统基础设施较差或被外界黑客、病毒攻击而导致的风险,包括内部安全风险和外部攻击风险。

1. 内部安全风险

就交易系统而言,P2P网贷平台的交易系统是一个非常复杂的程序,平台可以选择自主开发或购买现成的平台交易系统代码。[①] 其获取交易系统代码可以通过不同的渠道:第一,通过代码的原始开发商;第二,通过第三方商家购买"破解"的盗版代码,以该渠道购买代码的价钱远远低于通过正规渠道购买代码的价钱。然而,无论企业是从哪个渠道获取的网络借贷交易系统代码,都面临不同程度的系统安全风险。此外,部分平台的系统安全设施较差,其内部管理人员往往利用自身便利,通过程序上的漏洞来获取、修改用户信息和数据,甚至转移用户资金获利,这给投资者和平台都造成了重大损失。[②]

2. 外部攻击风险

外部攻击风险是指由网络外部的恶意节点发起并传播不正确的路由信息而导致系统遭受破坏的风险,其主要来自黑客、竞争对手或平台软件提供商等。不同的外部攻击风险来源拥有不同的目的,黑客主要是利用平台上的客户信息获取金钱;竞争对手可能会通过一些技术手段影响目标平台的正常运营;平台软件提供商可能会将平台的数据直接出售给竞争对手或其他第三方利益者。平台外部攻击风险的产生主要是因为内部系统安全系数较低。例如,丰达财富网遭黑客袭击,瘫痪近3天,引起用户恐慌,虽然最后在网络安全服务商的帮助下恢复运营,但已经造成了非常不利的影响。金海贷网站遭DDOS(分布来拒绝服务攻击)攻击,机房瘫痪,影响到运营商的正常运作,造成用户无法正常访问网站。(如表3-4所示)列举了外部攻击风险的来源和描述。

[①] 周贺来,韩贝贝.政府规制下旅游业大数据杀熟的演化博弈研究[J].中国物价,2022(3):4.
[②] 张琼.P2P网贷信用体系建设问题及对策研究[J].经济视野,2019(21):1.

第三章 P2P 网络借贷平台监管研究

表 3-4 外部攻击风险的来源和描述

风险来源	风险描述
黑客风险	黑客通过不同的方式获取用户的信息，用此信息获取额外的利益
网络流氓风险	竞争对手或其他的第三方利用不同的手段对平台的信息流量进行攻击，影响平台的正常使用
软件风险	软件提供商利用平台上的漏洞获取平台的信息

(四)信息披露涉及的风险

信息披露涉及的风险是指因借款人信息或平台运营信息披露不善导致的风险。[①] P2P 网络借贷平台只有主动披露这些情况，才能使投资者更好地了解平台的风险，进而做出合理的投资决策。目前我国大多 P2P 网络借贷平台并未披露或选择性披露，对不专业的投资人，可能会产生误导。

(五)第三方机构涉及的风险

第三方机构涉及的风险是参与 P2P 网络借贷交易的第三方机构因执行交易和流程管理失误而导致的风险。[②] 当前，我国很多 P2P 网络借贷平台为实现"平台增信、吸引客户"的目的，往往采用"第三方担保机构担保"的方式为借款提供担保。然而，跟 P2P 网络借贷平台合作的担保公司多为资金链脆弱的担保公司，即使第三方担保，也完全可能无法偿付。根据《中小企业融资担保机构风险管理暂行办法》规定，担保机构担保责任余额一般不超过担保机构自身实收资本的 5 倍，最高不超过 10 倍。但是实践中突破 10 倍的担保倍数已成为业内常态，这意味着一旦 P2P 网络借贷平台的客户大规模违约，担保公司很难为出借人提供充分的担保。就担保公司的资质而言，必须具有融资性担保牌照，而无融资性担保牌照的担保公司原则上不能为 P2P 网络借贷交易提供担保，当前很多平台合作的担保公司并不具备融资性担保牌照。

与 P2P 网络借贷交易相关的第三方机构还包括保险公司。为了让投资者安心，越来越多的平台与保险公司合作，利用"保险公司承保"以明示或者暗示"投资安全度"的手段来增加投资人的信任感。财路通与国寿财险展开合作，

---

① 李玉婷. 我国 P2P 网络借贷平台风险法律规制研究[D]. 武汉理工大学，2016.
② 刘剑平. 我国 P2P 网络借贷平台运营的法律风险防范研究[D]. 大连海事大学，2019.

并成为第一家与保险公司合作的平台后,多家平台开始相继牵手保险公司。平台与保险公司的合作方式仍处于探索中,"保险＋信贷"的合作模式还有待时间的检验,不能片面认为与保险公司合作就能保障资金获取的安全性。[1] 例如,有些平台只对借款抵押物进行投保,保险公司只对抵押物进行保障,而并不对该笔贷款进行保障,一旦发生贷款逾期,投资人仍会遭受重大损失。

(六)信用风险

P2P平台的信用风险主要是指违约风险,即借款人不能按期足额还款的风险。[2] 违约风险产生的原因主要有两个:一是借款人无还款意愿;二是借款人无足够的还款能力。这主要源于平台对借款人信息审核和额度授信情况。对此,违约风险分为信息审核风险和额度授信风险。[3]

1. 信息审核风险

信息审核风险是指平台未采用合适的信贷审核技术而导致的风险,主要包括未能鉴别借款人提供的资质证明材料的真伪和身份的真伪等。[4] 平台多采用"信用评级"方式对借款人的个人信息、财产状况、信用记录等信息进行综合评级,再按照信用等级匹配借款利率和借款额度。然而,网上审核的方式往往难以识别伪造的资质证明材料。

2. 额度授信风险

额度授信风险是指P2P平台未有效评估借款人的还款能力而给予借款人不合适的信贷额度所带来的风险。[5] 同一借款人可以提供相同的申请材料到不同平台。然而,由于每个平台的风险控制系统不同,对同一信息的审核判断可能也不同。平台为了提高平台交易量、争夺目标客户,可能会高估客户的额度授信,这极其容易引发违约风险。随着互联网金融专项整治的推进,P2P的市场接受度、认可度和美誉度不断修复和提升,投资人的数量、水平、理

---

[1] 贾海龙,陈喜中.互联网金融的运作模式和健康发展策略研究[J].现代营销:学苑版,2020(4):2.

[2] 汪洋.面向P2P网络借贷平台的大数据个人用户信用风险控制研究[D].东南大学,2018.

[3] 林莉芳.互联网金融商业模式、风险形成机理及应对策略[J].技术经济与管理研究,2018(8):5.

[4] 张冬生,王丹,许浩远.互联网金融风险控制研究[J].环球市场,2017(33):1.

[5] 张冬生,王丹,许浩远.互联网金融风险控制研究[J].环球市场,2017(33):1.

性程度不断上升，P2P 市场的空间和潜力是巨大的。

首先，《网络借贷信息中介机构业务活动管理暂行办法》推动了行业的合规发展。经过一年的清理整顿，行业退出平台数量约 630 余家。①活期宝、首付贷、配资贷、赎楼贷、校园贷、现金贷等逐步得到了有效规制。就产品收益来看，网络贷款行业综合平均收益率水平已从 11.24%，稳步降低到 9.41%。年化收益的下降在一定程度上缓解了资产端借款主体的融资成本，使其发展逐步回归理性水平，洗清了市场对网络贷款"高利贷"的偏见和污名，平台开始重视风险定价，专业化水平也在不断提升，平台资金的第三方托管模式也得到有效运行。

其次，人们的安全投资意识逐渐得到强化②。以往，人们选择投资平台或者产品，都是根据预期年化收益的高低而无视风险的存在，才让一些假冒伪劣平台有机可乘。现今，广大投资人不再盲目追求高收益，人们的风险防范和承担意识得到明显增强。

总之，这些微妙的变化，折射出 P2P 行业变得不再被动悲观，而是逐步以相对平等的姿态与银行之间加强业务方面的合作，P2P 行业存管方面的压力和形势有了好的改观，能切实保障投资人的资金安全和合法权益。

第三节 我国 P2P 网络借贷行业监管体系构建及政策建议

本书在研究过程中，互联网金融的发展险象环生，不断有各种各样的 P2P 网络贷款平台暴雷，2018 年 12 月 19 日互联网金融风险专项整治办的《关于做好网贷爆机构分类处置和风险防范工作的意见》（简称"175 号文"）文件中，首次提出坚持以机构退出为主要工作方向，拉开了 2019 年"清退"P2P 网络贷款平台的序幕。纵观国际 P2P 网络借贷行业的监管模式，尽管监管模式不同，

---

① 中兴财富.2019 年 P2P 网贷行业在监管合规前提下趋势展望[J].新产经，2019(4)：1.
② 曹雯.P2P 网络借贷平台风险及监管问题思考[J].北方金融，2019(7)：6.

但是其对投资者利益保护和行业发展规范都发挥了重要的作用。有效的金融监管需要在行业规范和金融创新之间做出平衡，需要在消费者保护和监管效率之间做出平衡。[①] 为此，本书借鉴英国和美国的监管模式，以试图从监管主体、监管原则和监管内容来构建我国 P2P 网络借贷平台的监管体系[②]。为此，可以借鉴英美模式，从监管主体、监管原则和监管内容构建监管体系。

一、监管主体

我国的 P2P 网络借贷行业并没有明确的监管部门，我国金融行业实行分业经营、分业监管的监管体系，即"一行两会"的监管体系。[③] 对于 P2P 网络借贷行业来说，它不同于银行业、证券业和保险业，不受证监会和银保监会监管。明确 P2P 网络借贷行业的监管主体已经成为金融市场发展的当务之急。

美国 P2P 网络借贷平台是由美国证券交易委员会（Securitiesand Exchange Commission，SEC）进行监管。英国 P2P 网络借贷平台的监管部门是金融行为监管局（Financial Conduct Authority，FCA）。我国与美、英两国 P2P 网络借贷平台不同的是，我国的 P2P 网络借贷存在多种经营模式，由此产生了特有的经营风险。本质上说，P2P 网络借贷其实更像是互联网化的民间借贷。可以借鉴英国的监管模式，在银保监会内部成立一个专门对 P2P 网络借贷行业进行监管的服务机构，负责对 P2P 网络借贷平台成立、运营和退出情况进行监管。

二、监管原则

（一）审慎监管原则

对于 P2P 网络借贷平台来说，最重要的是信用风险。而对于 P2P 网络借贷平台信用风险的外部性监管，可借鉴银行业的审慎监管措施。在我国 P2P 网络借贷模式中，部分 P2P 网络借贷平台直接介入借贷链条，或者为借贷交

---

① 柴珂楠，蔡荣成. 美国 P2P 网络借贷监管模式的发展状况及对中国的启示[J]. 西南金融，2014(7)：5.

② 黄政. P2P 网络借贷的模式及法律监管研究[D]. 华东政法大学，2015.

③ 杨超. 金融危机后中国金融监管模式的选择与完善[D]. 复旦大学，2012.

易提供担保,一旦平台破产,不仅借款人和投资者的利益会遭受损失,还会使其他平台的交易受到影响。进而使得其他平台的投资者可能怀疑他们投资的平台也会破产,从而产生了信用风险的外部性问题。针对这种风险的外部性,可以参考银行业的监管方法,根据风险计提资产损失准备金和资本,以覆盖预期和非预期损失。风险准备金的作用实际上类似于银行计提的资产损失准备金和资本,我国部分P2P网络借贷平台已经采取了"计提风险准备金"的方式来保障投资者资金的安全,但是对计提风险准备金的标准并没有统一要求。对此,可借鉴银行业计提资产损失准备金的做法,根据风险确定计提标准。

(二)行为监管原则

第一,对P2P网络借贷平台的行为监管,需要设置P2P网络借贷平台的准入标准,监管股东或管理者的行为,例如需要对P2P网络借贷平台的股东或管理者进行背景审查,排除有不良记录的股东或管理者。另外,P2P网络借贷平台运营需要具备基本的运营条件和风险管理措施,如IT基础设施、软件系统升级和防止黑客攻击的风险管理体系,以防范网络安全技术风险的发生。第二,对参与P2P网络借贷的第三方机构的行为监管,部分P2P网络借贷平台跟第三方担保机构合作,需要对第三方担保机构的担保资质进行核查,确保其能够为投资者提供有效担保。另外,我国大部分P2P网络借贷平台的资金由第三方支付机构托管,因此需要对第三方支付机构进行监管,以防范P2P网络借贷平台的股东或管理者挪用客户资金、非法集资、诈骗和卷款跑路等风险。

(三)消费者保护原则

消费者保护是指保护消费者在P2P网络借贷交易过程中的权益。消费者保护与行为监管有紧密联系,行为监管主要针对P2P网络借贷平台和参与借贷交易的第三方机构,消费者保护主要是对参与交易的借贷双方的监管。在英、美两国对P2P网络借贷的监管体系中,消费者保护都是最重要的监管目标之一。在P2P网络借贷交易中,P2P网络借贷平台与消费者双方的利益不完全统一,为了自身的发展,平台并不会考虑到消费者权益的保障,因此,需要对消费者倾斜保护。此外,就实践来看,P2P网络借贷平台掌握平台产品的内部信息，而且参与P2P网络借贷的大多数借款人风险识别能力比较低，这就造成了消费者和P2P网络借贷平台之间的信息不对称，消费者保护问题应引起监管部门的重视。美国P2P网络借贷监管体系中对消费者保护的措施主要有以下几个方面：一是对于投资者来说，平台应平等对待所有的投资者，并设定投资者的投资上限，降低投资风险；二是对于借款人来说，平台有义务保护借款人的隐私；三是平台应注重消费者的教育，培养消费者的风险意识，使其做出合理的投资决策。因此，我国P2P网络借贷平台应加强对消费者权益的保护、保护借款人的隐私、加强投资者教育，降低投资风险。

三、监管内容

P2P网络借贷平台不同于传统的金融机构，其经营过程中的风险已在前面进行过讨论。尽管各平台都建立了相应的风险控制体系以规避风险，但是欺诈、跑路等现象仍层出不穷。因此，我们针对P2P网络平台面临的风险提出相应的监管措施，具体如下。

(一)针对法律风险的监管措施

(1)针对非法集资风险的监管措施。针对非法集资风险，监管部门应采用"负面清单"的形式进行监管，通过法律法规明确规定P2P网络借贷平台不得归集资金搞资金池，不得非法吸收公众存款，不得自融资。一旦发现P2P网络借贷平台违反以上规定，应对平台及相关的负责人追究法律责任。

(2)针对合同合法风险的监管措施。针对合同合法风险，首先，监管部门应要求P2P网络借贷平台对借贷双方实行实名认证，即要求P2P网络借贷平台应登记借贷双方的姓名、性别、工作单位、住所等信息，一旦发生问题，投资者可以据此予以维权。此外，通过实名认证，还能够追溯投资人的个人信息，防止不法分子利用P2P网络借贷平台进行洗钱活动。其次，对于P2P网络借贷平台的电子借贷合同，监管部门应要求借贷双方提供有效的电子签名，以保证合同的真实性和有效性。

(二)针对操作风险的监管措施

(1)针对系统安全风险的监管措施。针对系统安全风险，监管部门应要求P2P网络借贷平台具备基础的1T设施，无论交易系统是主研发还是从软件提

第三章　P2P 网络借贷平台监管研究

供商处购买，都应具备一定的技术条件，以保证交易系统的正常运行，防止不法分子使用简易交易系统实施诈骗。另外，监管部门还应要求 P2P 网络借贷平台定期对交易系统进行升级和维护，采用安全扫描工具和防火墙技术等措施防止黑客攻击。

(2)针对流程风险的监管措施。第一，针对平台上产品涉及的风险加强监管措施；第二，针对第三方机构涉及的风险加强监管措施；第三，针对信息披露涉及的风险加强监管措施。

(三)针对信用风险的监管措施

监管部门应要求 P2P 网络借贷平台具备完善的风险管理系统，能够采用合适的信贷审核技术识别借款人提供信息的真伪，并给予借款人合理的信贷额度。P2P 网络借贷行业的健康发展不仅需要外部监管，还需要行业内部自律。与外部监管相比，行业自律灵活性较高、作用的空间较大。在完善外部监管的同时，还要重视行业自律，还需持续强化行业自律组织建设，尤其是制定行业信息披露和共享机制的行业标准，由行业自律组织和官方机构来承担风险警示和道德监督责任，促进 P2P 网络借贷行业健康有序发展。

相较于国外，我国的 P2P 借款贷款平台对于信息披露不及时。[1] 国外的各大贷款平台都可以找到详细的关于该平台的官方信息，但是国内的 P2P 借贷平台则很少能够做到这一点。应当要求国内的 P2P 的平台做到诚实守信、真实公平。要求其披露的信息内容包括但不限于以下几点：一是公司概况；二是公司股东信息；三是公司的业务范围；四是公司对于风险事件的实际管理能力。

纵观全球经济发展的历史，经济的大繁荣为全球科技发展、人类文明进步带来了巨大的推动力，然而，我们也不能忽视经济危机风险。金融创新拥有巨大的推动人类社会文明的力量，但也蕴藏着无限危机。无论是国内国外，P2P 网络贷款平台这一新兴的金融交易平台确实为各国经济发展注入了新的血液，使经济发展产生无限可能。但是，如果仅仅沉浸在这一创新产业带来

---

[1] 施启翔，傅嘉伟，金泽宇，等.信息披露对网络借贷平台爆雷的影响研究[J].现代营销：学苑版，2021(11)：3.

的繁荣表象中，不能及时发现风险预警并尽快制定相应策略，眼下经济繁荣的现象将是一时之景。① P2P 网络贷款平台的成功取决于交易双方的信息交流，而这一交流的重点在于双方的诚实守信。在我国的市场经济实践中，P2P 网络贷款平台不仅激活了市场经济的繁荣发展，还可以解决个人投资者、中小微企业创业融资难的困境。但我们应当正视现行机制的不足，认清事物发展的双面性，规范行业发展，完善监督管理体制，这样才能利用好科技发展的助力，更好地引导我国市场经济的发展

---

① 郑建安. P2P 网络借贷的风险分析及规制建议[J]. 2021(2019-5)：124-127.

第四章　股权众筹融资平台监管研究

股权众筹融资开始在我国出现时，起初人们并未明确区分众筹融资的几类广义模式，接着，股权众筹融资逐渐开始在我国陆续出现，整个行业主要围绕产品众筹及债权众筹发展。美微公司通过淘宝平台，以每股价格1.2元、100股起售，采用会员卡的形式出售股票，参与人数达到1 191人。经过两轮融资，该公司共募集资金120.37万元。但是，证监会以美微公司不具有公募主体条件为由，紧急叫停了该公司股权众筹融资的行为，责令其退还投资者的资金。对此，财经界开展广泛的讨论，也将股权众筹融资方式推向社会公众的视野里，由此拉开了股权众筹融资在我国发展的序幕。

第一节　股权众筹融资平台的现状分析

我国股权众筹融资平台短时间内实现了井喷式增长，股权众筹融资平台的上线，为投资者和融资者提供了一种全新的融资方式，缓解了中小企的融资难的问题，又使得大量闲散的资金得到充分利用，从而提高了资金的利用效率。

美微传媒股权众筹融资之后，国内外同行业开始发展股权众筹融资平台。比较有代表性的平台有人人投、大家投、天使街、天使汇等。《众筹行业报告》所呈现的数据中，天使汇、原始会、大家投、天使客四家国内股权众筹融资平台是佼佼者，这四家股权众筹融资平台共发起众筹事件3 091起，筹集资金 10.31 亿元。国务院出台《关于大力推进大众创业万众创新若干政策措施的意见》《关于发展众创空间推进大众创新创业的指导意见》，要求规范股权众筹融资平台的发展。据统计，股权融资平台已有 141 家，股权众筹融资成功 43.74 亿元。股权众筹融资平台发展到后来有了新的变化，我国股权众筹融资出现了萎缩，2018 年风险逐渐暴露，国务院办公厅制定《互联网金融风险专项整治工作实施方案》，方案指出对 P2P 和股权众筹进行重点整治，证监会也提出重点整治和开展了相关治理活动。我国股权众筹融资平台有所减少，据统计，我国正常运营的股权众筹融资平台有 439 家，成功项目融资额达到 110.16 亿元。当前，我国能够正常运营的股权众筹平台还有 89 家，成功项目融资额大约有 7.63 亿元。显然，相较于之前的平台数量和融资额，都有所下降。

股权众筹融资作为一种新型融资模式，呈现出发展速度快、进入融资平台门槛低、行业发展不均衡等特点，如果对股权众筹融资监管过紧，会对新的融资方式发展的造成消极影响，不利于其发展，但如果放任其发展，由于市场具有逐利性，其必然会损害到投资者及其他主体的利益。一直以来，有关股权众筹融资的法律法规处于空白状态，相关部门也仅出台了一系列部门规章对股权众筹融资进行规范，例如，中国证券业协会发布了《私募股权众筹融资管理办法》，试图填补这个法规空白，并试图从行为性质、权利和义务、平台条件、合格投资者条件及行政监管等方面界定股权众筹融资。

第二节　股权众筹融资平台的主要风险

股权众筹融资作为一种融资成本低、操作简单的互联网金融创新方式之一，解决了小微企业融资难问题，受到初创企业的喜爱。虽然在我国发展时间较短，但是发展速度非常迅猛。[①] 投资伴随风险，股权众筹融资的风险更大，既有道德风险、法律风险，也有操作风险，甚至面临欺诈风险，这些风

---

① 陈雨帆，陈显中.众筹融资风险及防控[J].合作经济与科技，2020(14)：2.

第四章　股权众筹融资平台监管研究

险贯穿于整个股权众筹融资业务中，形成一系列系统性风险，而且各类风险又相互关联。[①] 本节主要分析道德风险、欺诈风险、操作风险、退出渠道风险，对股权众筹融资平台的风险进行识别和归类。

一、道德风险

(一)平台自我融资导致的道德风险

引发道德风险的另一个因素是平台的自我融资或为关联方融资的行为。从整个行业分析，圈钱行为越来越明显，甚至一些知名度较高的融资平台也深陷其中、不能自拔。[②] 国内70％的股权众筹融资平台成立时间较短，尚处于初创阶段，存在经验不足，经营团队、产品设计、风险管理、内控机制等方面都相互模仿，甚至粗制滥造。自我融资或为关联方融资的行为是股权众筹融资平台引发道德风险的重要因素。由于缺乏行业规范及金融监管，很多中小平台上线运营的首要任务便是自我融资，且融资额普遍较高，有的超出平台注册资本的数倍，有的连最基本的第三方资金托管系统都未启用。

从合规经营的角度来看，大额自我融资行为会引发较高的道德风险，部分股权众筹融资平台，事实存在为管理层关联公司提供融资等利益输送的现象。金融机构应当禁止管理层从业务关联方获得经济利益。

(二)平台把关不严导致的道德风险

从股权众筹平台的业务模式来看，平台的盈利能力决定了项目能否成功融资，因此降低审计标准，允许大量项目在网上筹集资金是平台行业的普遍做法。不可避免的是，大量股权众筹平台将在短期内出现。为确保平台自身正常运行，部分平台将放宽项目审计标准，通过促进更多投资交易赚取中间费用。从股权众筹融资平台商业模式的角度看，如果平台降低审核标准，允许大量项目上线募集资金，那么项目平台将增加成功融资的可能性，进而提升盈利水平。[③] 网上项目尽职调查是防范道德风险、维护股权众筹平台投资者

[①] 刘洋，王帅.新时代强化我国金融风险防控能力的理论指南——习近平关于防范化解金融风险的重要论述[J].学习与探索，2021(2)：7.

[②] 冯辉.地方融资平台公司退出市场的法律对策[J].中国特色社会主义研究，2021(6)：10.

[③] 唐琦.我国互联网股权众筹法律监管研究[J].互联网天地，2022(4)：6.

利益的重要环节。然而，在国内平台迅猛发展、行业标准和规范不完善、金融监管不完善的大环境下，平台往往无法对拟建的网上项目进行严格审查，尽职调查往往流于形式。因此，误导投资者并使他们承担损失的可能性大大增加。

二、欺诈风险

(一)平台与项目方串谋的欺诈风险

与其他互联网金融模式相比较，股权众筹融资平台与投资者之间的信息不对称更加明显。股权众筹融资平台的性质决定其充当了信息中介的角色，是投资者和项目方信息传输的沟通桥梁，然而正是由于这种高度的信息不对称，给了平台欺诈的机会。在信息不透明、监管真空的状态下，股权众筹融资平台伙同项目方设立资金池的行为极具隐蔽性，所涉及的金融欺诈风险比P2P融资模式更为严重。

(二)领投人与项目方串谋的欺诈风险

目前我国正式运作的股权众筹平台的主要模式为合投、领投、跟投模式，其中领投加跟投模式可以通过吸引大众投资者参与投资，降低投资额度，分散投资风险，跟投人可以避免审核和挑选项目的时间成本，通过专业的投资人降低投资风险。当前我国未形成标准化的股权众筹融资平台规范，相关监管措施不到位、投资者不成熟、信任机制不健全，跟投人的合法权益难以得到保障，领投人和筹资人之间容易相互串通，加上违约成本较低，领投人很有可能会牺牲跟投人的利益，为了自己的利益铤而走险。

(三)承诺收益及无效保证的欺诈风险

通常初创企业往往面临商业模式不确定、市场分析不到位、团队磨合不稳定等问题，这使得股权投资大多属于风险极高的投资品种。巨额亏损甚至血本无归是大概率事件，项目方或融资平台根本无法保证投资收益，因此，其不应对预期收益进行夸大宣传，诱骗投资人出资。由于国内信用体系尚不健全，违约的成本低，部分平台无视法律法规，对投资者公开承诺投资回报，甚至对收益进行担保。

三、操作风险

(一)IT 系统安全的风险

股权众筹融资平台兼有金融业和 IT 业的双重属性,股权众筹融资作为互联网金融创新产品之一,近年来新平台如雨后春笋般成立,在 IT 系统部署、员工培训、内部控制方面明显经验不足,面临后台数据混乱、内部人员越职权、关键信息无加密设置等安全威胁。例如,按照"信息"关键词搜索 QQ 群,就可发现很多聊天群贩卖用户信息。

国内著名的计算机安全问题发布平台——乌云网漏洞平台就报告了数个众筹融资平台的安全漏洞。例如,众筹融资平台网站存在用户密码重置等多处安全漏洞,并为蠕虫留下跨站脚本攻击的(cross-site scripting,XSS)后门,而众筹融资平台网站因考虑维护成本,不愿意去修复,故意忽略此漏洞。

(二)人才储备不足的风险

在国外成熟的股权众筹融资模式中,通常由平台的投资经理人、认证的领投人进行筹前审核调查,确定项目估值。[1] 在我国,由于资本市场欠发达,私人财富积累时间不长,职业投资经理人及领投人数量较少,对平台而言其属于稀缺资源。而近年涌入股权众筹融资行业的平台运营人员普遍缺乏经营实体企业的经验,审核项目风险的能力低下。在国内实践中,部分平台会推举出资额最高的投资人担任领投可问题在于众筹项目五花八门,分布在各行各业,出资额最多的投资人并非熟谙每一个行业的运作规律,这样推举出的领投人显然难以胜任。

(三)产品缺陷导致的风险

国内股权众筹融资发展过于迅猛,平台和项目方对融资过程过分关注,导致领投人股东及企业管理层肆意侵犯跟投股东的利益。正是由于国内股权众筹缺乏行业标准规范,未能规定投后股权处置及管理方式,众筹产品在设计之初就存在严重缺陷,无法有效保护普通投资者的利益。未来,首批众筹融资将逐步进入收尾清算阶段,产品缺陷导致的利益冲突风险将逐步爆发。

---

[1] 江柯.创业企业股权众筹融资的信用风险与防范[J].中国商论,2021(13):3.

最典型的例子当属"西少爷肉夹馍"项目，其先后发起过两次股权众筹融资，共85万元。募资成功后，大股东围绕公司控制权持续内斗，使得公司股权比例发生变动，通常情况下，所有投资人应当重新签署合伙协议并办理股权变更登记。但正是由于两次众筹募资前，均未约定股份退出的具体细节，加之平台投后管理流于形式，小股东面临股份无法退出的困境。可见，国内股权众筹融资之所以面临着公司治理混乱和股东权益无法保障的问题，根源就在于平台设计的众筹产品一开始就未能充分考量股权架构、权益分配及退出机制；同时，平台方作为纯信息中介，缺乏认真履行投后管理、项目监督等后续服务的动力和意愿，投资人保护的承诺往往难以实现。

由于P2P与众筹都具有互联网金融的概念属性，国内大量众筹平台存在着兼营P2P网贷的现象。而金融监管部门及行业协会对于网络融资平台"混业经营"尚无明文规定，一旦P2P业务出现违约，风险将很容易传递到众筹平台，可以说兼营P2P网贷存在交叉违约的风险。

四、退出渠道风险

股权众筹融资项目投资者有根据自己投资需求进入股权众筹融资项目的自由，也有退出股权众筹融资项目的自由。从当下来看，股权众筹融资项目的退出途径主要有四类，分别是股权转让、上市、获得下一轮融资和大股东回购。事实上，由于我国资本市场不完善、股权众筹融资平台发展时间短、相关经验不足，以及融资者的项目未必成熟和投资者投资能力较差等各方面的因素，投资者退出股权众筹融资项目的过程比较难。

五、法律风险

没有规矩，不成方圆。股权众筹融资在世界范围内都还处于发展的初期阶段，各国金融监管部门普遍缺乏具有针对性的法律法规约束机制；同时，大多数融资平台自身的管理经验也不足，股权融资极易在实践过程中演化为非法金融活动。因此，股权众筹融资平台面临的首要风险便是法律风险，具体来说包括非法发行证券风险和非法集资风险。

第四章　股权众筹融资平台监管研究

（一）非法发行证券风险

在股权众筹融资平台上推介、出让企业股份，并在未来取得权益性回报的募资行为，在本质上属于公开发行证券[①]。《中华人民共和国证券法》第九条明确规定，公开发行证券，必须符合法律、行政法规规定的条件，并依法报经国务院证券监督管理机构或国务院授权的部门注册。未经依法注册，任何单位和个人不得公开发行证券。有下列情形之一的，为公开发行：（1）向不特定对象发行证券；（2）向特定对象发行证券累计超过200人；（3）法律、行政法规规定的其他发行行为。非公开发行证券，不得采用广告、公开劝诱和变相公开的方式。股权众筹实质上就是借助网络平台通过买卖股份实现投融资的过程，该行为类似发行证券。《中华人民共和国证券法》第九条有两个关键要点值得探讨：一是法律法规规定了公开发行的基本条件；二是非公开发行的认定标准具有变通的空间。对于投资人必须为特定对象的要求，平台通常采取会员注册认证的办法予以规避；而对于200人人数的要求，一般采用股份代持的办法进行变通。

（二）非法集资风险

股权众筹依靠互联网在线上募集资金，使投资人可以按照相应出资比例获取收益，但这样的方式很容易导致非法集资。股权众筹融资在我国相当于网络化的私募投资，除募资环节在互联网线上完成外，其余环节并无显著差异。然而，正是由于互联网给众多潜在投资人提供了投资渠道，加之投资者适当性制度尚不健全甚至形同虚设，股权众筹平台的运营模式与非法集资活动极其相似。可见，股权众筹平台的运营模式与非法集资的构成要件极为吻合，一旦操作不当，极易达到刑事立案追诉标准。因此，股权众筹融资平台面临着非法集资的法律风险。

---

① 李楠.股权众筹投资者权益保护机制研究[D].首都经济贸易大学，2019.

第三节 股权众筹融资平台的监管发展建议

一、我国股权众筹平台监管建议内容

(一)监管主体

首先,从本质属性来看,企业在股权众筹融资平台上推介、出让股份,并在未来对投资者进行权益性回报的行为属于公开发行证券;其次,众筹项目吸收公众的股东人数不得超过五十人。如果超出,未注册成立的不能被注册为有限责任公司;已经注册成立的,超出部分的出资者,不能被工商部门记录在股东名册中享受股东权利,在股权众筹中有明显的代持股风险;最后,从参与主体来看,股权众筹融资运营的参与主体,主要包括筹资人、出资人、众筹平台三大组成部分,其中,部分平台还有专门指定托管人。筹资人也称为发起人,如果在融资过程中有需要资金的创业企业和项目,他们将通过众筹平台发布企业或项目信息及其他可出让的股权比例,以此来吸引投资,促进公司健康发展。股权众筹投资是长期性,高风险性的投资,又表现出民间融资的属性。因此,加强行业协会的自律管理、探索制定行业公约对共同抵制行业违法违规行为有重大意义。

(二)监管原则

1. 底线思维原则

尽管股权众筹融资在世界范围内,呈现出一种迅猛繁荣发展的势头,但我们不可以践踏法律的尊严,法律是整个社会的底线,任何人、任何国家机关、任何团体组织,都不能违反法律的底线,平台应当清晰地认识到自身的发展定位,尊重市场需求,不可盲从教科书,也不应盲从海外市场经验。具体来说,底线思维原则主要体现在三方面:一是不可设立资金池;二是保证信息真实披露,避免欺诈风险,让股权众筹透明化、阳光化,让出资者、参与者,对众筹项目的收益形式和风险点有清晰的认知;三是严格控制投资额

第四章　股权众筹融资平台监管研究

度，避免投资者过度损失，最大效能地促进资本运作，使收益最大化。

2. 适度监管原则

各国金融监管部门对金融创新的立法监管过程往往采取实践先行的模式，即在充分的实践经验积累基础上，由理论界进行讨论思辨，寻找金融创新的本质属性，形成立法监管的基本理念；而创新实践也可以促进理论演进发展，由此形成了双向的反馈效应。只有经过理论与实践的积累，监管部门才能确立正确的监管理念和法律框架，进而在此基础上构建具体的监管政策。

尽管当前股权众筹发展呈现出无序和盲目的发展倾向，存在较多潜在风险因素；但从经济社会整体来看，股权众筹仍然具有正向价值，未来发展潜力巨大。因此，对于"新事物"的监管应当在总体上体现适度性原则，为市场预留一定的试错空间。监管过严必然抑制平台创新，不利于提升融资效率；而监管缺失又会纵容平台违规欺诈，引发系统性金融风险。

3. 创新监管原则

随着大数据、AI人工智能的发展，5G通信技术的兴起，股权众筹融资平台想要占据市场，需要根据新兴产业和市场需求创新运营模式，可以清楚地发现，科技创新驱动股权众筹融资行业的发展，以股权众筹融资为代表的互联网金融创新模式对现行金融监管框架提出了挑战，传统的监管模式已不适用于互联网金融领域，短时间形成了金融监管的困境，但从长时间观察，这更是创新监管的契机，最终都会形成一股强有力的作用力，促进股权众筹行业乃至金融业的蓬勃发展。[1] 因此，对股权众筹融资平台的监管，应以创新监管为原则，将创新点集中在业务流程与融资体系上，在监管理念及监管手段等方面进行创新突破，并充分发挥互联网便利、透明、高效与低成本的优势，将保护投资者利益放在核心地位。

4. 负面清单原则

股权众筹融资作为我国互联网金融创新的重要形式之一，实施系统金融监管虽对其规范化发展有利，但同时也制约了其的进一步创新。因此，对股权众筹融资的监管，需防止出现"一放就乱，一管就死"的问题，在这样的情

---

[1] 俞勇，黄希韦.金融控股公司风险监管政策前沿：中国实践[J].当代金融家，2022(5)：4.

况下,实施负面清单形式的适度有效监管就显得尤为必要,它既关注了可能出现的风险因素,也为处于发展初期的金融创新预留了发展空间。

(三)监管内容

想要实现对股权众筹融资平台的有效金融监管,就必须针对每一项具体风险都做出全面、系统的措施安排(如表 4-1 所示)。

表 4-1 不同风险类别监管措施

风险类别	风险生成	监管措施
道德风险	平台审核疏忽	平台准入门槛、从业人员备案项目审核条件、信息披露规则
	平台自我融资	禁止行为清单
欺诈风险	平台与项目方联合	第三方资金托管、项目审核标准信息披露规范
	领投人与项目方串谋	第三方资金托管、领投人备案项目审核条件、信息披露规则
	承诺收益及无效保证	项目审核条件、信息披露规则
操作风险	IT系统安全有隐患	平台准入门槛
	人才储备堪忧	平台准入门槛
	产品设计缺陷	流程公开透明
退出渠道风险	投资退出限制	统一数据接口、全国公共服务平台
法律风险	非法发行证券	投资者适当性审核
	非法集资	投资者适当性审核

1. 平台及其人员的准入监管

股权众筹融资的每一个环节都需要平台发挥基础性支撑作用,只有设置一定的门槛要求,才能保证其自律管理的基本能力。准入监管主要包括平台资质、人员背景、运营条件三方面。首先,平台设立时应先在证监部门进行登记注册,将平台内部工作人员的简历、注册资本额、平台运营章程等情况,提前登记在册,并接受股权众筹协会的行业监督。其次,相关国家行政机关,在平台完成备案登记手续后发放营业许可证,根据《关于促进互联网金融健康发展的指导意见》,行政机关应当不定时地,在平台运营中进行专项抽查。最

第四章　股权众筹融资平台监管研究

后,平台自身需要建立相配套的制度,促进平台平稳运营。

2. 适度的信息披露监管

信息披露制度是股权众筹投资者保护的基石,主要涉及三个方面:首先,平台应当明确融资方的审核标准,主要包括公司基本状况、资产负债数据、详细商业模式、专利持有情况、历史营收数据、资金使用预算、阶段性经营目标、团队人员信息、个人信用记录、受教育经历、任职经历、违法记录等。其次,平台应制定信息披露的具体规范,包括资金使用决算、重大经营事项、财务报告频率、是否要求审计等。再次,平台作为信息中介应使各环节公开透明,包括投资人见面会录像、详细商业计划、估值确定依据、线上筹资期限、实时认筹进度、真实筹资情况、冷静期反悔情况等。最后,平台应当就项目领投人情况做出真实披露,包括领投人基本信息、教育经历、任职经历、信用记录、违法记录、领投金额、是否与融资方存在关联等。[1]

3. 平台的负面行为清单

平台的负面行为清单主要包括三方面:首先,禁止平台自我融资或为关联方融资,其主要针对道德风险。其次,禁止对股权投资承诺本金保障、最低收益,或以任何形式提供投资担保。再次,禁止对投资者进行诱劝,或从旁侧伪装成第三方实施诱劝。最后,禁止平台设立资金池,或向超过法律限定数量的投资人募集资金,其主要针对平台的法律风险。负面清单规定了股权众筹平台的禁止行为和不可触碰的业务红线,体现了金融监管的底线思维和红线意识。

4. 合格投资者划分标准

通常,不同投资者的金融知识水平、历史投资经验及自身财务状况具有显著差异,其在面对高风险股权投资时的风险识别能力与风险承受能力也有所不同。因此,有必要对投资者进行分类,达到控制投资者损失、稳定金融市场的目的。

本书认为,股权众筹投资者可以分为两类,即一般投资者和专业投资者。

---

[1] 杨晓璐,孙高林.论防控非法集资中的"地方金融监管+公安经侦部门"模式创新[J].特区经济,2022(1):4.

有丰富私募股权投资/风险投资（private equity/venture capital，PE/VC）从业经验，或在证券机构从业的投资者属于专业投资者；经监管备案许可后，可以成为股权众筹项目的领投人。而其他无专业知识或相应经验的自然人投资者在通过股权众筹认识能力和风险承受能力的测评之后，依照其经济实力、投资经历被划分为一般投资人，可作为股权众筹项目的跟投人，对两类投资者分别制定不同的限额标准。

一是确定投资者的基本分类依据。年收入低于12万元的属于低级投资者，年收入为12万～50万元的属于中级投资者，年收入在50万元以上的属于高级投资者。分别对三个级别的投资者设定股权众筹投资的最高额度，如低级投资者每年投入的资金不能超过其收入的10％，中级投资者每年投入的资金不超过其收入的15％，高级投资者每年投入的资金不超过其收入的20％，三类投资者各年累计投资的资金总额不超过50万元。

二是确定投资者的附加分类依据。股权众筹投资风险非常高，市场瞬息万变，投资人不仅要有较高心理承受压力，还要有敏锐的观察力，通常要有长期投资经验的基础才能降低投资的风险。若投资者上一年度的股权众筹投资盈利，则新一年度的投资额度可向上调整一定比例；若投资者上一年度股权众筹投资亏损，则本年度的最高额度需要明显下调。

第五章　网络银行监管研究

第一节　网络银行的发展、演变及经营模式

一、网络银行的定义

互联网为网络银行等金融创新创造了必要条件。网络银行较大地拓展了银行服务的边界，突破了传统银行服务的时空、物理网点限制，降低了银行业务的交易成本，在满足经济实体和居民个性化金融需求方面发挥了积极作用。

全球主要监管机构对网络银行的定义列示如下（如表5-1所示）。从狭义层面看，网络银行指传统银行线下渠道向线上延伸，依赖物理网点办理开户及其他面签业务的同时，通过线上提供支付、转账、交易等服务。从性质上来看，狭义的网络银行并不是新的银行种类，而是银行服务的线上渠道，所谓的"电子银行"。银保监会颁布的《电子银行业务管理办法》从狭义层面定义："电子银行业务"是"商业银行等银行业金融机构利用面向社会公众开放通讯通道或开放公众型网络，以及银行为特定自助服务设施或客户建立的专用网络，向客户提供银行服务"。从广义层面看，网络银行是依托互联网开展创新业务的一种银行服务形态，既包括通过互联网渠道提供部分线上银行业务的传统银行，也包括没有物理网点、纯粹依靠互联网提供所有银行业务服务的独立

法人银行。① 从本质上来看，全部依赖互联网运营的网络银行和传统银行的网上业务，都没改变银行业务的本质。因而，广义层面的网络银行，是指通过电脑、电话等远程渠道，为客户提供部分或全部服务的商业银行，既包括提供网上银行和直销银行服务的传统银行，也包括完全没有物理网点的由网络银行支撑的纯网络银行。

表 5-1 全球主要监管机构关于网络银行的定义

来源	网络银行的定义
美国货币监理署 OCC（Office of Comptroller of Currency），1999	网络银行是一种通过电脑或相关的智能设备使银行的用户登入账户，获取金融服务与相关产品信息的系统
美联储 FRS（Federal Reserve System），2000	网络银行是指利用互联网作为其提供产品、服务和信息的业务渠道，向其零售和公司等客户提供服务的银行
巴塞尔委员会 BCBS（Basel Committee on Banking Supervision），1998	网络银行是指通过电子通道来输出零售与小额产品和服务的银行，通常包括金融顾问、账户管理、贷款、电子账务支付及其他一些电子支付的产品与服务
欧洲银行标准委员会 ECBS（European Committee for Banking Standards），1999	网络银行是指个人或者相关企业通过使用电子计算机、机顶盒、网络电视及其数字设备登录互联网，从而获取银行相关金融产品和服务的银行②

网络银行根据不同标准可以分类如下。

网络银行按组织形式分类，主要是看网络银行是否以独立法人形式存在、是否背靠传统银行或者金融集团，在此分类标准下网络银行主要分为三类。

(1) 推出网上银行业务的传统银行。其作为传统银行的一个业务部门和渠道，由网络银行和物理网点协同提供服务。典型案例为美国的富国银行、美国银行，我国大多数传统银行开展的网上银行业务都属于此范畴。

---

① 李政凯. 我国直销银行发展问题及对策研究[D]. 首都经济贸易大学，2017.
② 张静. 论我国网络银行监管制度的完善[J]. 今日财富，2020(1)：1.

(2)传统银行或金融集团的子银行。作为某个传统银行或金融集团旗下的独立法人实体,其主要通过互联网线上渠道为客户提供服务,很少有物理网点。典型案例为 ING Direct、First Direct(第一直通银行)、UBank(优贝迪)等。

(3)独立的网络银行。其全部业务都在网上进行,并且不附属于传统银行或金融集团,很少有物理网点。典型案例如德国康迪锐银行、澳大利亚国民银行。

网络银行按照经营特点分类,大体可以分为互联网+传统银行和新兴网络银行这两类。

(1)互联网+传统银行。这类网络银行在传统银行业务的基础上,融入互联网技术来破难题、迎转型、开新局,升级客户服务感知体验。国内以民生直销银行、平安橙子银行为典型,海外以富国银行、ING Direct 为代表。

(2)新兴的网络银行。这些银行从零开始发起成立或者是基于原有业务延伸到网络银行领域。典型模式如下。

①基于电子商务平台的网络银行,如乐天银行、浙江网商银行。在运营方式上,这些银行充分依托电子商务平台积累的客户资源,通过挖掘沉淀数据来拓展客户,并进行风险评估管理,为网络平台上的消费者和商家提供定制化的金融服务。

②基于证券投资平台的网络银行,如 E*Trade 银行(直营银行)、Charles Schwab(嘉信理财)银行。在运营方式上,这些银行充分依托现有的证券投资理财服务平台,增强业务服务黏性,开展个人消费贷款、住房按揭贷款、信用卡等业务,促成一站式金融服务体验。

③全能网络银行,典型的代表是美国安全第一互联网银行。这些银行以全面满足用户需求为宗旨,主要依靠互联网经营,在产品、业务定位和布局上系统地效法传统银行。

④其他专业化网络银行。例如,擅长于汽车金融的 Ally Bank(艾利银行),通过互联网线上渠道面向个人客户开展存款、结算等服务,同时从事相关的汽车信贷业务,如购买者消费贷款、经销商贷款等。

二、网络银行的发展和演变

(一)国外网络银行的演进规律

伴随着 20 世纪 80 年代现代信息技术的发展,传统银行业开始逐步探索利用互联网发展业务。早在 1981 年,通过电话线连接家庭视频的创新渠道,拓展了远程银行服务,在美国花旗银行、纽约化学银行、大通曼哈顿银行以及汉华实业银行进行了服务实践。由英国米德兰银行于 1989 年 10 月创办的第一直营银行,作为全球最早的纯网络银行全部通过电话渠道提供银行服务,不设置物理营业网点。维基百科数据显示,只用了五年时间,到 1995 年,第一直营银行的客户总数就从 10 万个到超过 50 万个,成为当时全球最大的"虚拟银行"。[1] 目前,网络银行在国外已发展为一种成熟的银行业态,从这一发展过程中可发现以下三个特征。

第一,新兴网络银行的发展会促进更多的传统银行转型。

以网络银行在美国的发展为例,美国自 20 世纪 80 年代出现网络银行以来,直到 1995 年首家纯网络银行出现后,传统银行猛然苏醒,纷纷开始拓展互联网业务,而不再只是把网站作为一种广告或宣传手段。经过三年发展,到 1998 年,传统银行服务网站从 130 多个猛增至 2 000 余个,网络银行服务渠道的银行资产占到了银行全部资产的 40%。2002—2012 年美国直营银行存款总额持续增长,2002 年美国直营银行存款总计 620 亿美元,2012 年达到 4 430 亿美元。[2]

传统银行的物理网点数量也在快速减少,根据斯金纳的统计,英国银行在 1989—2012 年关闭了将近 7 500 家分行,占分行总数的 40%[3];而美国银行尽管分行数量从 2000 年的 8 万家左右增加到了 2012 年的 9.5 万家,但增速和新增投入都在下降,2012 年分行交易量仅占银行交易总量的 14%,而网上银行交易量占银行交易总量的 53%。[4]

---

[1] 谢伟聪,杨建梅. 维基百科贡献者中的人类动力学模式[J]. 科学学研究,2010,28(10):5.
[2] 姚秋,刘聪. 美国大型银行集团:战略调整与业绩表现[J]. 银行家,2012(1):4.
[3] 陈莲. 英国银行业:改革始于细节[J]. 现代商业银行,2012(8):3.
[4] 王雅平. 国内商业银行开展投资银行业务存在问题及发展策略[D]. 合肥工业大学,2009.

第二,积极向互联网转型的传统银行或充分利用母公司品牌和客户资源的独立网络银行成为网络银行的赢家。

以 ING Direct 的快速发展为例,ING 集团于 1997 年对加拿大一家网络银行实施并购,充分整合 ING 的品牌,凭借渠道网络和业务服务的优势,迅速扩展到美国、欧洲市场,高峰时客户超过 4 000 万个。乐天银行的发展也类似,日本领军电商平台乐天集团对网络银行 E-Bank 实施并购,该银行实现扭亏为盈。

第三,网络银行被市场淘汰,多归因于品牌认知度不高、发展规模体量太小、风险管理机制不健全等,反而无法释放出网络银行的特色优势。前文提及的美国首家纯网络银行,虽然初期发展极快,终究还是因濒临破产,被邻国加拿大皇家银行并购。网络银行一直都难以突破盈利瓶颈,缺乏专业的金融服务核心竞争力,过度依靠线上网络操作的便捷性和附加更高的存款利率,无法摆脱纯网络银行固有的缺陷,加之缺乏资金运作渠道、营业网点、从业人员等因素制约。类似地,英国最大的纯网络银行 Egg 成立后也被花旗集团并购。此外,一些纯网络银行在运营中还无法彻底摆脱对线下物理网点布局的依赖,如日本网络银行在全日本就控制着 10 万台银行自动取款机(ATM)布局,形成有效支撑。

(二)我国网络银行的发展状况

我国发挥后发式发展优势,充分借鉴西方发达国家在网络银行领域的发展模式和布局方式,于 20 世纪 90 年代后期催生出了网络银行。招商银行作为我国网络银行的先行者,开始了互联网银行服务模式的探索,开发了"一网通"网站,将"一卡通"的账务查询功能及银企对账和股票信息查询功能相继搬上了互联网。其他国有银行及股份制银行也不甘落后地推出网络银行业务,网络银行也开始融入公众的生活中。2002 年诞生的银联意义重大,通过连接几乎所有的国内银行机构,为客户处理跨行业务提供了极大的便利,大幅促进了国内网络银行的发展,我国网络银行也随之步入了快速发展期。

从发展过程看,新兴互联网金融主体与传统银行之间形成的相互促进、共同发展的局面,同样存在于我国网络银行的发展过程中。以阿里巴巴设立的支付宝和腾讯公司创建的财付通为代表,第三方支付公司在电子商务平台中的融合发展,既为传统银行提供了可借鉴的互联网转型方向,也激发了传统银行的转型内驱动力。[①] 新兴互联网金融主体和传统银行的协同并进、网络银行业务的创设及普及,促成了我国网络银行业务交易规模和客户数量的快速增长,业务品种逐渐丰富,业务比重不断增高。艾瑞信息发布了《中国商业银行互联网化研究报告》,指出我国网上银行交易增长了185%,规模达930.2万亿元,电子银行交易替代率提高了30个百分点,达到79%,网络银行业务已成为我国商业银行提质增效的有效途径。[②]

随着移动互联网、大数据及云计算技术的进一步发展,互联网金融创新的持续发酵和新兴互联网金融机构的异军突起,我国网络银行进入了新的创新发展期,阿里系浙江网商银行和腾讯系前海微众银行在新兴网络银行中颇具代表性。

1. 浙江网商银行

浙江网商银行于2015年6月25日正式开业。其主要发起人包括阿里巴巴旗下的蚂蚁金服、上海复星和万向三农,其分别认购30%、25%和18%的份额,蚂蚁金服作为最大股东。浙江网商银行定位为纯互联网银行,面向小微企业和网络消费者开展金融服务,以"小存小贷"模式供给金融方案,考虑到当前银行远程开户尚未放开,很多业务还不能开展,初步只能做一些贷款业务。

浙江网商银行的贷款业务很大部分来自蚂蚁小贷(前身为阿里小贷)。阿里巴巴集团与中国建设银行、中国工商银行、中国银行等传统商业银行开始合作,尝试网络贷款业务,最为核心的是引入网络信用作为对客户进行评价的重要依据,联合地方政府共建"风险池"弥补信贷业务风险,采取网络账户封杀和网络曝光等方式增加客户违约成本,通过网络行为数据分析和网络预警等有针对性的措施管理信贷风险。受银行业务模式及合作形式的限制,商业银行和阿里巴巴合作的网络贷款试点尚未实现彻底的网络化服务模式,只

[①] 赵增辉.开放银行——传统银行数字化转型之路[J].商情,2019.
[②] 杨春秀.网上银行交易规模超900万亿,电子银行体系发展成熟[J].金卡工程,2014(9):3.

第五章　网络银行监管研究

能重点满足融资额在500万元以上的客户的需求。[①]

蚂蚁小贷的主要产品系列包括：(1)阿里信用贷——主要面向B2B电子商务平台上的内贸小微企业，特点是无须担保、抵押。(2)淘宝(天猫)信用贷——主要面向淘宝店主(天猫商户)，特点是无须抵押或担保，综合评估资信、风险和需求额度等因素后确定授信额度。(3)淘宝(天猫)订单贷款——卖家以个人(企业)名义，基于平台适时监管，用"卖家已发货，买家未确认收货"状态下的订单申请贷款，在订单确认收货后扣款还款，形成闭环。(4)消费性质贷款——蚂蚁小贷进一步推出了个人消费贷款业务，以满足淘宝、支付宝用户等在网络购物过程中的消费融资需求，促进国内消费市场的发展。

2. 前海微众银行

深圳前海微众银行的股东之一是坐拥8亿个人用户的腾讯。经深圳监管部门核准，前海微众银行的经营范围包括：吸收个人及小微企业存款、发行金融债券，针对同类主体发放贷款及同业拆借。前海微众银行下设零售部、信用卡部、同业部、科技部及战略事业部。

一方面，前海微众银行借助腾讯公司强大的互联网技术及强大社交网络、数据，对传统银行在远程开户、存贷汇、信贷产业链等多方面进行重构，改变传统零售银行的渠道、技术和数据这一底层架构；另一方面，前海微众银行与传统银行展开合作，共同分享各自在产品、渠道、数据和客户资源方面的优势，形成金融产业链的分工，满足小微零售客户的金融需求。[②]

3. 中国工商银行融e行

中国工商银行正式推出融e行直销银行平台，作为首家推出直销银行的国有银行，融e行为所有客户提供金融投资服务、开放式金融服务，非中国工商银行客户也可以通过电子银行渠道转入资金进行投资，只需要在该平台注册虚拟账号即可。

客户开通融e行后，进入互联网直接在线注册、购买产品、获取服务，

[①] 李凌.金融科技型公司的业务问题研究及风险分析——以蚂蚁集团为例[J].现代商业，2022(8)：4.

[②] 吴银.互联网银行的运作模式、风险及防范措施——以前海微众银行为例[J].特区经济，2021(10)：3.

可以不再依托物理网点和线下柜员，金融服务业务操作通过互联网线上、线下融合发展的模式操作完成。融e行在产品开放和功能定位上集中于四大类核心功能，即电子账户开立、存款、投资、交易，为客户提供一站式线上服务，在该平台上客户可以进行人民币存款、各类贵金属投资以及购买相应的理财产品等。①

4. 民生直销银行

2014年2月28日，中国民生银行正式上线直销银行，民生直销银行资产规模超过245亿元，客户数超过160万个，如意宝申购额超过3 000亿元。②民生直销银行推出了类似余额宝的如意宝、自动靠档计息存款的随心存、定期理财并可质押变现的定活保、挂钩黄金的理财产品民生金等产品，形成了多方面的独特优势：一是机制创新；二是客群清晰，通过大数据进行客户细分，借助互联网手段精准定位行外互联网客户群；三是产品简单，开发了极其简单易懂的金融服务及产品，客户所见即所得；四是渠道便捷，根据客户使用习惯，开发了操作便捷的网站、手机银行和微信银行。

5. 平安橙子银行

平安橙子银行是平安银行旗下的直销银行品牌，平安橙子银行采用独立品牌运作，主打年轻人市场，基于对目标客户金融需求和消费习惯变化的洞察，平安橙子银行提出了"简单""好玩""赚钱"三大价值主张。平安橙子银行定位于"年轻人的银行"一方面是指目标客户是年轻群体，深入分析年轻人的各种各样的金融习惯，有针对性地提供方便、快捷的金融服务，满足他们的需要。

在产品选择上，平安橙子银行采取了"少而精"的策略，主打四款产品：收益灵活的智能存款产品"定活通"，门槛低、购买便利的类似余额宝的产品"平安盈"，收益稳健的银行短期理财产品，以及体现平安集团综合金融优势的新型投资理财产品，如"养老保障"资产管理计划。③

---

① 高乐，郭凯. 浅析中国工商银行互联网金融战略[J]. 时代金融，2016(2)：1.
② 薛杰. "简单"的民生直销银行[J]. 中国农村金融，2015(17)：2.
③ 林晓丽. 想要"稳稳的幸福"如何选择稳健型收益产品[J]. 益寿宝典，2018(18)：1.

四、网络银行的经营模式

作为一种新型银行服务模式,网络银行借助其平台技术优势,大幅降低了交易成本,包括消费者获取服务的时间、空间成本,另一方面也体现在降低了银行自身的运营成本,从而提高了银行服务的可获得性,并能够将服务拓展至更多传统银行所无法覆盖的人群。我们从银行最基本的信贷和负债业务着手,来分析网络银行和传统银行在经营模式上的差异。

(一)网络银行的信贷业务模式

关于商业银行的核心业务——信贷业务,商业银行需要全面掌握借款人的基本信息,预测其还款能力,从而精准评估借款人的风险特征,进而降低信息不对称并规避潜在信用风险。实际生活中,尤其是依赖电子商务平台的网络银行,如浙江网商银行,依托淘宝平台沉淀了海量的用户信息,能极为便捷地通过数据分析和技术挖掘,充分了解用户需求和偏好,并结合对借款人的生产经营或消费行为数据的分析预测,评估借款人的信用等级。网络银行甚至不需要与借款人现场见面,就可以获取借款人的真实信息。以蚂蚁小贷和传统银行的信贷流程比较为例(如图5-1所示)。

第一,从贷前看,网络银行着眼于数据挖掘,实时获取借款人的海量信息。

商业银行信贷业务贷前管理涉及对借款人信息真实性的尽职调查,并需要评价借款人的风险水平。对传统银行而言,商业银行只有借款人在本行的历史借贷、存款等数据,一般需要依赖人工现场调查才能获取借款人的资产负债相关数据。在信息不对称的情况下,商业银行往往会要求借款人提供抵押品,以降低违约损失。"财务报表+抵押品"模式虽然非常有效地管理了银行信贷风险,但也存在三方面的不足:一是风险评估不准确,财务报表信息相对滞后,无法及时评估借款人的风险水平,不能及时掌握资金流向信息;二是人工现场调查不仅成本高,且花费时间长,难以覆盖小微企业的借款需求;三是一些优质的小微企业,可能由于缺少合格抵押品而无法获得信贷。

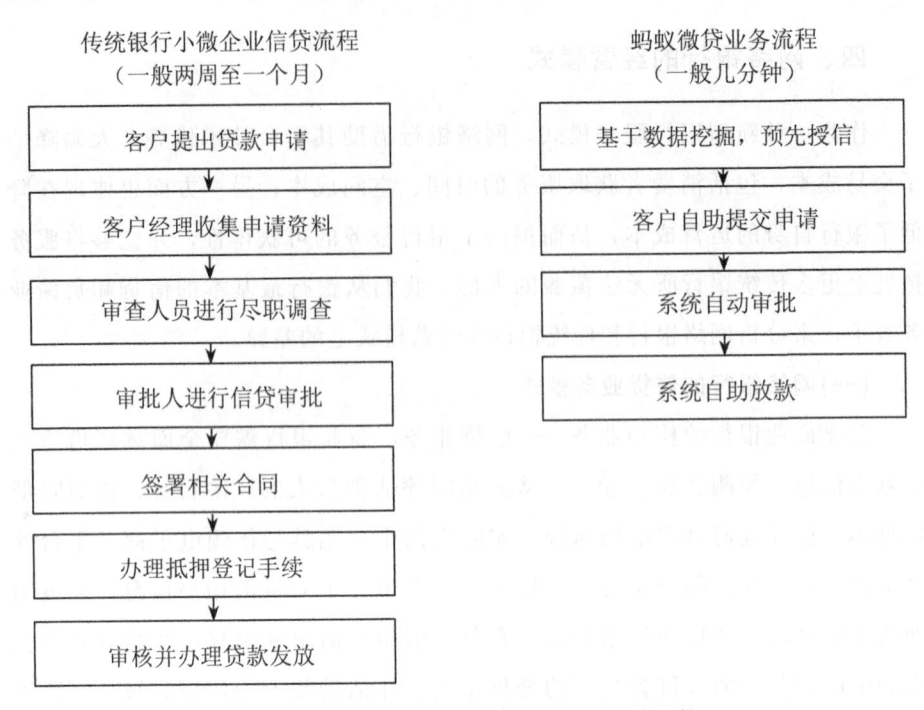

```
传统银行小微企业信贷流程          蚂蚁微贷业务流程
    （一般两周至一个月）            （一般几分钟）

    客户提出贷款申请            基于数据挖掘，预先授信

    客户经理收集申请资料          客户自助提交申请

    审查人员进行尽职调查          系统自动审批

    审批人进行信贷审批           系统自助放款

    签署相关合同

    办理抵押登记手续

    审核并办理贷款发放
```

图 5-1 传统银行与网络银行信贷流程的比较

来源：希财网。

第二，从贷中看，网络银行利用数据模型展开对借款人的授信评估。

对传统商业银行而言，通常依靠授信部门从业人员，依赖于经验等主观判断完成授信审批工作，但这种模式背景下，不同审批人的审批结论不可避免地存在差异。对于跨区域、跨行业、关联复杂的集团性法人，更难摸清其实际生产经营、关联、互联、互保等相关真实情况，存在寻租的空间，并容易过度授信。

比较而言，网络银行充分利用数据模型，能够精准、客观、适时地对借款人进行授信，克服了归因于主观经验不足、数据搜集不准确、利害关系等人为因素等，对授信结果的负面影响。[1] 并且，以蚂蚁小贷为例，基于淘宝电商平台积累的相关数据（如图 5-2 所示），在后台实时对电商平台所有商户都进

---

[1] 吴尚智，王旭文，王志宁，等.利用粗糙集和支持向量机的银行借贷风险预测模型[J].成都理工大学学报：自然科学版，2022，49(2)：8.

行预授信，一旦商户有贷款需求，自助提交贷款申请，授信已经提前完成，系统可以直接放款。

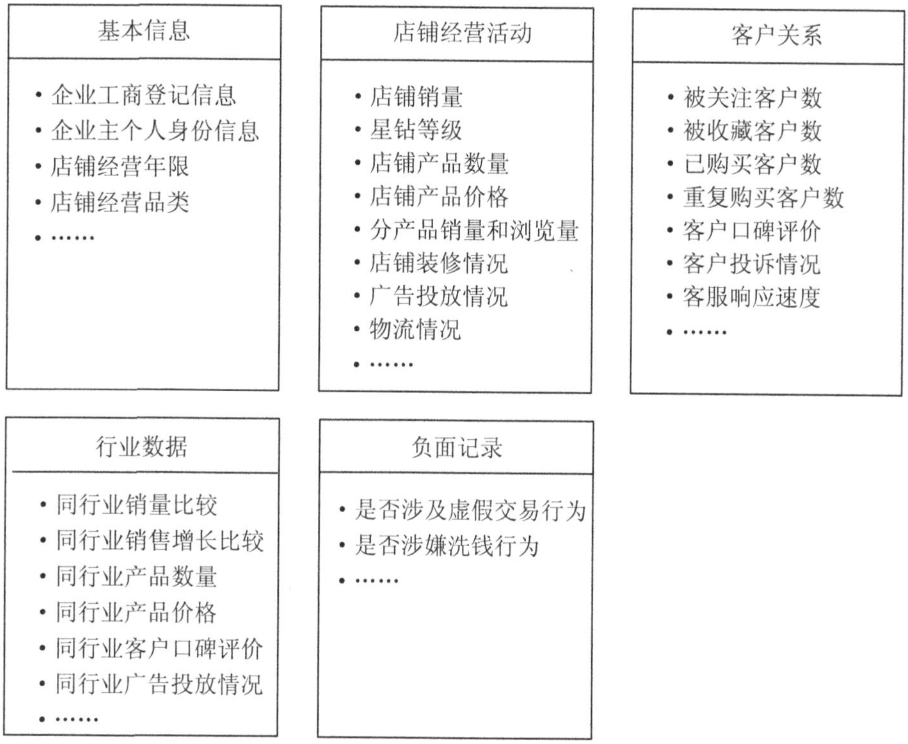

基本信息	店铺经营活动	客户关系
• 企业工商登记信息 • 企业主个人身份信息 • 店铺经营年限 • 店铺经营品类 • ……	• 店铺销量 • 星钻等级 • 店铺产品数量 • 店铺产品价格 • 分产品销量和浏览量 • 店铺装修情况 • 广告投放情况 • 物流情况 • ……	• 被关注客户数 • 被收藏客户数 • 已购买客户数 • 重复购买客户数 • 客户口碑评价 • 客户投诉情况 • 客服响应速度 • ……

行业数据	负面记录
• 同行业销量比较 • 同行业销售增长比较 • 同行业产品数量 • 同行业产品价格 • 同行业客户口碑评价 • 同行业广告投放情况 • ……	• 是否涉及虚假交易行为 • 是否涉嫌洗钱行为 • ……

图 5-2　蚂蚁小贷授信决策使用的相关数据

来源：作者根据蚂蚁小贷授信决策信用的数据整理总结图示。

第三，从贷后看，网络银行既存在优势也存在劣势。

网络银行贷后管理的优势体现在，网络银行可以实时获得借款人相关交易信息、现金流信息，能够前瞻性地判断潜在风险，实现在企业发生实质性风险之前捕捉预警信号，尽早主动退出。但是网络银行贷后管理也有劣势，尤其是纯网络银行，缺乏抵质押品，作为第二还款来源，一旦贷款产生不良，事后清收和催讨的难度要明显高于传统信贷。特别是对于异地客户的管理，网络银行没有线下网点，风险化解和处置将面临较大挑战。

(二)网络银行的负债业务模式

国内网络银行的负债业务主要表现为以个人理财为核心诉求,直销银行的负债业务更是如此。[①] 拿民生直销银行举例,其主打产品包括"如意宝""随心存""定活宝""轻松汇""民生金""称心贷"等等,其中的"轻松汇"和"称心贷"产品,考虑到相应地受限于中央银行的实名认证政策和实体消费场景影响,其核心业务是负债端的理财业务。民生直销银行的"如意宝"本质上是货币市场基金,类似余额宝等产品,客户签约"如意宝"后,系统自动将电子账户内的活期余额定时、批量向合作基金公司发起基金申购交易。

(三)网络银行的整体业务特点

网络银行基于互联网技术开展运营,可以极为便捷地突破传统银行所受的区域覆盖范围的限制,从而快速地触及更广泛的用户,大幅降低了物理网点的人工和租金成本,网络银行的运营成本明显低于传统银行。一方面,从降低成本角度讲,网络银行倾向于以更实惠的价格提供更优质的金融服务,如推出更高的存款利率、推出更低的贷款利率、不设最低存款要求、免除账户管理费和存取款手续费等。另一方面,从服务体验上来说,客户直接通过网络线上渠道就可以轻松实现自助办理储蓄、理财等业务,告别了往常需要通过物理网点排队等候的状况。

网络银行的运营成本率大约只有传统零售银行的三分之一。低成本和覆盖范围广也使得网络银行能够促进农村和偏远地区金融服务的普及。这些地区人口比较分散,传统银行采用的物理网点服务模式成本过高、覆盖范围较小,无法满足这些用户的金融服务需求,产生了金融服务的空白地带。但是,网络银行低成本的优势并不是无条件的,必须通过扩大规模才能摊薄网络银行在信息系统和服务后台等方面的投入。如果网络银行规模太小的话,在营业网点方面节省的成本,无法抵销后台系统的前期成本投入,网络银行的运营成本反而相较而言会比传统银行更高。

此外,网络银行不受物理网点营业时间的限制,可以通过电脑、手机、电话等渠道,为客户提供 7×24 小时全天候的金融服务,满足客户的需求。

---

① 李沐霖.浅谈互联网浪潮下商业银行的负债业务[J].青年时代,2018,(003):273,287.

传统银行的自助服务设备(如 ATM)，也可以实现 7×24 小时服务，但由于铺设和运营成本较高，覆盖范围有限，很多情况下难以满足用户的需求。

第二节 网络银行的风险特征

总的来说，银行业作为高杠杆、高风险行业，传统银行面临信用、技术、操作、业务各方面的风险，网络银行既然没有改变传统银行的本质属性，这些风险就同样存在，并在与互联网的结合中，这些风险有一些不同特征和表现形式。

一、信用风险

(一)网络银行信用风险方面的基本特征

风险管理是银行经营的根基，信用风险管理又是银行风险管理的核心之一。[1] 在信用风险管理方面，网络银行与传统银行相比，既有优势，又有劣势。不同的网络银行在信用风险管理能力上，个体差异很大，同一家银行内部、不同地区之间也存在显著差异。网络银行信用风险的高低与每家银行业务结构和风险管理能力密切相关，不能笼统地说，网络银行的信用风险一定是高于或者低于传统银行。网络银行信用风险的高低，要从机构本身的资源背景、业务结构、管理能力、公司战略等多个方面来综合评价，不能一概而论。[2]

从优势看，网络银行业务模式相对单一聚焦，如 ING Diba(国际直销银行)就以相对单一的个人住房按揭贷款为核心贷款产品，网络银行能够坚守稳健经营、不肆意放贷，信用风险就能确定保持在可控范围内。如日本乐天银行依托关联单位资源，多角度、动态掌握借款用户的很多信息，可以依托数据分析更好地识别风险，控制借款人的信用风险。

---

[1] 田冬丽.数字化在商业银行风险管理中的实践探索[J].全国流通经济，2022(7)：3.
[2] 董春慧.全球金融风暴下银行业应对新的信贷风险对策[J]. 2021(2)：41.

从劣势看，纯网络银行一般没有实体网点，难以对借款用户展开实地调查，纯粹依靠大数据等线上渠道复核，难以保证借款用户信息的完整性和真实性，导致对借款用户还款能力的判断可能存在较大偏差。纯网络银行不像传统银行，专门进行实地走访及与相关人员预约见面，了解借款用户还款意愿和行为品质，促进风险评估和识别。纯网络银行往往欠缺完善的信贷风险管理制度体系、风控流程和专业从业人员，与传统银行相比客观上存在很大劣势。

除此之外，考虑到我国立法层面《中华人民共和国民法典》对不动产抵押、部分动产抵押及权利质押法定强制要求线下登记，纯网络银行倾向于信用贷款和保证贷款形式发放贷款，信用风险程度相对较高，特别是对异地客户的贷后管理难度较大，进而导致贷款清收难度较大，从某种程度上来说高于传统银行，尤其当发生不良贷款时，还款来源无法保证，同时依据标准模型放贷无法反映经济周期、金融危机等偶发性因素，这给网络银行引发系统性风险埋下了隐患。

（二）网络银行信用风险的定量分析——以蚂蚁小贷为例

从定量分析的角度看，由传统银行转型的直销银行主要是在负债业务上进行转型，而资产方的信用风险仍然和传统银行相当，只有从事线上贷款业务的纯网络银行，其信用风险特征才会发生变化。由于当前，我国开展线上贷款业务的网络银行还缺乏数据积累，蚂蚁小贷业务又将协同注入浙江网商银行，浙江网商银行的贷款业务很大部分来自蚂蚁小贷，本小节选取以蚂蚁小贷的信用风险管理为例，探讨网络银行的信用风险特征。

1. 蚂蚁小贷的风险管理模型

一般来说，信用风险模型具有以下四个基本功能：一是量化违约概率，即定量计算贷款违约的可能性；二是确定违约损失分布，能够让金融尽量规避主要的风险损失；三是贷款定价，如利率定价，风险越高利率越高；四是组合分析，可以将量化违约概率、损失率、风险等结合起来运用。

通过开发信用风险评分模型对准入客户进行风险排序，有效地识别、筛选、确定潜在风险客户。一般分三个步骤来推动信用风险评分模型的开发和应用：一是数据准备、清洗和汇总；二是变量筛选；三是评分模型开发与验证；四是评分模型部署及策略的应用；五是评分模型的监控与再开发。

区别于传统银行，蚂蚁小贷的信用风险评分模型开发过程中，充分发挥了关联单位的大数据优势[①]，深入挖掘海量的互联网数据，数据挖掘和模型开发突破传统的统计方法局限，越来越多的智能机器学习方法也渐被引入其中[②]。在信用风险管理层面来看，数据分析不再只是单向业务的数据支持，而是透过数据来发现业务的本质，从而积极引导推动业务发展。

蚂蚁小贷掌控和可供运用的商户网络行为数据资源包括：（1）阿里巴巴/淘宝数据，其有十分庞大的交易数据，包含店铺模板固定基本信息、店铺实时交易数据、买家会员消费动态信息、会员浏览分类数据等。（2）支付宝数据，该板块的资金交易数据也是非常重要的信息，可以十分便捷客观地了解客户真正成功交易的信息，以及相关资金周转能力，出于运营消费的便捷和习惯考虑，几乎所有阿里巴巴电子商务平台的企业客户，都呈现支付宝账户信息，有些通过常规渠道无法获取缺失的企业会员数据，甚至都可以轻而易举地在这里及时补充获取。（3）其他相关子公司或合作公司互联网数据，其中筛选处理的地址、社交数据，也对信用风险管理起到了重要作用。基于这些系统数据蚂蚁小贷成功开发了信用风险PD（违约概率）评分模型，蚂蚁小贷的信用风险评分模型开发过程中包含了多维度、多层面的海量互联网数据，通过客户已有信息进而预测该客户违约风险概率，通过模型计量分析的方法得到PD评分，区分出优质、劣质客户。信用风险PD模型被广泛应用到贷前自动申请贷款审批、贷中风险监控等场景，进而根据PD模型的风险评级，拓展到可以决定准入客户、细化客户授信等环节。

蚂蚁小贷在开展授信过程中，基于互联网大数据开发了"水文模型"（如图5-3所示）。在实际应用中，蚂蚁小贷在进行授信评估时，结合"水文模型"，通过关联店铺实时变化的自身数据，对比同类店铺相关数据变化，预测客户未来店铺经营情况变动，从而判断出店铺的资金需求，与传统模型相比，主要优势在于有效剔除了季节性波动的影响。"水文模型"根据小微企业类目、

[①] 余忠阳.蚂蚁小贷"信誉抵押"值得借鉴[J].中国农村金融，2015(19)：1.
[②] 常伟.商业银行贷款信用风险显著增加了吗？——基于CAS22预期信用损失模型的理解[J].经济技术协作信息，2022(14)：3.

级别等多维度分别统计与商户相关的"水文数据"库，用其预测销售额及确定店铺的授信额度和价格，较好地实现了信用风险的管理。[1]

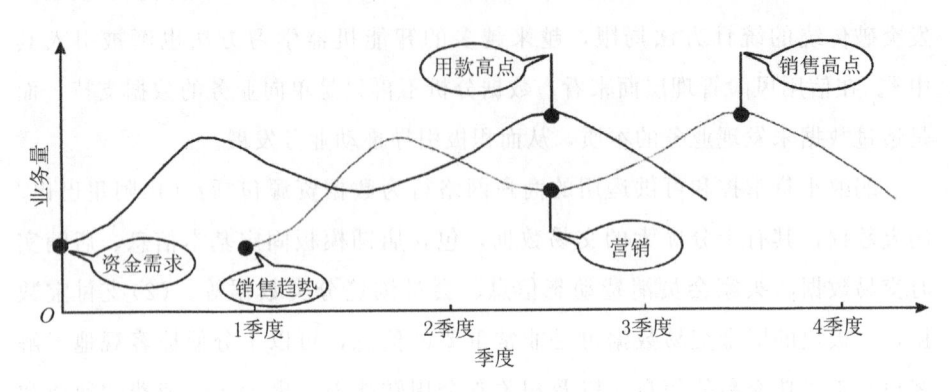

图 5-3 "水文模型"的应用场景

2. 蚂蚁小贷信用贷款配置情况分析

贷款配置情况表示贷款的实体经济基础，如果信用贷款有较好的实体经济现金流基础，那么信用风险相对小。

(1)交易金额。交易金额是贷款授信额度的相关变量，对贷款授信额度有显著影响，是基础变量之一，交易金额越大，贷款授信额度越高。淘宝信用贷款有很强的实体经济现金流基础，店铺交易金额需要高于一定的条件才能获得授信，如果店铺交易金额过低，缺乏实体经济的基础，那么店铺就不容易获得授信。[2]

(2)广告投入。广告投入也是影响贷款授信额度的重要变量之一，对贷款授信额度有影响，广告投入越多，授信额度越高，一般来说店铺等级越高的卖家广告投入越多，获得的授信额度也相应较高，可以说广告投入对授信额度的影响与店铺等级同样重要。

(3)交易额下滑评分。交易额下滑评分是风险管理部门预测店铺未来交易规模的模型评分，评分越高，交易额越不容易下滑；反之，交易额下滑的概

---

[1] 王悦.浅析网商银行的差异化优势[J].商场现代化，2021.
[2] 王伶俐，闫强，陈文晶.大型网络促销活动中非计划性消费影响因素分析——以淘宝"双11"促销活动为研究情境[J].2021(2015-6)：19-25.

率越大。

(4)店铺好评率。店铺好评率是衡量一个店铺产品质量、服务态度、物流速度、诚信经营等的重要指标。[①] 从模型结果来分析,店铺好评率越高,贷款授信额度越高,但好评率超过99%,会出现不再单调的趋势,对授信额度不再敏感。

(5)店铺信用评分。店铺信用评分就是PD评分,是风险管理部门根据客户店铺特征、贷款使用数据、还款表现等众多维度的数据来预测店铺未来信用表现的模型评分,一般而言,信用评分得分越高,评估对象违约的概率就越低。从上述分析中不难发现,店铺信用评分也对贷款授信额度有显著影响,信用评分越高,贷款授信额度也会越高。

进一步将贷款授信额度作为被解释变量,进行回归分析,结果表明,淘宝信用贷款额度与交易金额、广告投入、店铺等级、交易额下滑评分、店铺好评率、店铺信用评分得分情况等,关联解释变量有很高的相关性。[②] 其中,交易金额和授信额度之间的解释能力最强,以蚂蚁小贷为代表的线上贷款模式,其授信额度和实体经济的现金流之间关系密切,因而风险相对更低。

3. 蚂蚁小贷信用贷款的配置效率分析

商业银行通过信贷资源供给,扶持优质企业更快发展成长。高效的信贷资源配置,能够提升经济活动效率,促进经济发展和带动社会就业,降低商业银行的信用风险;低效的信贷资源配置,会使低效的经济主体获得更多的资源,反过来会阻碍经济发展和社会就业。

网络银行的信贷投放配置效率如何呢?我们对使用和没有使用淘宝贷款卖家的成长性进行对比分析。通过实证分析,我们发现,蚂蚁小贷的借款客户基本属于急需资金的小微企业,通过蚂蚁小贷的贷款支持,可以更快地抓住市场机会,获得更快的成长。与没有使用贷款资源的商家相比,使用了贷款资源的商户平均有效交易额得到了显著增加,从而能使用更优惠的利率贷款,扩大经营规模,形成良性循环。(如表5-2所示)淘宝信用贷款的资源配置

[①] 金玲.建构对网络平台的多中心监管模式——以淘宝为例[J].广东省社会主义学院学报,2017(1):5.

[②] 王姝涵.C2C电子商务企业盈利模式分析——以淘宝为例[J].市场论坛,2017(6):3.

效率是正向的,能够帮助优质商家实现更快的发展。

表 5-2　使用贷款和未使用贷款的淘宝商家三个月平均交易额增长比较

店铺等级	前后三个月交易额增幅/%		超额增长率/%	统计量
	未使用贷款	使用贷款		
1 钻	−0.58	18.48	19.06	2.71***
2 钻	6.33	28.43	22.10	4.14***
3 钻	4.71	23.99	19.28	3.62***
4 钻	3.34	18.50	15.16	2.23**

注:"***"、"**"、"*"分别代表三档显著性水平。

4. 蚂蚁小贷信用风险定量分析——基于 VaR 方法

前面的研究主要分析了蚂蚁小贷的信用风险管理模型和信用风险特征,为使监管框架具有一致性,还需要引入标准的风险价值方法,对信用风险进行分析计量。VaR(风险价值模型)的含义为:在一定置信度水平下,贷款组合在未来特定时期的最大可能损失。自《新巴塞尔协议》颁布以来,银行内部评级法主要依赖 VaR 方法来度量信用风险,从而计提相应的资本金。

在本节中,我们针对淘宝信用贷款的违约风险分散问题进行了研究,通过引入同类民生银行小微企业贷款对比分析,发现淘宝信用贷款,绝大部分的单笔贷款金额都集中在 5 万元以下,满足风险分散原理,与此不同的是,民生银行小微贷款户贷款规模均大约为 180 万元。贷款的小额、分散不仅有助于降低淘宝信用贷款的违约风险,也有助于更大范围地满足小微企业的融资需求。[①]

(三)对网络银行信用风险的讨论——以蚂蚁小贷为例

以上定性和定量分析表明,对相同的贷款规模,由于以网商银行(蚂蚁小贷)为代表的网络银行基于大数据的风险管理体系及小额贷款对风险的充分分

[①] 王俊豪,单芬霞,张宇力.电商平台声誉机制的有效性与信用监管研究——来自"淘宝"和"京东"的证据[J].财经论丛,2021,269(2):103-112.

散，网络银行所承担的信用风险低于传统银行，因而需要计提的资本金可以更少。[①]

但也要看到，网商银行只是网络银行的特殊模式，其依托电商平台，有较强的实体经济背景。对不同的网络银行而言，其信用风险的高低取决于其业务定位和风险管理能力。由于不同网络银行的信用风险特征差异较大，所以在核算其信用风险的最低资本金要求时，应更多地使用内部评级法，基于历史数据度量风险的参考，对于缺乏历史违约数据的网络银行的线上贷款业务，需采用相对更为保守的风险权重来计算信用风险加权资产。

此外，在网商银行信用风险管理实践中，由于贷款有小额、分散的特征，所以将违约相关性假设为零，这意味着网商银行的信用风险具有更长的"尾部"，一旦发生系统性风险，网商银行会不可避免地面临更大的损失。因此，对网络银行的线上贷款资产，应参照传统银行风险管控指引，计提一定比例的逆周期缓冲资本量，以应对系统性风险的冲击。[②]

二、市场风险

传统银行和网络银行在市场风险上基本没有多大区别，市场风险实际上是由于利率、汇率、股票、商品等价格波动变化，导致银行资产损失的风险。无论是网络银行还是传统银行，只要进行市场交易，就会承担市场风险。

网络银行最主要的市场风险是利率风险，因为其业务基本上以借贷为主，甚少参与外汇、股票、商品等交易。对银行利率风险分析，重要的是分析利率变化对其资产、负债的影响。以蚂蚁小贷的市场风险举例，从其贷款定价看，蚂蚁小贷的贷款产品基准日利率为万分之五，同时其会根据风险模型评分、卖家规模、客户价值等因素进行差异化定价，具体执行中，经常以红包、折扣方式补贴客户利息成本，实现差异化定价，红包的发放策略会偏向中小卖家，以帮助他们成长。

蚂蚁小贷扶持中小微卖家客户时，会结合客户的风险进行定价，一般来

[①] 徐仁平. 网络小额贷款法律监管问题研究——以"蚂蚁金服小额贷款"为例[J]. 社会科学前沿, 2022, 11(5): 8.

[②] 李曼. 中国股市暴涨暴跌的起因及反思——以2014~2015股市大幅波动为例[J]. 2021.

说,所有的卖家客户都有相应的风险评分,风险高的客户,利率偏高;反之风险低的客户就能享受利率优惠政策。例如,刚起步的星级小卖家虽然规模较小、符合扶持政策,但其本身风险较高,且容易放弃经营,因此其利率仍会略高于钻级卖家。如表 5-3 所示,最初的星级店铺利率相对较高,而钻级店铺就会低一些。

表 5-3　按店铺等级的淘宝贷款平均利率分布

店铺等级	平均利率/%	贷款客户数/个
1-星级	17.39	148 149
2-钻级	16.99	538 966
3-皇冠	17.73	110 895
4-红冠	18.40	778

此外,客户价值也是贷款利率定价的重要因素。所谓客户价值,就是客户为蚂蚁小贷创造的收益。对于新客户而言,其会对蚂蚁小贷的收益增长产生价值(利息收入),数据模型会根据蚂蚁小贷的基准放贷利率、风险模型评分及店铺规模进行定价。对于老客户(曾使用过贷款的客户)会根据过去产生的价值、过去的授信额度、使用率等,结合其风险模型评分及店铺规模进行定价。总的来说,风险模型评分、卖家规模、客户价值是主要的几个定价维度。

从资金来源看,由于目前还不允许远程开户,所以蚂蚁小贷不能吸收存款融资,资金主要来源于资本金和资产证券化。[①] 由于资产端和负债端都为固定利率标准,基本不存在所谓利率风险,未来随着蚂蚁小贷转入浙江网商银行,其负债利率必定会随市场利率而浮动,那么在当前模式下,将必然存在利率的上行风险,考虑到资产收益和负债成本之间的利差,我们认为利率风险并不是网络银行的主要风险点。

[①] 倪申东.小额信贷公司资产证券化发展及前景——以"蚂蚁小贷"为例[J].中国市场,2019(31):2.

三、流动性风险

流动性风险源于银行资产和负债期限错配，这种错配是银行跨期资源配置功能的体现，同时也潜藏着到期不能支付的风险，对银行这一吸收公众存款的机构而言，更需警惕这种风险，金融危机发生之时，银行为求生存，通过紧急变现资产或被迫以较高成本融入资金，保障流动性需求，应对负债来源不稳定导致的波动。

存款稳定性是网络银行必须面对的重要挑战，完全依托互联网运作，网络银行无法利用传统银行操作支票等纸质支付结算工具，更无法直接提供现金管理服务，从而难以吸引企事业单位和高净值客户。作为网络银行主要目标客户群体的电商企业，大多与其他传统银行有业务往来并开有结算账户，纯网络银行受限于现金服务，其账户主要用于资金收付，不可能长期存放大量资金。从国际上看，多数网络银行在利率市场化完成后，广泛依靠上浮存款利率、下浮贷款利率，辅以降低手续费等价格工具吸引客户，同时需要投入大量的机具和营销宣传，导致初期发展成本非常高。

考虑到其交易的虚拟性，网络银行与传统银行相比，公众信任程度成为最大的弱点，容易导致客户产生不信任感；网络银行多是新成立的银行，品牌知名度相对较低，客户对其初始信心不足，一旦应对负面舆论不当，或者未能及时解决网络故障，其所推崇的全天候即时服务的优势将荡然无存，反而演变为挤兑压力陡增的"助推器"。

流动性风险主要来源于自身资产负债结构问题及市场突发性情况。从资产负债表的结构来看，传统银行普遍存在的"短存长贷"的错配风险较为突出。一般银行的资金来源主要是一年及一年以下的存款，而其投放的中长期贷款，当短期内发生大量的资金流出时（如储户提款），银行可能没有充足的资金应对，因而发生流动性危机。网络银行与传统银行持有中长期贷款资产不同，依托电子商务平台经营的网络银行一般主要服务于有短期信贷需求的中小企业，所以贷款资产的期限基本不超过一年。以蚂蚁小贷为例，该公司主要以短期贷款业务为主，主要服务于淘宝、天猫平台的运营商家。贷款期限均控制在1年以内，初始放款期限一般分为1个月、6个月、12个月，明确其中部分贷款产品承诺支持随借随还，贷款资金回笼速度快，使用效率较高，对整个网络银行行业而言，流动性风险的高低在很大程度上还是取决于其管理流动性风险的能力。①

四、操作风险

基于线上运营技术的特性，操作风险成为网络银行最为独特的风险。一方面网络银行大幅降低了传统人工操作风险，另一方面也滋生了新的操作风险，包括网络信息平台技术安全风险，及线上远程实名认证风险。

(一)大幅降低了人工操作风险

网络银行可以大幅减少由人工操作风险，诸如清点现钞、甄别假币、输入系统数据、录入文书、合同盖章审批等操作环节产生的风险。传统银行存在工作人员监守自盗卷款跑路的风险，在网络银行体系中这些情况不太可能发生，人工操作风险相比传统银行会相对更低一些。②

(二)高度依赖网络信息平台技术产生的安全风险

技术安全风险威胁主要表现在服务器、数据库、网关接口等基础设施极易受到网络病毒和黑客攻击；安全管理措施不到位，对用户引导、培训、教育和风险提示不充分，一些用户网络安全意识不足，遭受钓鱼网站的诈骗，导致账户信息和密码被窃取，从而发生资金损失。

(三)远程身份审核认证可靠性不足的风险

实名认证是银行业经营最重要、最基础的监管合规要求，主要为了防范反洗钱和反恐融资。在传统银行服务场景下，客户身份依赖于银行现场工作人员通过柜台面签来识别，网络银行无法依托传统银行实体物理网点支撑，基本上完全采用远程技术来识别用户身份，两者在方法上存在明显的差异。

按照我国目前的监管要求，银行为客户开立结算账户必须在柜台面签。目前银行柜台验证客户身份主要校验两个内容：一是身份证件的真实性；二是身份证件照片与本人相貌的相似度。这种方法在实践中基本行之有效，但

---

① 王子桢.基于B2B/B2C电商平台的供应链金融创新模式探析——以蚂蚁小贷为例[J].今日财富，2016(17)：2.
② 管志宇.我国网络银行发展与监管对策[J].2021.

也存在一定的风险。最主要的缺陷是身份证没有注销机制,加上银行工作人员因工作疏忽或者主观分辨能力不足,可能会给冒用身份者开立合法的银行账户,由于我国二代身份证采用非接触式IC卡(智能卡)技术,内置射频识别芯片,没有相应的"注销机制"。

大部分发达国家都允许网络银行远程为客户开立账户,无论是传统银行网上银行业务,还是新兴的网络银行,其开立的账户在功能上与柜台开立的银行账户并没有区别。在实践中,经过十多年的发展,网络银行采用了不同的用户身份认证方法,比较常见的方法如下。

一是账户汇款交叉验证方法。这是海外网络银行最常用的方法。以ING Direct(荷兰直接银行)为例,其主要采用两种开户方法:第一种是通过绑定账户开支票来完成实名认证,这也是最常见的网上开户方式。用户在ING Direct网站上申请在线注册时,需要完整填写个人身份信息并绑定一个在柜台开立的支票账户,此时将会生成ING Direct电子银行账户。接下来,用户需要通过绑定的支票账户向ING Direct电子银行账户开出任意金额的支票,ING Direct只要顺利完成支票兑现,用户就可以通过实名认证。第二种是采取银行汇款的方式。在注册环节和第一种方式一样,只不过在认证环节不是通过支票汇款,而是通过银行汇款,即ING Direct将会向用户绑定的银行账户汇入两笔小额资金,金额是随机的,只要用户登录ING Direct电子银行账户,正确输入两笔汇款金额,就可以完成实名认证。通过上述两种方式之一完成实名认证的ING Direct账户,和在现场柜台面签开立的银行账户没有区别,都是全功能账户,而没有所谓强实名、弱实名之分。

二是个人私密信息验证方法。例如,花旗银行在加利福尼亚洲地区的认证方法是,让用户在填写完基本申请资料以后,提供几个关于个人征信和纳税的信息,这些信息在美国是非常私密的,通常只有用户本人才知道,只要用户回答正确就可以通过认证。中国人民银行开展的用户在线查询个人征信报告,也是采取类似的方法。[1]

---

[1] 张建文,时诚.《个人信息保护法》视野下隐私权与个人信息权益的相互关系——以私密信息的法律适用为中心[J].苏州大学学报:哲学社会科学版,2022,43(2):12.

三是线上+线下验证方法。① 例如，日本的网络银行——乐天银行让用户在线填写申请资料，并且用自己的手机向指定号码发送短信（在日本所有手机号在开户时都经过了实名认证），乐天银行会将制作好的账户信函和银行卡以挂号信的方式邮寄给用户（在日本，挂号信必须由邮递员当面核对身份后才能签收），用户签收以后再打开账户信函，把信函上的验证信息输入乐天银行网站上就可以完成激活。

值得注意的是，近年来随着互联网技术的发展，基于人脸、指纹、声音等生物特征的远程身份认证技术获得了快速发展。苹果公司推出的 iPhone 6 系列支持指纹身份校验并完成支付。阿里董事局主席马云在参加 CeBIT（德国汉诺威消费电子、信息及通信博览会）展会时现场演示了令人赞叹的蚂蚁金服 Smile to Pay 人脸识别支付认证技术，"交互式指令+连续性判定+3D 判定"技术成功在人脸识别支付场景的应用，通过了我国公安部技术认证，达到了金融级的应用要求。未来人脸识别技术可应用于网络银行的远程实名认证，其可靠性大大高于银行柜台工作人员肉眼识别率，肉眼识别的准确率大约只有 97.5%。当然，人脸识别技术也不是完全零风险的，实践中也存在双胞胎相貌极为相似的情况，这就需要采用多种认证方法交叉验证来解决。但也要看到，国内市场和互联网环境与海外，客观上存在较大差异，国内不同网络银行的技术水平也分不同层次，某种程度上可能也存在一定的洗钱风险，因此需要加快建立远程开户认证的技术标准。

第三节　网络银行监管的国际经验

从国际监管实践看，除了根据网络银行远程服务的业务特点有针对性地提出相关监管要求外，在其他方面，如业务许可、监管指标、现场检查等，基本可以套用传统银行的监管框架②，这样的监管规则设计体现了网络银行与

---

① 伊劲松. 新形势下的银行线上平台数字化运营[J]. 2022(9).
② 夏雯. 互联网金融背景下金融销售渠道比较研究[D]. 浙江大学，2018.

第五章　网络银行监管研究

传统银行的一致性监管原则,传统银行只要满足网络银行的相关监管要求,也可以提供网络银行远程服务。

一、美国对网络银行监管的实践

在美国,由财政部货币监理署、美联储、FDIC(联邦存款保险公司)等机构进行对网络银行实施监管,监管主体与传统银行一致。美国货币监理署为网络银行颁布了《互联网及全国性银行许可公司手册》,建立了单独的准入程序,其准入程序与传统银行的准入程序非常相似,之后这个准入程序成为《银行行政许可办法》的一部分。有关网络银行的准入要求有:(1)需要评估并讨论通过网络吸收存款的能力,提前关注流动性风险。(2)要求网络银行管理人员拥有足够的经验。(3)网络银行需要有充足的注册资本及融资能力。(4)网络银行需要对客户进行可靠的身份认证、隐私保护和信息安全保护。(5)具有明确的网络银行业务范围。(6)简化开办分支机构的手续,允许网络银行设立服务中心,不受地域限制也无须另行审批,跨区域开展部分服务不需要成立分支机构。

美国要求网络银行与传统银行一样,在日常监督方面遵守已有的各项规章制度,美国金融监管机构相继颁布了一系列针对网络银行特点的管理规范和指引,涉及信息系统安全检查、保护客户个人隐私。对网络银行进行监管和检查指导,美国金融监管机构以现场检查为主,相较而言,非现场监管主要采取重大事项报告制度,规定要求网络银行对相关可疑行为及安全事故及时报告。

网络银行主要监管原则和要求(如表5-4所示)。根据互联网技术发展和行业实践,美国联邦金融机构检查委员会又分别修订和补充了《网络银行环境下的身份认证要求》(Authentication in an Internet Banking Environment)。

表 5-4 美国《网络银行环境下的身份认证要求》主要监管原则和要求

主要原则	监管要求
全流程监管	不仅在开户环节有身份认证要求,在后续账户交易环节也有持续的身份认证和反洗钱监督要求
原则性指导	不设定具体的开户认证标准(如面签),而是提供原则性指导,如必须有双因子认证要求
允许多种认证方法	将认证方法分为三种基本类型(用户有什么、用户知道什么、用户是谁),每种类型下有多种认证方法,如密码、U盾、银行卡、指纹、人脸识别等,在符合指导原则的基础上,允许多种实践
基于风险等级的差异化认证要求	要求金融机构根据用户、账户、交易类型和金额等区分不同的风险等级,并根据风险高低设定差别化的认证要求
动态调整	根据技术发展和行业实践情况,动态调整认证要求

按照美国反洗钱相关法律的规定,银行在为客户开设银行账户时,必须获取包括不限于客户名称、地址、生日(个人客户适用)和证件号码(如纳税人证明号或护照号码)等相关信息。美国监管机构采取风险等级的差别化认证、全流程监管和动态实时调整等原则,允许金融机构开展多种多样实践。[①] 根据《网络银行环境下的身份认证要求》的最新版本,美国联邦金融机构检查理事会将金融机构的身份认证手段分为三大类:第一类,用户知道的一些信息(如密码);第二类,用户拥有的一些事物(如银行卡);第三类,用户具备的唯一特征(如生物特征,包括指纹)。在这三大分类下面,美国联邦金融机构检查理事会列举了许多具体的认证方法包括。

(1)共知秘密。属于第一类方法,其中既包括密码,也包括金融机构与用户约定的其他秘密,如询问用户个人信息的问题和答案,让用户从一批照片中选择出预先指定的照片等。随着社交网络的发展,用户的个人信息越来越容易被知晓,金融机构应当要求用户设定安全性更高的密码和其他约定秘密。

(2)物理令牌。金融机构签发给用户的身份认证设备,属于第二类方法。

---

① 魏锋.美国《2020年反洗钱法案》解析[J].中国外汇,2022(1):4.

物理令牌的形式有很多种，美国联邦金融机构检查理事会列举了三种形式，分别是通用串行总线(universal serial bus，USB)令牌设备、智能卡和密码生成器，这三种形式都被美国联邦金融机构检查理事会认为是可靠的认证方法。

(3)生物特征识别。属于第三类方法，美国联邦金融机构检查理事会分别列举了指纹识别、人脸识别、声音识别、击键识别、手写识别、手指和手掌纹路识别、静脉扫描、虹膜扫描等方式。美国联邦金融机构检查理事会认为，指纹识别是安全可靠的方法，但需要考虑设备成本；相比指纹识别，人脸识别是一种较为新颖的方法，使用效果与人脸的采集环境有关，如果增加实时性（如要求用户眨一眨眼睛），将会大幅降低风险。[①]

在这些原则的指引下，不同的金融机构基于各自的业务服务实践，总结形成了不尽相同的客户身份认证方法，如前文提到的ING Direct所采取的他行账户汇款交叉验证方法、花旗银行所采取的个人纳税和征信隐私信息问询方法等等。美国联邦金融机构检查理事会在《电子银行环境下的身份认证》中，还要求金融机构根据用户、账户、交易类型和交易金额等风险高低，建立分层认证要求，对洗钱和恐怖融资风险高的用户、账户和交易要采取更加严格的认证要求；而对于风险低的用户、账户和交易认证，要求可以更低一些。至于具体的分类标准和认证标准，美国监管机构并没有强制规定，而是把自主权交给金融机构，让金融机构根据其自身的业务特点和策略制定相应的制度和流程，监管机构负责检查相关制度和流程是否完备，并保留事后处罚的权力，即所谓的"自主认证、自担责任"的原则。虽然美国监管机构把实名认证的自主权交给了金融机构，但这并不意味着放任自流，恰恰相反，美国监管机构严格的问责机制将会在很大程度上影响金融机构的生存，对金融机构产生了极大的震慑。

二、欧洲对网络银行监管的实践

欧盟对网络银行所实施的监管主要表现在以下四个方面：一是区域问题，主要包括跨境交易活动、各成员国银行之间的协作配合等；二是安全问题，

---

① 魏景茹.金融机构洗钱风险评估方法研究[J].银行家，2022(2)：2.

主要包括业务服务操作风险、数据资源的处理风险、黑客攻击风险等；三是服务技术能力问题；四是信誉和法律风险问题。

英国的金融监管体系，历经从中央银行一家机构监管，到多家机构协同监管，再演变为综合性金融监督管理机构的过程。进入21世纪，英国金融业监管由英国金融服务局（Financial Service Authority，FSA）、英格兰银行和财政部协同组成的"三方监管体制"，由FSA负责实行监管行为。金融危机后，英国赋予英格兰银行履行维护金融稳定和对所有相关银行及金融机构进行审慎监管的全面职责，强化宏观层面审慎监管，事实上废除了三方监管体制，FSA也被拆分为两个独立的金融监管机构，即审慎监管局（Prudential Regulation Authority，PRA）和FCA，称为"准双峰"模式。

英国并没有针对网络银行建立单独的监管体系，而是将其纳入现有的法律法规和监管规则中。英国FSA认为，网络银行主要在战略、商业、安全、声誉和运行等方面存在潜在风险，基于现有银行规范能够监管网络银行，网络银行必须严格遵守现行的银行业普遍适用的法律法规与规范性法律文件。

在监管原则上，英国对网络银行的监管与对其他金融业的监管相类似，具有四个方面的特征：非正式监管、弹性原则、谨慎原则和理性化监督。网络银行在遵守现行的银行业普遍适用的法律法规等规范性法律文件时，也需要融入相应的行业自律体系。[①] 英国就存在相关法律规定，网络银行必须强制加入行业自律性组织，如银行家委员会、银行准则标准委员会等，每年提交年度报告，以便上述组织有效监督管理其运营活动。

英国FSA颁布了《银行、支付和电子货币制度》，主要涉及对电子支付的监管。英国议会通过了《电子货币监管法案》（The Electronic Money Regulations），对包括银行在内的电子货币发行机构，在业务许可、经营活动、资本等方面提出了具体的监管要求。FCA两次曾就手机银行和手机支付的监管发表了理论评估指引《手机银行和手机支付》，对未来完善手机银行和手机支付监管进行了理论探讨和意见征求。

---

① 杨希.我国商业银行系统性风险传染及防范研究——基于社会网络视角[J].北方经贸，2022(3)：4.

第五章　网络银行监管研究

与美国类似,英国的法律法规也没有规定开立银行账户必须在物理网点柜台进行,无论是传统银行,还是网络银行,都可以非现场认证的方式为客户开立银行账户,账户功能与传统银行账户没有区别。在客户非现场身份认证监管方面,英国的做法与美国类似,也是采用基于风险的差异化认证要求,根据反洗钱的风险等级,对不同客户及其开立的不同类型账户,相应地进行不同强度的身份认证管理,在具体的身份认证方式方法上,英国也允许银行采用多种实践。

三、日本对网络银行监管的实践

与英国相似,日本对网络银行的监管也纳入现有的银行监管框架内,由日本金融厅负责。日本监管主要体现在以下方面。

(一)网络银行的准入标准

重点关注资本金是否充足、股权结构是否合理和母公司与子银行间防火墙问题、业务能否实现和人员配置、风险保障措施和内部管理是否完善。

(二)身份认证

在具体业务操作中,关注客户身份确认、客户管理、反洗钱监管,以及防止金融犯罪、系统安全管理。日本法律法规没有禁止银行以非现场方式为客户开立银行账户,实践中也允许银行以非现场方式办理开户。日本金融厅要求金融机构根据不同客户的类型进行身份认证。个人客户所需要的资料,包括身份证明文件(如驾驶证或护照)、生日、住所地和交易目的等;企业客户所需要的资料,包括企业登记证、企业地址、业务范围和交易目的等。日本的法律法规还要求金融机构在收到客户的相关身份资料后,邮寄给客户一份挂号信,作为身份验证的一种手段,只有在收到客户的签收回执后,才能完成对客户的身份识别。[①]

总体来看,由于网络银行是新兴的银行业务模式,其经营模式与传统银行存在差异,发达国家基本都是在实践中不断探索和完善对网络银行的监管。

---

① 韩冬萌.日本应对国际金融危机的经验与启示——基于金融监管改革和宏观审慎管理的分析[J].武汉金融,2020(7):8.

由于监管体制和国情的差异，不同发达国家针对网络银行的监督管理体系和规则也不相同，但基本上都根据网络银行的经营特点做出相应的调整。网络银行没有物理网点，美国、英国和日本等国都一致允许网络银行以非现场面签方式，为客户开立银行账户。同时，关于客户身份认证要求方面，美国和英国采用基于风险等级差别化认证要求，在符合指导性原则的基础上，允许金融机构开展多种实践，并动态调整认证监管要求，这些做法值得我国借鉴。①

第四节　网络银行监管的主要挑战及监管建议

一、国内对网络银行监管的现状和主要挑战

我国对网络银行的监管是将其纳入现有的银行监管体系中，由银保监会、中国人民银行等机构进行监管。从理念上看，我国把网络银行定位为通过互联网线上渠道为客户提供相应服务的传统银行，还没有把网络银行作为一种专业银行形态与传统银行区别开来，网络银行和传统银行的监管规则基本上也是一致的。对银行在为客户办理账户开立、业务交易等环节有效识别客户身份信息并保存相关记录做出了相关规定。

银保监会、国家发改委、科技部和工业和信息化部联合发布的《关于应用安全可控信息技术加强银行业网络安全和信息化建设的指导意见》，对关于银行加强行业网络技术安全和信息化建设的总体目标、指导原则、任务要求和主要措施做了要求。但总体来看，网络银行这种新型业务模式客观上还存在一些法律和政策障碍。

（1）以面对面见证为基础的管理制度制约了网络银行的发展。网络银行业务大多脱离物理网点，不具备面对面见证的条件，经营模式在开立银行结算

---

① 齐爱民，张哲．政策与司法背景下虚拟货币法律属性的实证分析[J]．求是学刊，2022，49(2)：14．

账户上与监管要求存在冲突,开展银行业务方面也受到诸多制约,如《中国人民银行关于进一步加强人民币银行结算账户开立、转账、现金支取业务管理的通知》,要求银行严格核对存款人身份证明文件的姓名、身份证件号码及照片,防止存款人以虚假身份证件或者借用、冒用他人身份证件开立个人银行结算账户;银保监会颁布的《商业银行理财产品销售管理办法》规定,商业银行应当在客户首次购买理财产品前在本行网点进行风险承受能力评估;银保监会颁布的《个人贷款管理暂行办法》规定,贷款人应建立并严格执行贷款面谈制度;银保监会颁布的《商业银行信用卡业务监督管理办法》规定,申请材料必须由申请人本人亲自签名;中国人民银行颁布的《个人信用信息基础数据库管理暂行办法》规定,商业银行查询个人信用报告时应当取得被查询人的书面授权。

中国人民银行颁布的《关于规范银行业金融机构开立个人人民币电子账户的通知》(讨论稿)通过区分强实名和弱实名账户,为远程开户提供了渠道,规定未在银行柜台与个人见面认证的电子账户为弱实名电子账户,弱实名电子账户的用途受到严格限制,不得用于转账结算、交易支付和现金收付,只能用于购买该银行发行、合作发行或者代销的理财产品,资金来源和资金转出均为开户时确认的绑定账户。可见,现有监管模式对网络银行的发展造成了较大限制,商业银行在网上开户与实名认证上的政策,可能导致网络银行无法开办业务。

(2)分业、分属地监管的模式不符合网络银行跨地域、跨市场的特征。网络银行通过互联网跨地域、跨市场提供金融服务,具有交叉特征,网络银行发起人一般会发挥互联网平台的协同优势,将银行业务与其他产品与业务打通,客户通过链接即可享受汇兑支付、存贷款、购买保险、买卖有价证券等金融服务。一些业务按传统的方法很难划定所属的业务类型,使现有的分业监管模式,难以承担起交叉性金融风险的监测职责。此外,目前的金融监管基本遵循属地管理原则,建立在有实体分支机构分布的基础上,以物理网点为载体对网络银行进行监管,通过市场准入和检查等方式,将风险隔离在相对独立的区域。而网络银行没有地域网点的限制,全国各地的客户都可以通过网络发生交易,传统物理隔离的有效性大大减弱,注册所在地的监管部门对跨区域业务的监管存在很大难度,异地监管部门的监管范围也会因为实体网点的限制而难以界定,导致传统的属地管理模式面临较大挑战。[①]

(3)监管数据信息化可改写,可能导致非现场监管指标失效。非现场监管是银行监管的重要方式,如银保监会的1104非现场监管系统和中国人民银行金融统计监测管理系统。实践中各监管机构、部门相关专业人员,依托非现场监管系统分析银行整体经营状况,并辅以现场抽查相关纸质档案,复核比对数据的方式,来确保非现场监管数据资料的真实性。新兴网络银行完全依托网络信息平台流转储存海量交易信息,并无相应纸质档案可供抽查复核,且电子记录可以不留痕迹地修改,甚至通过技术手段创造符合标准的数据,从而导致非现场监管指标难以发挥作用。

(4)存款准备金率、贷存比等随着交易效率提高亟须修改。从理论上讲,网上交易没有区域和时间限制,促进加快了货币流通速度,提升了信用创造能力,货币乘数也已经发生变化,从而导致网上银行的挤兑风险要远高于传统银行,进而风险的蔓延和传播速度也会更快。目前来看,现有的存款准备金率、备付金率、贷存比等传统规范监管标准体系,已难以匹配相应风险,需进一步修改完善。特别地,伴随着网络银行负债结构的多元化趋势,贷存比约束限制对网络银行借贷行为的制约将更加凸显。

(5)重业务风险,轻技术风险、外部风险的监管导向亟须调整。现行的银行业监管框架的根本目的,是通过提高银行从事高风险业务的成本调节引导银行的行为,从"风险为本"角度促使银行更安全、稳健地经营。随着互联网平台技术的迅速普及融合,技术风险和声誉风险等外部冲击风险,已悄然取代业务风险成为新兴网络银行的最大隐患,倒逼现有监管导向适时做出调整。

二、构建适应网络银行运营特点的监管框架的设想

我国银行监管框架体系尚不能完全适用于网络银行,需通过修订完善现有监管框架,从传统银行监管框架出发,实现向网络银行的延伸监管。

---

① 陈倩.互联网金融背景下直销银行业务发展策略研究——以平安银行直通银行业务为例[D].对外经济贸易大学,2016.

(一)"三大支柱"适用于网络银行

根据《新巴塞尔协议》,银行监管的"三大支柱"包括最低资本要求、外部监管和市场约束,需要根据网络银行的经营和风险特征,修订"三大支柱"的监管指标和监管程序,针对银行所开展业务的"线上"和"线下"特征,实行差异化监管。

最低资本充足率要求是银行监管的重点,是保证银行稳健经营、安全运行的核心指标,其主要目的是覆盖信用风险、市场风险及操作风险的非预期损失。

1. 第一大支柱——最低资本充足率

"线上"业务应额外计提一定权重的资本金用以覆盖实名认证等操作风险。

第一,信用风险。如果网络银行早期缺乏历史违约数据,需要采用标准方法对信用风险进行计量。考虑到网上业务基础数据的可靠性和贷后管理的难度,需要设置比传统线下贷款更高的风险权重。

第二,市场风险。市场风险可以依据市场的历史价格波动进行风险计量,在这方面,网络银行和传统银行在计量市场风险,所适用的风险模型和监管指标是一致的。

第三,操作风险。操作风险是指归因于内部不完善或有问题的内部操作过程、人员以及系统或外部事件直接或间接导致的风险损失。相比较传统银行而言,网络银行的操作风险具有复杂性:一方面基于互联网平台技术的融合降低了传统意义上因人工因素产生的操作风险;另一方面滋生了新型操作风险,包括与对信息平台的高度依赖相伴而生的技术安全风险,以及采用远程线上渠道的实名认证方式方法所产生的认证风险。因此,建议对认证风险等新型风险计提1%~2%的资本金,以覆盖这些操作风险可能产生的损失。

2. 第二大支柱——监管部门的监督检查

应建立适合网络银行线上渠道业务服务现场、非现场检查标准。监管部门的监督检查,目的是为了确保各银行积极建立起合理有效的内部评估程序体系,用于判断其所实际面临的风险状况,并基于此对其资本充足率做出评估和判断。监管当局要将监督检查覆盖面扩展到银行的风险管控和化解情况、处理不同风险间的相互关系、所处市场的性质、业务服务收益的有效性及可靠性等方面,全面准确地判断该银行的资本是否充足。一般地,在操作层面上,监督检查分为现场检查和非现场检查。

1)现场检查

一是检查手段,美国对网络银行的检查从风险评估切入,从定量评估和风险管理质量评估两方面着手来评判网络银行的运营战略、业务流程以及内部控制等是否充分、适当。

二是检查内容,包括风险管理和内部控制两方面,其中风险管理主要从风险应对计划、技术实施、风险度量和监控三方面着手主要围绕网络银行特有的技术风险,评估其对技术风险的识别、测度、监测和控制的能力。内部控制主要针对技术和产品,从技术规范与战略目标的一致性、数据可获得性、数据完整性、数据机密性及管理信息系统的可靠性等方面评估银行是否建立了与风险相适应的内部控制程序。[1]

三是检查程序,检查程序,首先通过查阅内部和外部审计报告和约谈管理人员,确定风险评估的范围和步骤;然后通过对营业额的定量评估、结算方式等风险管理业务流程质量的定性评估,确定网络银行的风险概况;最后形成总结和备忘录,详细记录检查的事实和评价,并将检查结论和风险提示送交有关机构。

当务之急是快速建立并完善建立网络银行现场检查程序。[2] 现场检查可分为制度和业务两方面。制度方面侧重于业务流程、安全策略、应急和恢复预案、人员安排、服务外包等,主要评估机构的风险管理体系和内部控制是否完备,是否与风险相匹配。业务方面主要侧重于技术风险,重点关注系统配置和性能、数据流程、交易验证、加密措施、系统口令、交易类型及复杂程度、数据完整性和保密性等,主要评估网络银行的系统和技术安全是否存在漏洞和薄弱环节。在检查形式上,可借鉴欧美的经验,针对信息技术设计专门的检查流程,有效识别、评估和控制网络银行信息技术风险,确保其业务

---

[1] 赵健兵,李海东,冯小龙,等.金融基础设施建设与监管的国际经验借鉴[J].河北金融,2021(5):6.

[2] 董新贵.国际金融监管改革及对我国的启示——基于监管模式改革经验的比较[J].华北金融,2016(4):5.

容量、处理能力、冗余度及业务恢复能力等达到监管要求。

2) 非现场检查

美国对网络银行业务的非现场监测和传统银行业务类似，采用 CAMELS（国际通用银行评级制度）评估框架，没有专门针对网络银行设计报表，也没有开辟专门的统计渠道。考虑到网络银行所特有的技术风险问题，OCC（美国联邦财政部货币监督署）对其制定了专门的可疑行为报告制度，要求在发现可疑行为或安全事故时及时报告，如内部人作案时不分金额大小一律上报；当怀疑损失超过 5 000 美元、洗钱超过 5 000 美元时需及时上报；发现计算机系统遭受入侵后立刻上报等等。

在监测方式上，我国网络银行的非现场监测，应在实践中主动适应网络银行的经营特点，积极运用网络技术实现监测动态化，同时构建专门的渠道，以一定的权限进入其后台监控业务系统，对银行的动态交易和操作进行实时跟踪或直接监控，提高监管的及时性。我国互联网金融正处于发展阶段，在监测标准上，对金融体系的影响还没有经过充分评估和测算，建议初始阶段不针对网络银行的非现场监测做出过高的要求，还是要使用现有的指标体系和标准，侧重于对业务量、业务品种和业务安全性等方面进行监测。当网络银行发展至较为成熟的阶段时，监管部门对业务的影响，也有了比较全面、深入的了解时，再根据网络银行的特点调整或构建相应的指标体系。[①]

3. 第三大支柱——市场约束

应加强对网络银行的信息安全和信息披露的监管。市场约束旨在通过市场力量来约束银行，其运作机制主要是依靠利益相关者（包括银行股东、存款人、债权人等）的利益驱动。出于对自身利益的关注，利益相关者会在不同程度上和不同方面关心其利益所在银行的经营状况，特别是风险状况，为了使自身利益免受损失，在必要时会采取措施来约束银行。

对网络银行的市场约束而言，除了传统银行的信息披露要求外，还应加强对网络银行系统安全性、业务特点和外部冲击的披露要求，以保护投资者

---

① 陈威，陈茜，龙敏."三重一大"制度数字化监管信息系统平台构建与运用研究[J].重庆理工大学学报：社会科学，2022，36(5)：8.

的知情权。监管部门应加强对网上银行信息披露的检查,规范披露标准和范围,加大对漏报、瞒报行为的处罚力度,发挥市场监管和约束作用,促进网上银行依法合规经营。

(二)继续实施分业监管体制,做实金融监管协调机制

网络银行等互联网金融新兴业态的出现,为现行监管体制带来了严峻的挑战。当前对功能监管的讨论非常激烈,功能监管模式依据金融业务的类型划分监管机构,每种业务类型都有对应的监管机构。功能监管的优点有以下三方面:一是对不同类型金融机构的相同业务,容易保持监管的一致性,在较大程度上规避了监管套利。二是作为权威的专业监管机构,能够更好地吸引和保有高度专业化的监管人员,并分别对不同类型的业务采取适用的监管规则。三是多家监管机构的竞争可能会提高监管效率。因为没有任何一家监管机构拥有最终决策权,金融监管机构的公平竞争有利于监管效率的提高。

但功能监管存在以下五方面的缺点:一是功能监管很难明确界定监管机构的管辖范围,如果功能监管实施不到位,仍然无助于解决现有的问题。网络银行跨界创新型金融产品较多,创新动力较强,很难及时地将其归属于某个具体监管机构,也难以及时建立一致的监管标准,会出现监管缺位和监管套利。二是网络银行要面对多家监管机构,增加了网络银行经营的时间成本和经济成本。三是功能监管可能导致监管过度竞争,而使监管效率低下。监管机构为了扩大其监管范围,可能倾向于采取偏松的监管政策,当网络银行有权选择由哪家机构来监管其某项业务时,或当监管机构的经费预算取决于对网络银行的评估时,监管效率就会大大降低,甚至造成监管俘虏,进而导致监管机构对风险防范的意愿下降。四是功能监管对金融监管的专业性和独立性有较高要求,也缺乏对系统性风险的有力监管。功能型监管要求有熟悉网络银行各类风险及金融创新的专家队伍,前瞻性地评估网络银行风险,及时对相关问题进行查处及问责,这些是我国金融监管未来努力的重点和方向。五是体制变迁需要巨大的显性、隐性成本。从国际经验看,监管体制改革通常伴随着监管人员的流失、监管文化的磨合和监管信息系统建设的滞后等问题,因此监管体制的转型绝非易事。

总体来看,我国还不具备实施功能监管的条件和能力。另外,分业监管

第五章 网络银行监管研究

作为简单的监管体制也有助于提高监管效率,监管体制越复杂,监管套利和"竞次"风险就越大。面对网络银行跨行业、跨市场经营,金融业务交叉越来越多的现象,建议主要采取以下应对思路。第一,进一步做实和完善金融监管协调机制,增强协调机制的权威性和有效性,不断提高对网络银行风险的识别和应对能力。监管协调机制的主要工作内容包括:系统性风险的监测与预警;拟出台的涉及跨行业、跨市场的监管政策和法规;网络银行重要的跨行业市场准入事项与持续监管;跨行业现场检查的范围与方式的协调;非现场监管信息共享。第二,尽快建立既符合国际规则,又体现我国网络银行特点的系统重要性金融机构识别体系。稳定的金融环境是网络银行健康有序发展的基础,随着我国网络银行发展步伐的加快,一些实力较强的网络银行在我国金融体系中的作用日益增强,涉及的客户数量持续增加,系统重要性地位将不断提升,应考虑建立相关的系统重要性金融机构的相关识别标准,建议把客户数量作为一项国内系统重要性金融机构识别标准。第三,强化事前结构性监管安排,审慎进行综合经营试点,加强风险隔离,避免网络银行变得太复杂而难以监管。考虑到系统性风险的特征,所以要采取事前结构化限制措施,来加强对具有系统重要性的网络银行的监管,既要防止网络银行规模过大,也要防止其过于复杂及风险关联程度过高。具体而言,就是要根据风险水平高低,有层次地、有针对地对高风险业务和过度金融创新进行限制性监管,使网络银行的关联程度和复杂性得到有效控制。第四,强化业务模式与金融创新监管,对网络银行为监管套利而开展所谓的"金融创新"加强监管,有效控制网络银行结构复杂度和内部关联度,避免监管真空。第五,提高现场检查的精确打击能力和非现场监管的监测分析、判断和预警能力。[1]

(三)建立远程开户的技术标准,小额先试

"面签"问题是制约我国网络银行现阶段发展的难题。从我国最近网络银行的发展实践看,无论是没有物理网点布局设置的纯网络银行,还是试图发展远程线上业务的传统银行,都在努力尝试通过应用人脸识别技术来辅助审核用户身份的真实性。比如说,腾讯系微众银行、阿里系浙江网商银行都拟

---

[1] 顾芬芬.经济新常态下的我国金融监管体制改革分析[J].2021.

采用人脸识别技术的方式进行用户身份认证，中国光大银行也推出了信用卡应用场景下的人脸识别技术，用于加持赋能规避工作人员传统方式下，依靠肉眼识别身份真实性可能存在的失误。

从人脸识别流程上来看，用户打开相关手机终端应用界面后，需要按照系统随机指示进行响应动作，例如张嘴、眨眼、转头等，然后系统自动对比公安身份证上的照片，判断是否是本人，倘若多次无法识别，则转为人工验证。

从识别的精确度层面来看，人脸识别技术主要基于人脸关键点，取样检测，精确定位面部关键区域位置的生物特征，这些生物特征即使是经过化妆和整形也无法轻易改变，因此人脸识别技术可以保持较高的检测准确率。[①] 以浙江网商银行的人脸识别技术为例，通过与Face++平台合作开发创新的人脸识别技术融合，浙江网商银行通过高精度的服务器端识别技术加持，已经达到在94%以上的通过率，万分之一的误检率，在96%以上的通过率情况下，千分之一的误检率，未来有潜力在同等通过率条件下，将误检率再下降一个数量级，从某种意义上来说，人脸识别技术准确率甚至已超柜面人工识别。[②]

当前人脸识别技术的监管认证标准还没建立，人脸识别的相关认证数据都是由各家网络银行提供的，因此监管层对放开远程开户仍然存在顾虑。[③] 同时，正因为无法远程开户，网商银行等没有物理网点的新兴网络银行尽管已经正式开业，但目前业务模式仍然与过去的小贷公司相同，需要尽快确立一个远程开户技术认证的试行行业标准，开放小额账户先试先行，并在实践中不断完善监管要求。

(四)构建合理的流动性监管指标

传统银行的主要融资渠道是客户存款、中央银行再融资和银行间市场融资，而网络银行限于网点和品牌，存款来源不稳定，更多地依赖批发性融资。

[①] 倪楠，王敏.人脸识别技术中个人信息保护的法律规制[J].人文杂志，2022(2)：11.

[②] 岳敏.我国互联网民营银行现状及发展建议——基于浙江网商银行和前海微众银行的对比分析[J].全国流通经济，2018(1)：3.

[③] 苑思怡.人脸识别科技应用的法律规制[J].区域治理，2022(17)：4.

美国金融危机的教训表明,批发性融资模式加大了银行体系的脆弱性,很多银行都没有预料到融资同时产生了流动性风险。因此,网络银行今后将长期面临全面强化流动性风险管理的挑战。过去常用的贷存比这一流动性管理指标,对网络银行并不适用,必然也会严重制约网络银行贷款业务领域的发展空间。我们建议构建合理的流动性监管体系,既要加强网络银行的流动性风险管理,也要促进网络银行有序开展业务。

三、对促进网络银行健康持续发展的建议

互联网是把双刃剑,用得好,它是阿里巴巴的宝库;用不好,它是潘多拉的魔盒。类似地,网络银行若发展得好,当然可以更好地释放出金融支持实体经济发展的功能价值。网络银行从本质上看仍属于银行,银行风险的隐蔽性、传染性、广泛性和突发性同样适用于网络银行,强化银行风险的监测监管,是促进其健康稳健发展的内在要求。针对网络银行这一新生事物和新兴业态,建议政策制定者要推出适度宽松的监管政策,为其创新留下足够的余地和空间。因此,应遵循"依法监管、适度监管、分类监管、协同监管、创新监管"的基本原则,坚守以保障消费者合法权益,以维护公平竞争、稳定市场秩序为根本出发点,逐步建立并完善网络银行的监管框架,科学严谨合理地界定网络银行的业务范围及准入条件,落实监管责任,促进其健康发展。

一是坚持开放、包容的监管规则和框架的设计理念。作为互联网技术与金融服务相结合的创新产物——网络银行,监管部门应当秉承开放包容与规范并重的监管理念,一方面要积极支持和鼓励创新,另一方面也要竭力防范业务风险。面向网络银行,特别是纯网络银行的发展需求以及其业务模式特点,系统修订完善现有监管框架,清除不必要的法律政策障碍,培育创新监管方法和模式,科学创设监管目标指标等等。

二是坚持监管规则的公平性,强化风险监管,杜绝监管套利。针对相同的业务服务,无论是传统银行还是新兴网络银行,监管的政策导向、业务规则和规范标准需要大体一致,要防止对不同市场主体的监管标准宽严不一,从而引发监管套利,若是针对"线上"和"线下"不同渠道业务,可以设置差异化的监管指标。网络银行并未从根本上脱离出传统银行业务的本质,同样面

临传统银行遇到的各种风险,还会面临许多特殊风险。从保护存款人利益和维护金融稳定出发,必须加强对网络银行的监管,加强部门协同形成监管合力,确保网络银行坚守业务底线和红线、合规经营、谨慎运营。

三是建立适用于网络银行的监管现场检查、非现场监测体系。现场检查主要包括制度和业务两方面,制度方面侧重于业务流程、安全策略、应急和恢复预案、人员安排、服务外包等,主要用来评估机构的风险管理体系和内部控制系统是否完备,是否与风险相匹配;业务方面主要侧重于技术风险,重点关注系统配置和性能、数据流程、交易验证、加密措施、系统口令、交易类型及复杂程度、数据完整性和保密性等,主要用来评估网络银行的系统和技术安全是否存在漏洞及其需要强化的薄弱环节。国内网络银行的非现场监测,在监测方式上可以积极主动适应其运营特点,其运用网络技术实行动态化的监测,同时构建专门路径,以一定的权限进入网络银行的后台监控以及业务系统,进而对银行的交易和操作推行实时跟踪和直接监控,从而提高监管的及时性,保证监管数据的真实性和准确性。

四是建议允许网络银行拓展以非现场方式开立结算账户并办理业务,基于账户风险等级推行差别化认证要求。首先,允许网络银行以非现场方式为客户开立结算账户并办理业务。再者,建议参考国际成熟的经验,在客户身份认证方面,根据账户风险等级的高低推行差别化认证要求,允许网络银行在坚持符合监管原则的基础上开展多样实践,包括利用指纹识别、人脸识别等新型技术,或者是引入专业第三方认证机构进行客户身份认证,并在实践中不断完善监管要求。

五是加强对网络银行流动性风险的监测和防范。[①] 一方面,尽快落实废除贷存比指标。2015年6月24日国务院总理李克强主持召开的国务院常务会议通过了《中华人民共和国商业银行法修正案(草案)》,取消贷存比约束对网络银行而言尤为重要,这是因为存款来源的不稳定将导致贷存比约束凸显,是严重制约网络银行业务发展的重要因素[②];另一方面,一些网络银行由于获取

[①] 杨肖.浅议商业银行流动性风险管理现状与应对措施[J].商场现代化,2022(7):3.
[②] 苏心仪,刘喜和.流动性和资本双重约束对商业银行风险承担的影响研究[J].华北金融,2022(4):13.

零售存款的成本高,更依赖批发性的融资来源,难免存在一定的脆弱性,需要加强对网络银行流动性风险的监测和防范,及时采用更为科学、合理的流动性监管指标,管好期限错配的风险。

第六章 互联网金融其他业态监管研究

第一节 互联网保险的现状、问题及监管研究

一、互联网保险的发展现状

我国传统保险行业的发展可以说是举步维艰，人们的保险意识确实有待提升。保险行业遗留下来的以销售为主旨的从业概念，却让整个行业都面临着诚信危机，对我国保险行业来说挑战巨大，我国金融市场会出现较长时间的冰冻期，这对保险行业无非是一枚重磅炸弹，对我国经济增长也造成了很大的影响，特别是保险资产极易受市场波动影响，由于我国保险公司较多，保险公司之间的竞争较大，从而导致了保险负债成本上升，对于保险行业的发展更为不利。相较于传统保险行业，互联网保险却在蓬勃发展，互联网保险成为宠儿，互联网保险运行特点主要表现在以下三个方面。

（一）电商平台模式蓬勃发展

电商平台模式主要包括电子商务企业主导的综合电子商务平台和保险中介主导的垂直电子商务平台两种类型。近年来，各类保险企业加速了互联网保险市场的布局，各类电子商务网站将互联网保险作为惠及客户的增值服务，加快与保险公司合作或申请保险销售代理公司。和讯网上线的"放心保"，成为首个互联网媒体保险电子商务平台，外资寿险友邦保险进军天猫商城，其

他各大互联网平台也在申请保险代理牌照来分羹。其中，苏宁云商率先取得了保险代理牌照，成为我国首家具有全国专业保险代理资质的商业零售企业。紧随其后的是安盛天平，主要定位是网络车险。安盛天平是行业第一家网络直销保险企业，至今为止国内已经有六十多家险企开通了官网销售保险功能，中国人寿和中国太保等四家保险企业，也成立了保险电商公司。[①]

（二）纯互联网保险公司迅速崛起

平安保险、阿里巴巴平台、腾讯等都上线了在线保险产品，联合成立了众安在线财产保险公司，这是中国第一家，也是全球第一家纯网络保险公司，产品涉及企业、家庭财产保险以及货运、责任等小险种，众安保险公司目前业务的发展比较顺利，后续还推出了"乐业保""众乐宝"和"参聚险"等互联网保险产品，互联网业务的发展给保险行业带来了全新的空间。[②]

（三）互联网保险产品创新活跃

互联网保险秉承"开放、平等、协作、分享"的互联网精神，开发出很多亲民化的互联网产品，产品设计更加碎片化、门槛更低、覆盖面更加广泛，针对不同的需求定制不同的产品，满足经济社会发展多样化的保障需求。例如，泰康人寿与微信合作推出的首款微信保险，使用微信支付1分钱可获得80万元的"春运保险"。信泰保险推出的"壹保险"具有起购点低、保障全面、参与形式灵活等特点，可以较好地满足互联网长尾用户对人身安全和健康保险保障的个性化需求。众安保险推出"百付安""消保履约保险""网购退货运费损失保险""数码产品意外损坏保险""互联网个人消费信用保险"和"参聚险"等产品，并在夏季推出应景产品"37℃高温险"。此外，还有相关险企推出"求关爱"（疾病险）"娱乐宝"（理财型保险）"吃货险"（健康医疗险）等产品。可想而知，未来互联网保险产品将更加贴近生产生活，创新将更加活跃。

二、互联网保险的主要风险

互联网保险没有规避传统保险的风险特征，反而催生出一些新型风险，

---

① 王烁.影响互联网保险保费增长的因素[J].科技经济市场，2019(2)：2.
② 张澳香，耿西亚.互联网保险的发展现状及分析——以众安保险为例[J].安徽警官职业学院学报，2020，19(3)：4.

对于这些风险需要重点关注和防范。

(一)销售误导风险

互联网减少了中间环节,使公司能更好地围绕消费者需求设计、销售保险产品。但其在营销过程中,往往会用网络化的语言进行宣传,抢抓客户眼球,目的在于吸引人们买保险,但由于整个互联网保险行业缺乏有效监管,内生变量信息不对称导致了道德风险的产生,带来的副作用就是容易掩盖产品的本质,对消费者形成误导。例如,一些互联网保险产品,在宣传页面中看不出是保险,他们以理财的方式出现,号称是保本保底,对收益进行一定程度的费用扣除,退保会有损失但是没有明确的说明,监管部门出台的标准和要求他们也没有按照规定进行利益给付,这种理财型的保险与银行的存款产品对比,客户并不明白其中的差别,一旦出现资金波动的问题,消费者很难接受,产生上当受骗的感觉,所以亟须规范互联网系统市场。

(二)业务创新风险

在互联网保险快速发展的背景下,产品及业务创新异常活跃,在利益驱使和监管滞后的背景下,部分业务创新或产品创新可能违背相关法律法规或有损社会利益。众安在线保险公司进行了业务创新,他们联合银行开发了虚拟信用卡用于个人消费保证保险,但推出之后又马上被叫停,因为这与保险的原理是违背的。还有一些带有博彩性质的保险"中秋赏月险""雾霾险""熊孩子险"等,这些产品带有很强的博彩性质,属于伪创新产品,既缺乏持续经营的基础,也容易对市场形成冲击。

(三)信息安全风险

作为互联网保险的载体,互联网在为保险公司提供便捷服务的同时,也由于自身的脆弱性,容易带来安全技术风险及衍生风险。互联网保险在线交易,身份识别、安全认证、数据传输在网上进行,容易形成风险敞口,包括计算机病毒传播、电脑黑客攻击、金融钓鱼网站、客户资料泄露、客户信息被不法盗取或篡改等风险,对数据安全性、交易可靠性形成了威胁。

(四)欺诈风险

欺诈是保险行业中的重要风险之一,而互联网保险的欺诈行为显得更加隐蔽和严重。本身保险行业就存在欺诈的问题,尤其是国内的保险行业屡次爆雷，互联网保险更是频频爆发问题。除了在线保险公司的问题，也有骗保的问题，出现了职业骗保师，让行业极难监管，除了骗赔也有被保险人骗保的情况，有些被保险人明明条件不符合保险公司的要求，不履行如实告知义务，还故意制造假证明和手续，没有说明真实情况，且保险公司也没有进行深入调查导致出现了诚信纠纷，骗保骗赔花样翻新等等，这些违背诚信道德和法律的行为对保险业的发展已造成了严重的损害。

三、互联网保险监管的现状

从当前监管实践来看，互联网保险监管主要表现为"三个不适应"。一是对传统的保险监管体系不适应。传统的监管体系以线下分区域监管为基础，容易画地为牢，难以应对互联网统一市场、快速变化的特性。二是对现有的保险监管法律法规不适应。一方面，监管法律法规已无法完全覆盖互联网保险业务，存在监管真空地带；另一方面，部分监管法律法规不适用于互联网保险业务的发展，成为发展的障碍。三是对监管手段不适应。传统保险监管主要采用现场监管与非现场监管相结合的方式，其中现场监管重在机构，对于弱实体化的互联网保险，缺乏相应的着力点。非现场监管则以各公司定期报送的数据为基础，缺乏对互联网保险企业的持续跟踪，时效性差，应变也不够及时。

基于上述问题，根据形势的发展变化，银保监会成立了互联网保险监管领导小组，研究监管政策、鼓励创新发展。银保监会在广泛听取意见、平衡各方利益的基础上，为规范互联网保险业务经营行为、保护保险消费者合法权益、促进互联网保险业务健康发展，抓紧制定了互联网保险业务监管规定，重点推动创新发展、防控业务风险。[①]

四、互联网保险监管的政策建议

（1）完善监管法律法规。要及时修订《中华人民共和国保险法》，使创新性互联网保险业务具有法律依据。同时，在此基础上，从发展全局出发加快制

---

① 阚风华.浅析互联网保险的法律风险[D].华东政法大学，2016.

定配套法规，建立较为系统的互联网保险法规体系。针对互联网保险的特点及风险成因，充分考虑发展趋势，制定相应的监管规定，推动法律法规落地。①

(2) 以行为监管为重点。互联网技术的应用，突破了场地、区域的限制，推动保险监管从传统的机构监管向行为监管转变。监管机构应更关注监测过程，评估可能产生的影响、导致的结果等，从而推动公司和相关主体不断优化流程、改进行为。在行为监管的同时，应加强对创新性业务的监管，及时取缔带有较强博彩性质的伪创新保险产品，维护保险市场秩序。②

(3) 坚持公司监管和平台监管并重。保险产品的开发、销售策略的制定、理赔给付义务的履行等，归根结底还是由保险公司承担主要责任。保险公司是源头，要作为监管重点。同时，第三方平台的兴起大大提高了客户的可用性，进而推动保险公司创新产品设计，改变核保理赔流程，因此也应加强对平台组织运作的研究，以平台为出发点，做好在线监管。③

(4) 强化监管的技术支撑。保险业天生是一个依赖数据的行业，它将个体风险转移、分散，使其由群体承担。损失发生概率、可能损失额、用户数量等，都需要大量数据和精确测算支撑。大数据和云计算技术应用，提升了保险业的精算能力和水平，也为精细化监管奠定了基础。例如，可以实施全流程监管，一旦发现平台出现违规，应及时予以屏蔽并自动为客户推送相关风险提示。又如，可以根据客户过往的互联网消费记录，对客户的风险偏好进行适当归类，一旦客户购买行为严重偏离，自动将其纳入重点核保对象。通过对客户经验数据的分析，避免产品错配，确保"把合适的产品卖给合适的人"④

---

① 何启豪，张俊岩.再互助化的兴起与衰落？——网络互助的法律性质与监管应对分析[J].经贸法律评论，2022(1)：16.
② 苟菁.2021年互联网保险监管新规及法律合规风险探讨[J].保险理论与实践，2021(3)：6.
③ 宋占军，侯怡冰，燕令葭.互联网保险乱象迎监管"重拳"[J].金融博览，2021(18)：3.
④ 崔瑶，丁凯丽.科技赋能背景下互联网保险发展研究[J].合作经济与科技，2022(2)：3.

第六章　互联网金融其他业态监管研究

第二节　互联网征信的现状、问题及监管研究

一、互联网征信的发展现状

在互联网时代，征信业的发展出现了一些新的特征。

第一，互联网征信活动日益频繁。随着互联网金融业务规模的快速增长，互联网征信活动也日益频繁，其主要体现在四个方面：一是以阿里巴巴为代表的电商平台，对用户在网上交易的行为数据进行了采集、整理、保存、加工，将这些数据提供给阿里小贷或与其合作的商业银行，再经过深度挖掘和评估，形成了对客户的风险定价，用于信贷审批决策[1]；二是以宜信、陆金所为代表的较大型的网络贷款平台自建客户信用系统，用于自身平台撮合的投融资业务中；三是以网络金融征信系统、小额信贷行业信用信息共享服务平台为代表的同业信息数据库，通过采集网络贷款平台借贷两端客户的个人基本信息、贷款申请、贷款开立、贷款还款和特殊交易等信息，向加入该数据库的网络贷款机构提供查询服务；四是以北京国政通科技有限公司为代表的互联网大数据公司，通过收集、整理、保存来源于第三方的互联网数据，运用分析模型和信用评分等技术，形成符合客户需要的征信报告、评级报告等产品，提供给第三方客户。

第二，互联网征信平台初具规模。当前，我国主要出现了两大互联网征信平台：一是由中国人民银行征信中心控股的、上海资信有限公司开发的网络金融信息共享系统。上海资信微信公众账号发布的最新数据显示，截至2018年9月30日，NFCS（网络金融征信系统）累计签约机构957家，报数机构累计415家。NFCS系统共收录自然人13 414 274人，其中有信贷记录的自然人4 548 149人，累计信贷账户总数为11 958 760笔，累计信贷金额2 438亿

---

[1] 钟蓉蓉.阿里主动性公关案例应用分析研究——以"钉钉"、"蚂蚁金服"为例[J].公关世界，2021.

元，累计成功入库记录数24 172万条。① 二是北京安融惠众征信有限公司创建的小额信贷行业信用信息共享服务平台，为P2P、小贷公司、担保公司提供行业信息共享服务。小额信贷行业信用信息共享平台会员机构已经达到405家，会员间信用信息共享查询量已达日均9 000余件，有信用交易信息记录的自然人信息主体数量突破100万人。②

第三，互联网征信机构开始涌现。随着互联网行业的发展，大量互联网征信机构也开始涌现出来，根据统计数据不难发现，当前国内共有中国人民银行征信中心及其他七十余家社会征信机构。

二、互联网征信存在的主要问题

互联网征信虽然处于起步阶段，但商业化应用前景广阔。当前，互联网征信主要存在以下几个问题。

(一)法律问题

《征信业管理条例》使征信业摆脱了无法可依的状态。当前，已初步建立了以国家法规、部门规章、规范性文件和标准为主体的多层次征信业制度体系，但还不足以构成较为健全的法律法规体系，尤其缺少高层次的全国人大制定的征信法律支撑，例如《社会信用促进法》《个人信用信息保护法》等。

(二)信息标准和共享问题

(1)信用信息标准欠缺。自从中国人民银行启动征信标准化建设之后，相继制定和发布了《征信数据元数据元设计与管理》等五项金融行业标准，但并没有完成征信标准化的建设工作。互联网征信具有与传统征信完全不同的特点。当前，缺乏互联网金融个人和企业网络信息采集标准、信用报告格式规范、征信服务标准等，制约了互联网征信机构利用信息技术提高信息采集、加工和应用的效率。

(2)信息共享机制不完善。信息共享是互联网行业的一个关键问题，因为互联网整个行业的发展依托的都是大数据和信息，所以需要进行数据和信息

---

① 蔡恩泽. 接入征信系统，超八成网贷平台面临"生死劫"[J]. 环球财经，2019(10)：1.
② 王奇. 良好的信用是一笔财富——对话北京安融惠众征信有限公司总经理常胜[J]. 投资与理财，2014(2)：2.

第六章 互联网金融其他业态监管研究

的共享。一方面,不同的部门无法在信息不公开的情况下进行信息共享,导致出现了部门或者行业垄断的问题;另一方面,互联网金融数据因为与企业核心竞争力密切相关,所以不能够强制要求各个企业进行数据和信息共享,而要以鼓励和激励的方式,促进共享机制的完善,打通传统征信机构和互联网征信机构线上和线下之间的信息壁垒。

(三)风险问题

(1)法律风险主要表现在两个方面:一是部分企业并未获得征信业牌照而从事征信业务,很多企业所从事的业务都是非法的征信业务,或将合法的征信业务用于非法的业务。二是互联网征信活动本身也有违法特征存在,例如芝麻信用引进人工智能机器学习平台,模拟人的思维和逻辑系统,调用和用户有关的经济活动信息、数据,以周密的数据征集和严密的数据分析,排除人为判断的弊端。但这些信息和数据的调用是有条件的,不是随意、随机的调用,其对个人的信用情况进行分析和预测,以判断个人是否存在违约欠款的风险,帮助阿里巴巴旗下的金融机构和其他有业务合作的各个机构进行相关的信用管理工作,以更好地规避业务风险。但这个过程中黑名单和白名单的存在,会触及个人隐私。[1]

(2)信息容易泄露。互联网征信对互联网及技术的依赖度更高,面临的信息安全风险更加严峻。这主要表现在:一是通过互联网采集、传输和提供网络征信服务,容易受到网络黑客和病毒攻击,一旦信用信息被非法访问、截取和篡改,信息系统将遭到不可逆的破坏性影响,将对个人隐私和客户权益保护构成重要威胁,而且网络风险的扩散性和破坏性更大。二是很多互联网平台本身并不具备技术优势,这种脱离第三方做征信系统的平台一般将数据库防护网建设外包给其他技术公司,从而存在外包公司人员泄露信用信息的风险。三是商业化的个人征信机构才刚刚起步,对信息安全体系建设和风险防控的经验相对不足,应急管理能力亟待加强。例如,支付宝被爆出其前员工盗卖20G海量支付宝用户信息,并有偿出售给电商公司、数据公司。

---

[1] 张思梅.我国互联网消费金融个人征信体系建构[J].吉林金融研究,2022(3):4.

(四)监管问题

(1)监管压力和挑战较大。《征信机构管理办法》虽然对征信机构的设立、管理和处罚做了详细规定,但是对于互联网征信机构及业务的监管还处于探索阶段。一方面,我国互联网征信业才刚起步,互联网征信机构还处于前期审批阶段,互联网征信业暂时游离在监管之外,随着监管的跟进,互联网征信可能暴露出很多新问题,传统的金融征信监管的现场检查和非现场检查手段在监管互联网征信时可能失效。另一方面,互联网征信的监管不仅仅需要征信业务专业人才,还需要精通计算机、网络通信等的业务人员,这不仅需要加大对征信监管人员的教育培训,同时需要招收和引进既懂征信又懂技术的复合型人才。[①]

(2)信息主体权益保护力度较弱。信息主体的权益保护主要对个人隐私权和商业秘密的保护。当前信息主体权益保护主要存在以下问题:一是互联网征信机构非法或过度采集和使用个人信息。在互联网环境下,个人信用信息的采集、共享和使用与信息主体权益保护存在一定的冲突。例如,互联网征信机构可能在信息主体不知情的情况下,完成个人信息的采集,甚至以其自身的强势地位,在用户注册时强制采集用户的个人信息。二是互联网征信机构的信息安全漏洞导致信息泄露,给消费者带来损失。三是互联网征信机构由于内控不严,出现内部人员非法向外部机构或个人泄露客户隐私,或互联网征信机构故意贩卖客户信息以牟取非法收益的现象。[②] 在当前在互联网征信监管还比较薄弱的环境下,这些情况均有可能发生。

(3)缺乏行业自律组织。当前,我国征信业缺乏相应的行业自律组织,一方面,由于长期以来我国征信业处于无法可依的状态,大多数社会征信机构游离于监管之外,而信用评级机构,根据服务市场的不同分属中国人民银行、国家发改委和证券会等不同部门监管。[③] 另一方面,由于我国征信业发展相对滞后,征信机构和征信市场发育不足。随着《征信业管理条例》《征信机构管理办法》的出台,以及个人和企业征信牌照的发放,未来征信业必将步入规范、

[①] 李冠华,丁治同.全球四大征信机构业务运营特点及启示[J].北方金融,2022(2):5.
[②] 张婷.对互联网金融征信现状及发展前景的探讨[J].时代金融,2022(5):3.
[③] 姚进.积极稳妥推进个人征信机构准入 管好用好经济身份证[J].2021.

快速发展的轨道,建立行业自律组织的必要性越来越明显。从国际经验来看,行业协会在促进从业人员教育培训、业内交流、行业技术标准制定、行业自律、维护行业利益等方面,发挥着重要作用。

(4)失信惩戒机制乏力。在传统信用文化中,信用是作为一种美德,而不是商品,仅仅通过道德来约束失信行为,既难以建立诚信社会,也不能体现信用的真正价值。互联网金融服务中,对失信者的惩戒措施和手段比较少,阿里巴巴通过电商内部通告或关停网店等方式进行惩戒,网络征信平台一般通过黑名单进行惩戒,这些手段的惩戒力度都比较弱。由于绝大多数互联网金融企业未加入中央银行征信系统,因此个人或企业的失信行为并不影响其通过传统金融渠道进行融资,也不影响其享受其他公共服务,这必然会增加网络借贷的投机风险和信用风险。在缺乏失信惩戒机制的情况下,信用市场上必然表现出"格雷欣法则"现象,守信者被失信者驱逐,这极不利于互联网征信、互联网金融业的发展。

三、互联网征信监管的政策法律建议

(一)健全法律法规体系

《征信业管理条例》和《中华人民共和国政府信息公开条例》初步构成了我国社会信用体系的法律基础,但还不够,还需要一系列相应的法律法规,一是及时出台有利于社会信用发展和信息保护的法律条款,例如《社会信用促进法》和《信用信息保护法》,在国家立法的层面上指导互联网征信行为,让信息采集合法化,保护公民的隐私权。二是围绕《征信业管理条例》,制定相关的配套规章制度,如尽快出台《个人和企业征信业务管理办法》,完善金融管理制度。

(二)完善信息标准和共享机制

(1)建立信用信息标准。首先,从国家层面研究制定信用信息标准规范,由中国人民银行、国家发改委等相关部门牵头制定全国统一的信用信息采集和分类管理标准,支持相关部门和行业以国家标准为准则,建立部门和行业标准,并积极推动相对成熟的征信业标准通过相关程序上升为国家标准,为依法实现跨部门、跨行业的信息交流与共享提供技术保障。其次,建议由中国人民银行制定金融信用信息基础数据库、用户管理规范和征信业的信息安

全规范标准，建立统一的信息主体标识规范、征信基本术语规范和接口标准。此外，根据互联网征信特点，对相关标准进行维护和扩展，提高标准的适用性、科学性和有效性。最后，支持互联网金融龙头企业根据互联网征信的特征制定自身信用信息标准，支持成熟的企业标准上升为行业标准，甚至国家标准。

(2)完善信息共享机制。互联网信息共享机制需要完善。近两年，我国开展了金融领域的强势洗牌，市场资金的流动性比较紧张，金融企业爆雷的数量和规模不断增大，也让投资者的信心开始遇冷，大量投资者开始从平台上流失，有些平台甚至已经无法融资了。① 2020年上半年我国金融监管非常严格，金融行业损失惨重，2020年4月份银保监会颁布的通知中规定，不能获得金融牌照的平台不得参与互联网资管业务。互联网金融企业可以借助上海资信公司开发的网络金融征信系统，建立与金融信用信息基础数据库存在映射关系的互联网金融征信系统，并将其作为中国人民银行征信系统的子系统，支持第三方机构的发展，开发互联网金融征信平台，并对其进行完善。一是探索将符合条件的互联网金融企业接入中国人民银行征信系统。当前P2P公司缺乏监管，发展良莠不齐，宜采取"成熟一家，接入一家"的方式，将其有选择地接入中国人民银行征信系统。电商网络小贷可以按照线下小贷公司接入征信系统的经验进行处理。二是支持互联网金融征信平台建设。当前可借助上海资信公司开发的网络金融征信系统，建立与金融信用信息基础数据库存在映射关系的互联网金融征信系统，并将其作为中国人民银行征信系统的子系统。同时支持行业自律组织或第三方机构开发互联网金融征信平台。三是进一步整合和开发散落于各政府部门的信息数据，加快推进政府公共信用信息平台建设，推进金融信用信息数据库和政府公共信用信息的对接和共享，利用国家社会信用体系建设的机遇，加强信用建设中的区域联动，促进跨区域信用信息资源的开发、利用和共享。

(三)加强互联网征信监管

(1)夯实互联网征信监管基础。一是加大对征信监管人才，尤其是具有技

---

① 刘春丽.我国P2P网络借贷风险及监管对策研究——基于近期P2P平台"暴雷"事件[J].经营者，2019，33(3).

第六章　互联网金融其他业态监管研究

术和经济金融复合型专业背景的人才的引进力度,不断充实监管队伍。同时在计算机、网络通信等方面加强对已有监管人员的知识培训,提高监管者的专业能力。二是建立和完善现场检查和非现场检查等多样化的监管方式和手段,加强对征信机构的合规性监管。同时,中国人民银行作为征信业主管部门,要加强与改革、工商、证监等部门的监管协同。

(2)加强信息主体权益保护。应明确互联网金融征信的数据采集方式、范围和使用原则,建立互联网金融企业信息采集、使用授权和个人不良信息告知制度,加强数据安全防范,同时完善内控制度。应加强对信息主体权益的保护,强化部门间合作,建立多渠道的个人信息保障与救济机制,受理并及时处理信息主体的投诉,完善异议处理和侵权责任追究制度。

(3)探索组建行业自律组织。行业自律尤其重要,建议设立专门的互联网征信委员会,用于信息集采和信息应用监管。短期能够依靠互联网金融协会设立的互联网征信专业委员会,这样能够保证互联网征信行业的短期健康、稳健发展。长期发展还是要搭建征信机构与政府职能部门之间的关系平台,在信息共享的同时,要求政府部门进行监管。

(4)强化失信惩戒机制。失信行为应是整个金融行业共同抵制的违法行为,所以信息数据共享的关键就在于失信惩戒。在互联网金融管理方面,无论是哪方面的失信和违约都需要受到惩戒,在法律允许的范围内,要建立互联网融资黑名单,上了黑名单的人必须要为自己的行为负责,行业要对其进行披露,应实施金融、行政、司法的联合惩戒,严重者则需要追究其刑事责任。[1]

(四)加大互联网征信支持力度

(1)培育专业化的数据公司。从国际经验来看,欧美征信业的专业分工比较明显,征信机构在发展初期,通常专注于数据搜集和前期处理,而将数据挖掘和数据分析等工作交给专业化的数据公司。互联网征信采集的数据依赖先进的大数据、云计算等技术,在发展互联网征信机构时,需要鼓励和支持

---

[1] 曾海舰,林灵.期限错配与互联网融资暴雷风险——来自P2P期限拆标的经验证据[J].金融论坛,2022,27(6):10.

发展专业化的数据公司。一方面,要支持百度、阿里巴巴和腾讯等拥有大数据和技术基础的大型互联网企业开展数据挖掘和信用评分服务;另一方面,要鼓励和支持相关企业与国外先进公司开展业务合作。

(2)构建政策支持体系。应从政策上大力支持市场化征信机构,通过采集和利用互联网个人和企业的行为数据,开展商业性征信系统开发和应用。各级政府和金融管理部门应从培育征信机构、引导征信产品和服务升级创新,推动征信市场发展。一是从税收减免、财政奖励、人才政策和数据库建设等方面支持互联网征信机构发展。支持有大数据基础、有实力的互联网企业积极申请互联网征信业牌照或设立专业化数据公司。同时,鼓励民间资本进入征信领域,优化市场结构,引入竞争机制,提高行业的整体运行效率。二是通过专项奖励资金等方式支持互联网征信机构合理运用大数据、云计算等信息技术,拓展信息来源,挖掘数据资源,加大产品服务创新力度,支持其开展多样化、多场景的征信服务。

第三节 互联网理财的现状、问题及监管研究

一、互联网理财的发展现状

互联网理财发展至今,还处于繁荣时期,虽然一些理财平台、网络贷款平台已被清缴了,但真正的大平台还是以惊人的速度在发展。例如阿里巴巴的余额宝,取得了很大的成功。阿里巴巴尝到了甜头之后,腾讯、百度也开始涉足互联网理财,虽然其理财产品的规范程度和多样化不及余额宝,但是发展的速度也非常快。自余额宝搅动互联网金融这一池春水后,无论是基金公司、电商还是基金第三方销售机构、银行,都开始发售各种互联网金融理财产品。[①] 现如今,互联网金融已进入理财产品爆发式增长阶段,电商、搜索

---

① 腾讯理财通、国家金融与发展实验室课题组,唐嘉伟.中国互联网理财市场:行为、风险与对策——互联网理财指数报告(2019)[J].金融论坛,2020,25(8):7.

网站、门户网站、基金公司、银行等都相继踏入这一领域。

二、互联网理财的主要风险

(一)投资风险

投资者在进行金融投资理财时,应当正确认识金融产品的风险水平和风险特征,并根据自身情况,进行合理的资产配置。投资风险是金融投资与生俱来的基本特点,管理投资风险并不是要消灭投资风险,而是要让投资者对投资风险有正确的认知和预期,并根据自身风险承受能力和意愿来进行资产配置。[1] 对于互联网理财来说,投资风险主要来源以下几个方面。

(1)投资标的本身的风险。这种风险取决于投资标的本身,与传统理财是相同的。

(2)宣传不当,销售误导。一些从事互联网理财的企业为了吸引投资者,往往会片面强调"高收益、低风险",完全或者基本没有风险提示,在产品介绍中往往会刻意忽略甚至隐瞒重要的信息,容易给投资者造成误导。

(3)投资者适当性。金融产品在销售过程中必须要考虑投资者的风险承受能力,对于复杂的、高风险的投资产品,应制定法律明确规定只有具备相应风险识别和承受能力的投资者才能参与,如法律规定股权众筹的投资者就必须非常熟悉股权众筹且经济实力比较强,并对购买量有一定限制,一些从事互联网理财的企业为了提高交易量,有可能不顾客户的风险以超高收益吸引客户。

(二)流动性风险

互联网理财领域的流动性风险威胁主要来自基金产品。当市场或者基金发生突发事件,如黑客攻击、大量用户账户被盗、发生重大投资损失等,基金投资者可能发生恐慌性赎回,当赎回份额过多时,基金管理人可能无法变现,无力兑付投资者的赎回分额。这种风险在传统理财模式下也同样存在,只不过互联网理财所涉及的客户规模大,加上互联网的传播效率更高,相对

---

[1] 许薇,韩晏如,翟慧敏.互联网金融理财产品大学生投资行为特征及其需求影响因素研究[J].经济研究导刊,2022(13):3.

而言流动性风险会更高一些。①

(三)操作风险

和其他的互联网金融业务模式一样,互联网理财也是依托互联网开展业务的,在开放的网络环境下,也可能会遇到黑客攻击、个人信息泄露、账户资金被盗、服务中断等风险。特别是互联网理财所涉及的人群规模大,所包含的客户信息更加敏感,如客户的信用卡、个人金融资产信息,一旦发生泄露,造成的危害也大。② 其实互联网理财收益虽然可观,但是操作风险也比较明显,例如基金净值估值的不合理或者偏离较大,这时候操作风险就会发生,补仓或者赎回都存在一定的风险,无法保障金融消费者的利益。

(四)法律风险

与其他互联网金融业态相比,互联网理财更多是通过互联网渠道销售传统金融模式下已存在的金融产品,或对传统金融产品进行改良,相对而言法律风险并不是很高,其主要的法律风险来自以下几个方面。

(1)未取得相关经营资质。例如,销售基金产品需要从证监会获得相应的许可,一些互联网理财平台在未获得相关资质的情况下,就开展基金销售业务,涉嫌违规经营、超范围经营。

(2)违规公开销售私募产品。例如,按照现有的监管规定,信托计划、私募基金等属于私募类产品,不允许向不特定对象公开宣传募集,但一些互联网理财平台在实际操作中出现了违规公开销售私募产品的情形。

(3)销售误导引发法律纠纷。一些互联网理财平台在金融产品销售过程中存在销售误导行为,如对保险产品的描述类似存款类产品、隐瞒或忽略重要的合同条款等,一旦发生风险损失或保险公司拒赔,可能引发投资者与理财平台和金融产品提供者之间的法律纠纷。

(4)违背信托责任。一些理财顾问或资产管理者违反对客户的信托责任,甚至通过损害客户利益为自己谋取私利,典型行为是基金经理"老鼠仓"行为。

---

① 方芳,陈宸.商业银行同业资产缺口的边际风险研究——基于互联网理财的视角[J].广东社会科学,2021(1):10.
② 周雷,侯玉凤,夏盼.新时代互联网理财投资者行为画像与风险探析[J].科技创业月刊,2021,34(6):5.

(5)市场操纵。互联网传播效率非常高,一些人可能会利用互联网散播虚假消息,以达到影响和操纵证券市场价格的目的,这种行为已涉嫌触犯《中华人民共和国刑法》规定的"操纵证券、期货市场罪"。

三、美国对互联网理财监管的实践

美国将互联网理财纳入美国现有的证券、银行及金融市场监管体系中,分别由不同的监管机构来负责监管。由于互联网理财所涉及的业务和机构复杂,相应的监管主体分工和监管政策也极为复杂,美国证券交易委员会在互联网理财监管中发挥着核心作用。在具体的监管政策方面,美国已形成包括行业准入、从业人员要求、经营行为规范、金融消费者保护等各方面的制度体系。

(1)金融消费者保护。金融危机期间暴露出金融机构在销售复杂金融产品过程中有销售误导、信息披露不充分等问题,《多德-弗兰克华尔街改革和消费者保护法》特别强调了,对金融消费者的保护,成立了CFPB(美国消费者金融保护局),专门致力于金融消费者保护,以保证消费者在购买金融产品时,不受隐性费用、欺骗性条款和欺诈行为等侵害。

(2)投资者适当性原则。适当性是美国对金融产品销售监管的核心原则之一。美国金融业监管局规定,所有注册会员在为客户进行交易或者向客户推荐证券时,必须考虑客户当前的状况和需求,确保产品适合投资者。

(3)集体诉讼制度。在集体诉讼制度下,金融消费者可以将众多的小额债权合并在一起,由一个或者数个原告代表所有受害者提起诉讼,这使得大量小额债权也能通过司法程序得以实现,不仅有利于保护大量普通投资者,也能对侵害大众利益的违规者形成有效的威慑。[1]

四、中国互联网理财监管的现状

目前,我国对互联网理财的监管纳入现有的监管框架内,采取分业监管

---

[1] 毛立琦.论中国式证券集体诉讼的功能定位[J].南京大学学报:哲学.人文科学.社会科学,2022,59(1):11.

的模式，以证监会为核心进行监管。由于互联网理财较多涉及证券投资业务，监管的主要法律依据是《中华人民共和国证券法》《中华人民共和国公司法》等。

在证券方面，国务院出台的《证券公司监督管理条例》确定了证券公司的监管框架。证监会出台的《客户交易结算资金管理办法》《证券业从业人员资格管理办法》等规章，明确了证券公司的运作要求。此外，中国证券业协会、中国证券登记结算有限责任公司、上海证券交易所、深圳证券交易所等，也就证券公司具体经营规则做出了规范。其中，中国证券业协会出台了《证券公司开立客户账户规范》，明确了证券公司可以通过互联网等非现场方式为客户开立证券账户，为网络证券的发展提供了可能。中国证券登记结算公司出台的《证券账户非现场开户实施暂行办法》，对证券公司通过见证开户、网上开户等非现场方式进行开户做了规范性要求。

在基金方面，证监会出台的《证券投资基金管理公司管理办法》《证券投资基金运作管理办法》《证券投资基金信息披露管理办法》和《证券投资基金销售管理办法》等确立了基金运作和销售监管规则。《证券投资基金销售管理办法》明确了基金销售机构的准入要求，以及支付结算、宣传推介、销售费用等方面的要求，其中提到了投资者适当性要求，允许基金销售机构通过互联网进行基金推介和销售。

在资产管理方面，证监会出台的《证券公司客户资产管理业务管理办法》《证券公司集合资产管理业务实施细则》《基金管理公司特定客户资产管理业务试点办法》等明确了证券公司、基金公司开展资产管理业务的准入和运作要求，其中也提到了投资者适当性要求，对合格投资者设定较高的投资门槛要求，并设定了较为严格的集合资产管理业务投资人数限制。

在投资顾问和基金评价方面，证监会出台的《证券投资顾问业务暂行规定》《证券投资基金评价业务管理暂行办法》等也规范了证券投资顾问、基金评价等业务的准入和运作要求。

从总体上看，现有的互联网理财监管体系已经基本完备，具体监管政策方面仍然存在一些不足。首先，分业监管的模式难以适应互联网理财打破不同业态边界、不断创新融合的发展趋势，导致既有监管盲区出现，又有监管限制过严、不利于创新发展的地方。其次，尽管在证券、基金等领域一定程度上放开了通过互联网开展业务的限制,但现有规则中,仍然有很强的线下操作模式痕迹,难以适应互联网业务模式的需要。最后,现有的部分业务(如资产管理业务的投资)门槛过高,不利于普通投资者获得优质的金融服务。

五、对互联网理财的监管建议

互联网理财与直接融资市场密切相关,互联网理财对于促进中国多层次资本市场发展、普及金融理财服务、增加居民财产性收入、提高社会养老保障水平有重要的意义,在监管政策上应积极支持和鼓励互联网理财的创新和成长。[①] 对于互联网理财可能出现的风险,应当通过完善监管规则和加强行业自律的方法加以解决。

一是鼓励新型集体诉讼制度。应试点设立创新型互联网理财机构,如网络证券、网络基金、网络资产管理公司等,为长尾用户提供低门槛、便利的投资理财服务。

二是鼓励互联网理财的创新实践。应进一步放宽客户在网上开立投资理财账户的限制,允许不同类型的金融业务和机构跨界融合,激发金融市场的创新活力。允许和鼓励投资者通过互联网有效地进行全方位、多元化的资产配置,分散投资风险。

三是坚持底线思维。应就明确非法证券活动、非法集资等红线和边界,加强对系统性、区域性金融风险的防范,保护金融消费者的合法权益,从总体上确保互联网理财在健康发展的轨道上。

四是加强信息披露和对金融消费者的保护。强化互联网理财业务开展过程中的信息披露要求。加强投资者教育,确保投资者能够正确理解和承担相应的投资风险,预防和打破"刚性兑付"的思维定式。在金融产品销售过程中,进一步强化投资者适当性制度。对于违法违规行为,引入集体诉讼制度,保障普通投资者的合法权益。

五是加强行业自律。在现有的中国证券业协会、中国证券投资基金业协会、中国证券登记结算公司、上海证券交易所、深圳证券交易所等行业自律

---

① 闵诗筠.金融知识影响家庭互联网理财参与度的实证分析[J].金融纵横,2022.

组织的基础上，进一步强化此类行业自律组织在互联网理财方面的管理职能，扩大会员范围，加强对会员的监督和指导，逐步统一行业标准，促进互联网理财的规范运作。

第七章　互联网金融若干特殊风险分析

第一节　互联网金融的混业风险分析

互联网金融有"跨界"和"混业"等特征,如果仅仅对互联网金融进行分业监管,难以有效防范互联网金融的混业风险,因此需要对其进行单独研究,并在互联网金融监管体系设计中予以考量。

一、互联网金融混业的表现形式

互联网金融的"混业"表现形式主要体现在互联网交叉性金融产品、互联网金融服务平台和互联网金融控股集团三个层面。

(一)互联网交叉性金融产品

在互联网金融产品上,出现了交叉性的金融产品,也就是互联网金融混业模式,以阿里巴巴的余额宝、现金宝、娱乐宝为例,产品涉及第三方支付、货币基金、保险和存款,这就属于混业经营。[①]另外已被叫停的虚拟信用卡业务涉及了第三方支付和银行信用卡业务。

(二)互联网金融服务平台

所有交易都以支付为基础产生,支付连接了交易方和用户,所以支付可

---

① 谭晓萌.大数据时代互联网金融的风险防控[J].现代商业,2022(3):3.

以掌握各种交易服务的需求，因此支付宝或者微信都具备了互联网金融服务的特质。其利用基础支付的方式，在支付过程中聚集大量用户，拓展了金融服务业务的领域，例如，阿里巴巴利用支付宝具有的资金支付结算功能，延伸出余额宝、小额贷款、保理与担保等产品和业务，并建立起招财宝基金、保险等理财销售平台，现在又欲向互联网征信业务拓展；腾讯利用第三方支付平台，推出覆盖基金、股票、保险三个类别的投资理财内置应用"理财汇"，并延伸发展出"理财通"、小额贷款等产品和业务。此类价值链的延伸模糊了传统金融机构的业务边界，使业务流程更趋复杂化，并对传统监管方式提出了挑战。

(三)互联网金融控股集团

互联网金融控股集团的混业态势非常明显，例如，社交网络巨头腾讯持股众安保险(持股15%)，发起设立深圳前海微众银行(持股30%)，控股财付通与财付通网络金融小额贷款公司，参与第三方财富管理公司"好买财富"的B轮投资，以及"人人贷"母公司"人人友信集团"的A轮融资，已在金融领域展开全面布局。阿里巴巴的互联网金融产业发展同样迅速，其小微金融服务集团筹建完毕后，麾下将包括支付(支付宝，持股100%)、小额贷款(阿里小贷，分别持股浙江、重庆三家小贷公司20%、100%和100%)、保险(众安保险，持股19.9%)、基金(天弘基金，持股51%)、保理(商诚、商融，均持股100%)等板块，不久将发起设立网络银行，并可能成立合资券商，其互联网金融控股集团架构已初见雏形。对于金融控股集团本身我国尚未明确监管部门，而其控股的金融、准金融机构中，部分虽已明确监管部门，但监管方式仍在探讨、研究、制定中，更有部分仍存在监管部门不清晰、监管边界不明确等问题。此外，金融控股集团旗下可能拥有互联网金融服务平台这类复杂的混业模式，这使得科学度量此类风险，成为监管的一大难题。

二、互联网金融混业的风险特征

(一)法律风险

首先互联网金融由于其发展快、传播快，所以经常会游走在法律的边界，尤其是对于用户的信息采集和身份认证及隐私保护等方面，没有清晰的法律

第七章　互联网金融若干特殊风险分析

边界和标准,很多互联网金融企业灰色业务发展迅速,当国家进行监管的时候,已经有很多用户深陷其中,损失是难免的。例如,阿里巴巴、腾讯的虚拟信用卡业务因在账户实名制和反洗钱等方面存在缺陷而被暂停;互联网巨头先前大力推广的线下收单、二维码支付方式,因在技术、安全防控等方面存在疑点被暂停,易发生侵害交易主体权益事件。互联网金融以用户为先,所以用户的体验是非常重要的,但是互联网金融对交易主体也缺乏责任感和法律认知,容易发生用户维权比较困难的状况。[1]

(二)监管套利风险

一是可能导致产品功能跨界。以互联网企业推出的创新型理财产品余额宝为例,天弘基金本身并不具备资金支付结算资格,所以从此角度看余额宝账户资金是不能对外支付的,但是由于其入口绑定了具有支付业务资格的支付宝,所以余额宝的资金实际上兼备了支付结算与投资的双重功能。传统金融机构推出的"宝宝"类产品隐含同样问题,如中信银行"薪金宝"对接的货币基金支持全自动申购赎回,可直接在 ATM 机上取现或进行消费,因此"薪金宝"中的资金具有投资和现金的双重属性。二是可能从监管标准不一中套利。例如,互联网"宝宝"类产品投资于银行协议存款的资金不属于一般性存款、不需要缴纳存款准备金,被一些专业人士认为是一种监管套利的行为。

(三)技术风险

一是行业技术水平与技术标准不一致。目前银监会、证监会、保监会三个行业信息化水平发展并不一致,落后于百度、阿里巴巴、腾讯这类互联网技术龙头企业。一旦互联网金融企业通过信息技术串联起多个行业,单一一点的系统风险、软硬件缺陷或管理缺陷,都可能引发整个链条上信息安全风险及运行稳健的技术风险。二是大数据分析技术尚不成熟。在混业经营的情况下,大数据用户种类和数据处理场景,将变得越发复杂,合法用户与非法用户难以区分,从海量非结构化数据中,过滤非法数据的难度加大,有可能导致分析结果不可靠。

---

[1] 李克穆.互联网金融存在的风险和突出的问题[J].经济导刊,2021(1):2.

三、应对互联网金融混业混业风险的政策建议

（一）完善金融监管体制，加强金融监管协调

一是完善监管体制。应按照功能监管思路，明确监管理念，明确不同类型互联网金融业务的边界、准入门槛与市场退出机制，划定不同监管机构对各项业务的监管准则，以及设计出针对互联网金融控股集团审慎监管的标准，从而将互联网金融业务完整地纳入金融监管体系中。二是加强监管协调。应更好地发挥金融监管协调部际联席会议制度的作用，尽快完善金融跨行业信息共享机制，研究出跨行业、跨市场的互联网金融监管规则，明确监管责任。

（二）对客户规模庞大的互联网金融机构，纳入系统重要性金融机构进行监管

加强系统重要性金融机构监管是宏观审慎管理的重要内容之一，应从业务规模、客户覆盖面、与其他机构的关联度、在某类业务或市场中的可替代性及市场影响力等方面，设定系统重要性金融机构的标准，将从事互联网金融业务的机构纳入系统重要性机构进行监管。

（三）探索建立互联网金融风险监测预警机制

应打造中央银行金融大数据、云计算平台，加强对现有互联网金融中各种技术的认知了解和跟踪研究，建立金融监管大数据平台，开发相应的分析工具，通过金融大数据的运用，对金融系统潜在的风险进行系统性和前瞻性的评估与预警研究，不断改进监管方法。

（四）加强对"人"的教育管理

一是金融监管者要具备互联网金融思维和理念，并将其与传统金融文化、思维相结合，提高监管软实力。二是加强对从业者的教育和管理，对互联网金融从业人员，设定从业资格门槛，强化从业者依法合规经营的理念。三是加强投资者和消费者教育，提高其风险意识和维权意识。

（五）发挥协会自律作用

中国互联网金融协会，应有效发挥推动行业自律、制定行业服务标准和规则、规范从业者教育培训和资质认证等方面的积极作用。

第七章　互联网金融若干特殊风险分析

第二节　互联网金融的长尾风险分析

互联网金融具有明显不同于传统金融的风险特征,即长尾风险。长尾风险是互联网金融所特有的风险,是现有针对传统金融风险监管体系难以有效应对的风险,因此需要对其单独研究。

一、互联网金融的长尾风险

长尾这一概念最早出现在美国《连线》(Wire)杂志,主编克里斯·安德森(Anderson)撰写的《长尾》(The Long Tail)一文中,用以描述亚马逊等互联网企业的经营商业模式。安德森认为,互联网时代商品存储空间和流通渠道由于借助互联网信息技术,没有时间、空间和地域的限制变得无限宽广,商品销售费用变得极低,小客户或冷门产品共同占据的市场份额可以和大客户或热门产品所占据的市场份额相媲美,这就是所谓的长尾效应。但长尾效应并非免费的午餐,正如一枚硬币的两面,长尾效应也同时隐含着长尾风险。[1] 本书认为长尾风险主要体现在以下三个方面。

(一)平台企业恶性竞争的风险

平台企业在争夺"尾部"市场的过程中,为了率先突破平台经济"临界点",会出现诸如提供免费服务、赔本赚吆喝等恶性竞争情况,一旦发生大量平台企业因竞争失败而退出市场的情况,潜在风险不可小觑。[2]

(二)"尾部"市场垄断的潜在系统性风险

平台企业竞争的结果会产生"强者恒强"的局面,最终由少数平台企业垄断"尾部"市场。[3] 这类企业可能具有系统重要性影响,成为"多而不能倒"(too many to fail)的系统重要性机构。衡量金融机构系统重要性,其重要标准分别是规模、相互关联度和不可替代性。支付宝这类互联网金融平台企业已具有

---

[1] 潘美西.互联网金融发展的长尾驱动与风险生成机理[J].商情,2019.
[2] 邹东.P2P网络借贷对金融服务实体经济效率的影响研究[J].2020.
[3] 张翠娟.基于长尾理论的互联网股权众筹金融风险问题探究[J].财会通讯,2020(14):4.

某些系统重要性机构的特征。同时，这类机构依托其客户群拓展平台服务边界，实现了跨界混业经营，如支付宝延伸发展出余额宝、小额贷款、保理与担保等产品和业务，建立起招财宝之类的基金、保险等理财销售平台，并正在向互联网征信业务拓展，这将导致风险跨市场传染，存在潜在系统性风险。

(三) 狭义的长尾风险

互联网金融企业争夺的"尾部"市场，是传统金融无法覆盖的弱势群体。在资金吸纳端，长尾人群缺乏金融知识和理财观念，他们的风险意识欠缺，承受风险的能力也弱，所以非理性的投资和理财倾向比较明显，一旦出现系统性风险，对社会的影响会非常大。在资金使用端，互联网金融企业服务的人群都是无法在银行获得融资和贷款的人员，这一点也会在经济下行的时候导致企业风险加剧。

第三节 互联网金融的信息技术风险分析

互联网金融的信息技术风险是所有互联网金融业态所面对的的共有风险。由于互联网金融高度依赖网络，一旦发生信息技术风险，就可能通过网络引发系统性金融风险。对于监管部门来说，如何针对互联网金融的信息技术风险进行有效监管，是一个亟待解决的重要问题。

一、互联网金融的信息技术特征

(一) 技术更新速度更快

当下发展最快的技术就是互联网技术，用日新月异来形容一点都不夸张，尤其是计算机芯片产业，从卡脖子的领域到技术零的突破，打破了商业限制，云计算也完成了商业运营的转变，一些关键的技术和数据在互联网企业中占据了关键位置，技术边界被打破的同时，传统金融领域也在发生革命。[①]

---

① 秦启雯.大数据在互联网金融风控中的应用研究[J].商展经济，2022(3)：4.

第七章　互联网金融若干特殊风险分析

(二)对象和技术虚拟化

在互联网环境下,现实中的对象被虚拟化。互联网金融使人们和事物通过互联网在虚拟世界中互动。现实中的事物通过在互联网环境中被虚拟化。"网"人和物在虚拟世界里交互,不仅是消息、货币等实物也在互联网中虚拟化传递,且这种虚拟化是跨越区域、跨组织的。同时,随着分布式计算及存储的发展,技术层面也体现出了虚拟化,如服务器虚拟化、存储器虚拟化等,机构不需要自己购买设备,可以租用云服务作为自身的IT基础设施。

(三)改变了金融的形态

当今社会是互联网高速发展的时代,进入21世纪,我国各类网络交易平台开始逐渐出现了,淘宝网、京东商城、苏宁易购、天猫商城、拼多多等,我国已经全面进入了互联网全盛时期,可以说基本上实现了全民网络化。网络购物成为当今社会的一个主流趋势,所以互联网金融的出现,让金融平台具备了各种金融职能,例如水电煤气的网络缴费。另外,互联网技术让消费者行为发生了根本性变化,过去传统的商业模式消费者只能了解到当地消费信息,而互联网时代,市场环境发生了根本性变化,让消费者从孤陋寡闻变得见多识广。[1]

二、互联网金融的技术特征给监管带来挑战

(一)技术挑战

第一,现行监管机构的IOE[即IBM(硬件以及整体解决方案服务者)、Oracle(数据库)及EMC(数据存储)]系统与云平台兼容性差。现阶段,国内互联网金融公司一直致力推动去IOE过程,完全去IOE的纯网络银行浙江网商银行也已经开业,而传统的系统架构与云平台兼容性差,导致监管系统对平台上的数据信息无法处理,影响了非现场监管。

第二,监管系统容量远落后于云平台,无法进行过程中实时监管。新技术的运用、客户爆发式的增长及产品和服务的易变性,是互联网金融的三个

---

[1] 陈博,Candido M. Perez,彭方.互联网金融产品风险管理问题研究——以余额宝为例[J].中国市场,2022(3):2.

显著性特征。从目前来看，传统金融监管系统在事前和事中监管中，力量显得尤为薄弱，传统监管系统的容量无法支撑对云平台的事先预警与实时监管，传统监管系统也无法跟上互联网金融企业的业务变化，使得目前对互联网金融监管存在较大的漏洞。

第三，监管部门的数据整合困难。国内金融管理部门虽然同样坐拥海量数据，但其数据的存在状态反映了整个组织的现状，即"部门分治"。数据在单个组织内部处于割裂状态——业务条线、统计部门、风控部门等各个部门往往是数据真正拥有者，而这些拥有者之间却缺乏统一的数据格式和顺畅的共享机制。同样，"部门分治"存在于不同监管机构之间。不同的监管部门掌握着不同的数据，这些数据或能互补、或能相互印证，但是部门间的数据无法交流共享，加之异构的监管系统结构，加大了数据共享的难度，使得"信息孤岛"大量存在。然而，成就大数据的是数据的"全量"，这就要求金融监管部门之间及监管部门内部，能够实现高度的数据共享与整合。否则，这些海量数据将处于分散和"睡眠"的状态。

（二）对象与技术虚拟化的挑战

第一，远程认证和开户问题。身份验证是金融机构开展业务的首要流程，也是一直贯穿始终的核心流程。对新设立的网络银行而言，其首先面对的问题便是如何办理开户。互联网金融缺乏物理网点，所以该类机构开户只有两种方式：一种是借助原有第三方支付平台（支付宝）或传统银行进行实名认证，另一种是利用人脸识别等技术进行远程认证。随着技术的进步，越来越多的企业想尝试远程开户这种方式，然而由于对象虚拟化，无论是在法律认可度上还是潜在技术漏洞方面，存在着较大的挑战。

第二，虚拟化导致的新型信息不对称问题。阿里小贷等利用大数据挖掘等技术解决了部分传统金融机构在服务小微企业时面临的信息不对称问题，但也在其他方面带来了一系列新型信息不对称问题，如难以保证线上和线下的一致性、线上伦理和线下社会伦理的一致性问题等。

第三，如何保证个人隐私不受侵犯的问题。随着个人所在位置、购买偏好、健康和财务情况的海量数据被收集。云技术和对象的虚拟化将导致金融市场乃至整个社会管理信息基础设施变得越来越一体化和外向，对隐私、数据安全和知识产权构成更大风险。[1] 以蚂蚁花呗为例,芝麻信用预测的内容,还涉及个人生活领域,很多授权开通了芝麻信用的客户都通过支付宝缴纳电话费、水电费、燃气费等,这些都是与个人生活数据来源相关的领域,这些数据来源可以通过人工智能学习平台,分析到个人的家庭住址、日常购物消费能力、经济实力等,通过分析可以大致判断一个人具备的偿还能力是多少。[2]

(三)金融形态改变对监管带来的挑战

第一,互联网金融过度依赖技术。技术的发展催生了网络银行、网络借贷等新形式,通过技术运用可以降低成本、缓解信息不对称,但技术不能代替人类进行价值判断和逻辑思考,并不能使人们摆脱曲解、隔阂和成见。

第二,互联网投融资平台存在共同的技术风险敞口。绝大部分规模较小的互联网投融资平台本身并不开发系统,而采用系统外包或从软件供应商购买后台系统的方式,虽然其前台展示页面不同,后台却采用同一模板。目前此类系统尚无信息安全标准,使用同一后台系统的互联网投融资平台拥有类似的系统漏洞,容易被同一类黑客攻击入侵,具有共同的信息科技风险敞口。

三、对互联网金融的信息技术风险的监管建议

互联网金融给传统金融监管带来了较大挑战,而顺应技术潮流,构建"云+大数据"互联网金融监管体系则是我国开展创新监管的主要内容之一,本节分别从构建"云+大数据"监管系统、重点突破"云+大数据"监管桎梏、重建"云+大数据"监管制度三个方面对我国构建"云+大数据"互联网金融监管体系提出政策建议。

(一)构建"云+大数据"监管系统

1.以互联网金融作为标杆领域,进行监管系统的构建

网络经济是通过网络进行信息交流的平台,人们的信息交流和工作生活对网络的依赖已经达到了空前的程度。如果全球网络瘫痪,那么不仅是政府

---

[1] 陈红,穆军.引导互联网金融服务实体经济[J].中国金融,2022(10):2.
[2] 倪武帆,樊冰璐,李明生,等.互联网金融业务风险透视及防控策略——以"蚂蚁花呗"为例[J].北方金融,2022(4):7.

无法办公,各行各业恐怕都无法正常运转,带来不可估量的损失。而互联网金融因为广泛采用"云+大数据"技术,可成为监管部门构建"云+大数据"监管系统良好的试验田。一是在软件方面试点构建"云+大数据"监管系统。二是在硬件方面逐步推行去 IOE(IBM、Oracle、EMC)过程。用成本更加低廉的软件——MYSQL 替代 Oracle,使用普通服务器(PC Server)替代 EMC2、IBM 小型机等设备,以消除"IOE"数据库系统的垄断,这既有利于降低监管成本,也有利于顺应互联网金融技术潮流,提高监管系统的兼容性和保护数据安全。三是软硬件系统的重构应是相辅相成、同步进行的。没有"云+大数据"软件的支持,去"IOE"仅是空谈,没有去硬件去"IOE"过程,"云+大数据"软件的实施和推广难以达到最佳成效,也会存在一定的风险。四是促进深度应用,将传统 IT 从"后台"推向前端,使存量架构与创新模块有效整合,这是试点系统推广的价值,也是重构监管系统的主要挑战所在。

2. 利用大数据监测预警系统辅助金融监管

一是整合互联网金融监管大数据,其中包括互联网数据(百度、网贷之家、网贷天眼)、官方数据(公检法、工商税务、金融管理部门)与被监管对象三类数据。但数据的整合往往存在共享难与隐私保护难等问题,这点将在下面另作讨论。二是利用大数据构建监测预警系统。通过大数据监测预警系统,辅助金融监管,打击非法集资。同时,互联网金融企业"法无禁止即可为"的态度与传统监管的正面清单式管理存在较大的矛盾,也需要大数据开展舆情预警,辅助金融监管。三是利用大数据为监测预警系统转型提供基础。例如,促进"静态"监管走向"持续"监管等,这为互联网金融进行实时监测、预警监测提供了技术可能性。[1]

3. 构建试错与风险隔离机制

一是构建金融监管试错机制。低成本、快速地试错的能力与机制,是互联网金融的主要竞争优势之一,针对互联网金融的监管试错思维也需转变,应从"能不能试错"向"如何试错"调整,这在构建互联网金融监管系统时应予

---

[1] 张颖熙,徐紫嫣.新经济下中国服务消费升级:特征与机制研究[J].财经问题研究,2021(6):9.

第七章 互联网金融若干特殊风险分析

以明确。二是构建风险隔离机制。互联网金融需要试错,但在风险传播速度加快、现有隔离防火墙作用减弱的情况下,需要熔断机制,保证试错在可控的环境下发生。这便需要从验证和基于角色访问控制、隔离管理(服务器、存储、网络)、镜像管理的安全(大数据安全、访问控制、授权)等方面着手构建风险隔离机制。

4. 构建先进的 IT 审计手段

云中的安全审计是金融监管系统非现场监管的关键所在。一是构建云中安全审计系统,包括报告系统、支持远程控制台、关联分析系统等。二是提高"云+大数据"审计的兼容性。从支持通用漏洞评分系统、支持远程用户拨号认证系统、支持轻量目录访问协议认证、支持手动和自动工单应用、软件与硬件形态、多层架构应用等方面提高审计的兼容性和适应性。三是做到合规审计。金融业作为受到高度监管的行业,在使用云审计时应着重考虑专门的合规要求,如"云+大数据"技术作为分布式 IT 模型,在不同的地理位置及不同的法律管辖区所带来的影响等,这在我国金融机构国际化步伐日益加快的背景下显得更为重要。

(二)重点突破"云+大数据"监管桎梏

对于云监管系统来说,"云+大数据"有明显的监管桎梏,由于监管部门或者传统金融机构的技术水平有限,数据之间无法达到共享的要求,部分传统金融机构也担心用户隐私或者公司隐私被侵犯,所以安全、隐私都是大数据时代不可避免的问题,在这样情况下,突破监管桎梏是一个重要的问题。

1. 数据共享

数据共享是国家金融战略层面上的必须要求,也是互联网金融市场得到监管和规范化发展所不可避免的趋势。但是国内尚未实现完全的数据共享,美国已经公布了大数据的使用规范,并且将大量数据资料转向开放,对精密数据也进行了隐私保护。国内在此方面刚刚起步,金融行业的数据共享还要突破一些关键性的技术。

数据共享,安全为先,要有一定的安保措施。数据的安全始终要是第一位的,大数据虽然进行共享,但是访问的权限及复制权限却不可以放松,一定要制定访问的权限和规则,以保证大数据共享的安全性,所有的数据系统都必须有详细的规范和方案,在使用的时候严格按照操作规范和方案进行,用户标签和属性一目了然,一旦出现问题就可以及时进行定位,找到漏洞,避免一些精密信息的泄露。

2. 隐私保护

一是对数据进行模糊化处理。当数据开始连接到个人或设备时,一些隐私保护技术将设法去除这种链接,或者将个人身份信息"模糊化",但是一些同样有效的技术也可以把这些碎片化的链接复原,并重新确定相应的个人或设备信息。所以,对数据进行收集与模糊化处理,要基于相关公司不恢复数据的承诺与对应的安保措施。

二是建立完善关于隐私保护的法律法规。首先,需要界定个人信息保护主体的义务,如告知、公开、保存个人信息的义务等;其次,需要确立诸如目的明确、利益平衡等个人信息保护的基本原则;再次,规定信息主体的权利,如决定权、知情权、信息获取权、更正权、封锁权、删除权及获得救济权等。最后,还应当明确个人信息监管机构的组成、职责、救济途径及法律责任等。[①]

三是加大在隐私保护科技方面的投入。相关研究应关注有发展前景的基本领域,如数据源、去身份和加密等。

3. "云+大数据"安全

作为一项新生事物,云计算的推广遇到诸多困难,其中遇到的最大挑战是用户对安全问题的担忧。Gartner、IDC等专业机构的调研也表明,安全问题已成为阻碍云计算推广的最大障碍。鉴于云计算的复杂性,它的安全问题也应是一个涵盖技术、管理,甚至法律法规的综合体。具体来看,其主要包括以下三个方面。

一是推动"云+大数据"安全的标准化。标准化是云计算安全发展的重要措施之一,但目前云计算安全研究还处于起步阶段。国际上的研究主力包括云安全联盟、国际电信联盟、电气和电子工程师协会等,国内有中国通信标准化协会、中国云计算技术与产业联盟等,这些组织的研究尚未形成一致认

---

① 王昶. 关于云计算大数据安全隐私的保护探究[J]. 中国新通信,2017,19(9):1.

可的安全技术和标准。因此,推动标准化步伐,既能提升"云+大数据"的安全,还能加强我国在该领域的话语权。[①]

二是推动云计算安全的关键技术发展。云计算安全的关键技术包括虚拟化安全技术、数据安全技术、云资源访问控制等。

三是推动相关法律法规的制定与完善。云计算从根本上改变了以往传统的编程方法,传统的安全技术已经出现多年,且与云计算安全技术存在严重的不兼容性。再加上云计算自身的特点,数据可以存储在世界上任何一个国家,所以推动国际通用相关法律法规的实施,是保证"云+大数据"安全的必要措施。

(三)重建"云+大数据"监管制度

1. 重新审视正面清单式的监管方式

我国传统的正面清单式金融监管制度在互联网金融领域面临着极大的挑战,互联网金融"法无禁止即可为"的发展方式,虽然促进了我国互联网金融的繁荣发展,但不可否认的是也衍生出了一系列新型金融风险,而在现阶段,不能仅仅通过技术手段管理互联网金融创新,研究在互联网金融特定领域实施负面清单式监管制度试点是必要的。

2. 建立跨部门工作机制

一是解决两"分治"问题,即数据分治和人才分治问题。要保证人才能够在组织内外灵活地流转和进出,在人才的选调、考核和职业发展等关键方面要有相应的配套举措。二是跨部门构建团队。"云+大数据"系统的构建需要参与者在分析建模、业务解读、沟通协作、创造、数据集成、数据可视化、软件开发、系统管理等方面具有较强的能力,这需要一个多元化的团队完成,也使得跨部门人才的培养与选择显得尤为重要。

---

① 索晓明. 探讨云计算大数据的安全问题和应对措施[J]. 门窗,2019(18):1.

第八章　互联网金融监管国内外比较研究

国民经济的稳步发展和科学技术的进步使传统的金融服务模式与互联网技术相结合创新出的如第三方支付、P2P 网络信贷、众筹融资平台、网络银行等新兴互联网金融服务在契合众多需求的情况下应运而生并得到了快速发展。互联网金融不仅在金融实践领域引发了广泛讨论，并且得到了社会各界的重点关注。互联网金融的出现和发展大幅降低了信息不对称性和交易成本，拓展了金融服务的广度和深度，但与此同时，其带来的影响和冲击也让人发人深省。互联网金融创新存在的潜在风险大，互联网金融业务由于自身的逐利性，容易游走在违法违规的边缘，一方面不断试探监管底线，违规现象突出；另一方面违反法律规定，对金融稳定造成不利影响，如何使互联网金融稳中向好发展，将对维护金融行业信息安全提出新的挑战。

互联网金融行业在监管缺失的情况下将会"野蛮生长"，出现扰乱行业发展秩序、资源浪费和金融市场混乱的局面。如何对互联网金融行业进行充分有效的监管是目前一个重大问题。它不仅是理论界和实务界的讨论热点，而且还上升为国家决策层关注的重大社会治理问题。李克强总理在政府工作报告中明确指出，要"促进互联网金融健康发展，完善金融监管协调机制"。

在我国发展的互联网金融业态，都可以从先发展的西方发达国家找到"原型"。英、美等发达国家对互联网金融行业发展的理论探索或监管实践，对促进和指导我国互联网金融行业的发展具有参考价值和启示作用。梳理与互联网金融相关的国内外监管理论及其动态演进过程、把握监管理论发展的内在逻辑、回顾西方发达国家在互联网金融方面的监管实践、归纳总结监管政策

第八章　互联网金融监管国内外比较研究

的主要特点和发展趋势，对于完善我国互联网金融监管法律法规，建立健全中国互联网金融监管体系，促进互联网金融行业健康、稳定、有序发展，具有重要的推动作用。

第一节　互联网金融监管理论的发展及其中外比较

互联网金融的大多数业态在国内外出现和兴起时间较为短暂，作为一种新兴事物，其特点在于非金融主体（主要是新技术公司）凭借大数据、云计算等技术在互联网平台上，向传统金融行业无法覆盖的长尾客户提供各种具有显著普惠金融特征的金融服务。安信证券的研究认为，传统商业银行的服务对象往往是20%的高净值人群，而对长尾客户的金融需求则显得有些冷淡，因此传统商业也常常被诟病为"嫌贫爱富"。互联网金融则恰恰相反，其依据自身低交易成本的特点使得80%的长尾用户可以得到金融服务，符合碎片化和平民化的特点。[1] 这些客户在互联网技术的支持下可以享受可持续、便捷、低成本的金融服务，享有平等参与金融市场的权利。

但究其根本，互联网金融的本质还是金融。[2] 而金融业所蕴含的高风险和信息不透明等问题，使其在世界任何国家和地区都是一个受严格管制的行业。然而，我国互联网金融出现伊始的监管现实却是另外一番景象。由于互联网金融的普惠金融性质，决定了它不可能是一种可以免于监管的私募金融活动，其公募金融的特点决定了随着互联网金融的发展，有关互联网金融监管的议题必将成为热点。从全球来看，目前英美等发达国家作为率先掌握互联技术，并最先发展互联网金融的国家，其发展从时间上来看要领先于其他国家3至5年，在互联网金融发展初期也缺少监管，但已经度过了监管真空期，并且借着全球金融危机带来的监管变革机遇，已把传统金融监管体系延伸覆盖到了互联网金融领域。换句话说，英、美等国的互联网金融监管框架已经基本成

---

[1] 于雪. 探究互联网思维对传统商业管理的影响[J]. 现代企业文化, 2021(32): 27-28.
[2] 王嵩. 互联网金融的本质还是金融[J]. 银行家, 2016, 08(No. 178): 37-38.

形。目前，我国的监管模式还存在一定的混乱，下面通过对国外互联网金融监管理论的演进进行梳理，然后比较分析英、美等国与我国在互联网金融监管理论方面的差异，从而汲取国际先进理念，来指导我国互联网金融监管框架和法律的制定。

互联网金融的本质属性还是金融，人们对它的关注点聚焦于风险防范和金融消费者保护，这与传统金融并没有本质的区别。目前各国并不存在专门的互联网金融监管理论，研究表明，国外有的只是针对某种具体互联网业态监管的政策和法律讨论。而英、美等国已经实行了针对各种互联网金融业态监管政策，也或多或少折射出了西方对互联网金融监管的一些重要理念。我国近年来有关互联网金融监管的文献比较多，但大都停留在对互联网金融监管的诸多原则和对策建议讨论的层面，也有一些文献重在对英、美等发达国家某种具体互联网金融监管政策经验的借鉴研究。本书在广泛深入了解相关文献和政策实践的基础上，运用现代金融监管理论对西方互联网金融监管进行具有高度的概括性，同时又具有一定深度的理论阐释，并对国内外互联网金融监管的理论进行比较分析，力图对我国互联网监管政策提供有益的启示和理论性支持。

一、国外互联网金融监管的理论演进

按照通常的逻辑，当一种新的互联网金融业态出现时，人们会首先考虑要不要对其进行监管，然后探讨如何监管的问题——这显然构成了互联网金融监管理论发展演进的总体线索。[①] 对于如何实施互联网金融监管这一问题，可以以谁来监管、监管目标的取向、监管的法制基础及监管的内容和监管的方式等问题展开讨论。

(一)应该由谁来监管——监管主体的确定

确定监管主体是构建互联网金融监管体制的基本问题。鉴于互联网金融的金融本质属性，在现有金融监管体制之外新设监管者不切实际，从现行的

---

① 黄震，张夏明，Huang，等.互联网金融背景下改革试点与监管沙盒比较研究[J].公司金融研究，2017(2)：19.

第八章　互联网金融监管国内外比较研究

监管体制中选择合适的互联网金融监管主体才贴合实际,具有可操作性。具体监管范围和内容取决于现行监管体制的特点和互联网金融业态的特质。是统一监管还是分散监管,是机构监管还是功能监管,是中央一元监管还是中央、地方二元监管,决定着互联网金融机构监管主体。例如,美国实行联邦地方共治的双元多头分散监管体制,即功能监管体制。联邦政府制定联邦互联网金融监督管理法,而各个州根据自己发展互联网金融的需要和权限制定州法。而英国的情况却完全不一样,在中央政府一元化统一监管体制下,消费者信贷业务由公平交易局(office fair trading,OFT)监管。通过对现代金融监管的理论探讨与实践经验的学习,为应采取单一监管还是多元竞争性监管的选择,提供了很多有益的启迪。

以英国为例,单一监管具有诸多优势,可以更好地监控跨部门金融风险、更有效地监管金融集团、避免监管俘获,有助于消费者保护、有利于降低监管成本等。但是,在所有支持单一监管模式的论证中,都能发现其一系列相应的缺点,例如,在合二为一的综合监管体制下,监管机构之间没有了相互制衡,可能会出现监管机构的过度监管,从而会抑制互联网金融市场的自我发展。保护金融经营者免受这种"监管狂热"之害的关键,就是确保有多个监管者可供选择,这种选择可以成为独断和反复无常监管政策的制约因素,这似乎就是美国多头监管的理由,但实际上,美国多头监管拥有更深层的理由,即植根于传统的"分权与制衡"理念、金融机构的自由选择监管及对监管弹性的追求,面对日益细化和复杂的金融市场,监管机构力有不逮,难免出现错误判断。[1] 基于此前提,多"脑"思考、多"眼"监督的监管体制,比集中判断的单一监管更有利于减少监管决策错误。

然而,多头监管也有弊端。首先,按照公共选择理论,公共政策的生成并非基于抽象的"公共利益",而是不同利益集团各自的特殊利益较量和妥协的结果。不同金融监管机构,一方面不可避免地会受到各自部门内部利益集团的压力和影响,另一方面其自身在争取监管权限和监管资源方面也有特定利益。因此,现实中金融监管机构总是倾向于尽力维持自己的监管范围,同

---

[1] 潘志瀛.分权与制衡——美国的方式[J].河北法学,2003,21(2):6.

时积极进入和消减其他监管机构的势力范围。这种监管竞争被形象地称为"地盘之争",它无谓地消耗了金融监管资源,是多头竞争性监管的一个主要弊端。其次,多机构的竞争性监管可能产生的"竞次"现象[即监管机构为了取悦本部门利益集团、吸引潜在监管对象或扩展监管势力范围,竞相降低监管标准,以致削弱整体监管水平,损害消费者(投资者)和社会公共利益]也会不利于监管效果的实现。一般来说,监管机构越多,监管结构越复杂,"竞次"风险就越大。最后,与多机构竞争监管相关的另一个可能后果是监管套利,即提供相同产品的不同金融机构因受到不同监管者的监管,造成规则、标准和执法实践上的不一致,从而导致金融机构尝试改变,将自己置于监管标准最宽松或者监管手段最平和的监管机构管辖。

(二)监管目标的取向:保护消费还是维护稳定

根据现代金融监管的理论,金融监管有两个基本目标:保护消费者权益和维护金融稳定。① 互联网金融监管对消费者权益保护目标的强调,有其深刻的时代背景和内在逻辑支撑。在金融危机前,消费者权益保护是金融监管体系的一个短板。由于金融创新产品日益复杂,金融服务商的霸权行为,金融消费者并未能通过消费者运动在金融秩序中获取有利的地位。因此,大多数国家的金融法规都以金融稳定为核心构建本国的金融秩序,而对金融消费者保护的相关规定,常常被摆在较为次要的地位,甚至只是在法律法规中附上寥寥几语,没有实质内容,并未体现出对金融消费者保护的足够重视。根据世界银行金融可获得性报告显示,各国金融消费者保护领域存在的问题在于,尽管对消费者权利相关的规定较为翔实,但并未对消费者如何行使权利做出明晰的解释以及对权利遭受侵犯时,如何维护等保障机制进行健全,造成了金融消费者权利未得到有效保障的局面。② 次贷危机向我们揭示了,必须加强对金融消费者保护的监管力度,完善金融消费者权利保障机制。③

---

① 钟震,郭立.金融监管"双峰"理论与实践的演进脉络及对我国的启示[J].华北金融,2019(12):5.

② 张韶华翻译,孙天琦翻译.世界银行CGAP《金融可获性报告2010》中对各国金融消费者保护的评估[J].西部金融,2011(6):6.

③ 殷剑峰,王增武.分配差距扩大、信用扩张和金融危机——关于美国次贷危机的理论思考[J].2021(2018-2):50-64.

第八章　互联网金融监管国内外比较研究

更何况目前各国的互联网金融监管体系仅是一个试错性的框架，英国FCA明确表示，计划将对网络贷款和众筹等互联网金融的监管进行较为系统的反思与研讨，届时将会有大的修订和完善。[①] 凭借大数据、云计算和搜索引擎等技术，大大弱化了小额金融交易中的信息不对称问题，但网络世界中非实名制带来的虚假信息、信用"刷分"等现象，又给互联网征信增加了新的信息辨别难题，投资者由此面临的网络欺诈风险也会更突出。[②] 自从英国经济学家泰勒(Taylor)提出盯住目标的双峰监管(twin peaks regulation)理论后，人们对维护金融稳定与消费者保护之间的目标冲突，有了更为清晰的认识，即稳定目标的实现在相当程度上依赖监管当局与被监管者的合作，而保护消费者则把两者放在一起，可能会产生激烈的位置冲突。[③] 稳定目标的实现，需要监管机构与金融机构之间进行协作。监管机构为了督促金融机构能够保持财务健康及实现稳健经营，会设置一系列审慎经营标准和指标，并检测金融机构是否在运营过程中遵守了设定的标准或指标。若金融机构未能遵守所设定的标准或指标，将会对稳健经营造成不利影响时，审慎监管者则会对其增加监管强度。消费者保护的实现过程则与之不同，消费者与金融机构在很多时候存在利益冲突。

当然，互联网金融监管把保护消费者列为单一目标，并不是说互联网金融监管摒弃了防范系统性风险以及维护金融稳定的追求。实际上，对金融消费者进行保护是促成金融机构稳健经营的关键因素。[④] 金融行业从本质上来讲是服务业，没有客户也就没有业务。尤其是在发达国家，消费金融比重占据了重要地位，并且市场竞争也较为激烈，为了能够保证金融机构健康发展并实现稳健经营的目标，保护消费者的利益是先决条件。可以想象如果一国出现了大规模减损金融消费者权益的事件，那么必然会影响其金融秩序的稳定，

[①] 尹金鹏. 我国互联网金融监管问题研究——以第三方支付、P2P网贷和众筹为例[D]. 山西财经大学, 2017.

[②] 徐琛. 试论我国金融监管机制改革探索——从"宝万之争"等金融现象谈起[J]. 商情, 2016(33).

[③] 盛青. 金融科技运用背景下的金融消费者权益保护产品评估问题研究[J]. 工程经济, 2022, 32(1): 7.

[④] 王小琼. 金融消费者权益保护的分析与探讨[J]. 金融科技时代, 2021, 29(6): 6.

引发一系列的金融风险。

(三)监管的法制基础

监管的英文表达为 regulation and supervision，前者意指立法，而后者有执法的含义。因此，现代金融监管就是立法和执法的统一，通常讲的依法监管原则，既是对金融监管立法和执法统一内涵的体现，又彰显了金融监管法制基础的重要性。英国互联网金融监管的法制基础比较简单，这是因为，互联网金融的实质，可看成是网络版的民间借贷，而英国的民间借贷受到以保护消费者权益和市场公平运作为主旨的《消费信贷法》规范。①

美国的情况要复杂得多，一方面美国互联网金融引入了银行机构的参与，另一方面美国将网络平台借方的权益保护纳入了信贷法规体系，而将贷方的权益保护归到了证券法规体系中。② 因此，美国对互联网金融监管的法制基础是在传统信贷法规叠加证券注册管理规则的基础上形成的，所涉及的信贷方面的具体法规有《诚实借贷法》《信贷机会均等法》《公正资信报告法》《公平债务催收法》《银行保密法》《电子资金转账法》《全球和国家电子签名商务法》《联邦贸易委员会法》《格雷姆·里奇·比利雷金融现代化法》等。互联网金融适用于证券法规体系，是因为监管者认为美国的网络借贷过程具有证券性质。联邦证券交易管理委员会引用了美国联邦最高法院的两个判例，即证券交易委员会诉 W. J. Howey Co. 案和 Reves 诉 Ernst & Young 案，使得网络借贷被纳入证券监督机构的监管体系当中。证券交易委员会诉 W. J. Howey Co. 案，重新定义了投资合同，"将资金投入普通企业，利润来源于他人"被视为重要特性，这为联邦证券交易管理委员会将网络贷款业务纳入证券业务监管领域提供了"资金投入"和"贷款人收益"两个重要元素的司法认定。③ 根据 Reves 诉 Ernst & Young 案的相关判决，联邦证券交易管理委员会将以 Prosper 为代表的美国网络贷款机构所发行的票据定义为证券。这使金融危机中严重亏损的 Prosper 为承担高额的证券注册成本备受煎熬。2008 年，Lending Club 虽然完成了相应的注册程序和要求，却承担了更高数额的运营费用。美国网络贷

---

① 周晓松.英国《消费信贷法》对我国民间借贷规范化的启示[J].华北金融，2011(9)：4.
② 刘莹.网络信贷的风险与规避[J].市场调查信息：综合版，2022(13)：3.
③ 罗轶骏.美国金融监管改革及对我国的启示[J].新农村(黑龙江)，2022(7).

第八章　互联网金融监管国内外比较研究

款行业和学者开始提出异议，他们认为这种监管是一个错误，但正如美国政府问责署（Government Accountability Office，GAO）报告所说，虽然国会可以颁布一项新的法令使网络贷款行业免受联邦证券的监管，但是各州仍然可以将网络贷款行业纳入州证券法的框架之内。

（四）监管的内容：审慎监管还是行为监管

根据现代金融监管理论，金融监管可分为审慎监管和行为监管两大类。前者以保证金融机构的清偿力为核心，保护公众客户的资金安全，对金融机构的经营行为可能产生的风险进行预防性监管，以期能够稳健经营。监管机构对广泛牵扯社会公众利益的银行和保险公司，通常侧重于审慎监管；而后者则以信息披露为核心，以保护消费者为目标，监管机构更多地通过行为监管，确保金融市场的公平、有效和透明，监管机构对证券行业则更偏向于行为监管。自从英国经济学家泰勒提出了"双峰"监管理论[①]，审慎监管与行为监管成了解析或构筑金融监管结构的两大主线，这两大概念在现代金融监管理论体系中的地位越来越重要，过去十余年来，澳大利亚、荷兰、美国和英国等发达国家的金融监管改革实践，都无不深受其影响。

（五）监管的方式：机构监管还是功能监管

按照监管机构设置及监管权限划分的差异，金融监管模式可划分为机构监管模式和功能监管模式。在机构监管模式下，特定类型金融机构的所有监管事项均由相应监管机构统一负责；在功能监管模式下，同类金融业务由相同监管机构监管。总结金融监管发展的国际经验，金融业的发展方向决定了监管方式的发展方向。在以分业经营为主的发展阶段，机构监管是合适的监管方式，如《格拉斯·斯蒂格尔法案》确立了美国分业监管的框架。而随着后全球经济和金融一体化的发展，信息技术进步和金融创新活动使全球金融业出现自由化趋势，分业经营的金融体系不断受到挑战，金融机构通过各种方式寻求跨行业渗透，各主要国家最终都允许金融结构混业经营，这种经营方式得到了监管当局的认可，进而改变了监管方式——监管从传统的机构监管向功能监管变迁。之后，美国形成的双层多头的伞型监管模式，在不改变分

---

① 何启豪.美国金融消费者保护法律制度与实践[J].金融博览，2022(3)：3.

业监管基础的前提下,实行功能监管,最大限度地促进了金融监管的一致性和统一性。

回到互联网金融上面来,互联网金融的发展不仅模糊了金融机构间的界限,还加速了金融跨界和混业的趋势,这客观上要求监管方式从机构监管向功能监管转变。互联网企业向金融控股集团的演变对现有机构监管模式提出了挑战。阿里巴巴、腾讯等大型互联网企业依托自有电子商务平台,从最初单纯的消费支付业务,向转账汇款、跨境结算、小额信贷、现金管理、资产管理、供应链金融、基金和保险代销、信用卡还款等传统银行业务领域渗透,并在集团层面同时具备间接金融与直接金融的媒介功能。

二、中外互联网金融监管理论差异的比较分析

虽然互联网金融源于美、英等发达国家,在我国兴起的各种互联网金融业态几乎都可以找到其国外版本。国外互联网金融所受到的关注远不如国内,在网络上搜 Internet finance 词条时,几乎找不到国外这方面的内容,更不要说 Internet finance regulation。而用"互联网金融"和"互联网金融监管"词条进行中文搜索时,海量信息显示着我国互联网金融的热度。美、英等发达国家初步的互联网金融监管框架已经形成,现有的政策实践无疑折射出了这些国家对这一新兴行业监管的共识和基本理念。

(一)消费者保护差异

从监管内容看,英国对融资平台的监管主要包括五个方面,即业务行为、争议解决程序、客户资金隔离、应急计划、最低资本要求。可见,前四项均是直接保护客户利益的内容,最后一项虽属审慎监管的内容,但 FCA 明确表示其出发点也是为了保护客户利益。对众筹而言,FCA 将投资者的身份限制在职业投资者、风险投资者、高净值投资者等五类人群的范围之内,平台公司不能向除此之外的投资者销售其非上市债权或股权。显然,英国对证券化的众筹融资平台监管的着力点,是通过行为监管将其运行限定在私募投融资的层面,从而让投资者保护机制发挥作用。美国对互联网金融的监管内容,与对传统证券业的监管完全一样,即通过披露更多的交易信息改变投资者的弱势地位,以此保护投资者。另外,美国的网络融资平台也通过使用一系列

第八章　互联网金融监管国内外比较研究

的信贷公平交易法规条款，注重对借款人的利益保护，使借款人免受掠夺式贷款营销、性别歧视、种族歧视、地域歧视等不公平待遇。[1]

(二)监管与创新的平衡差异

美、英等国已经落地的互联网金融监管体系总体比较严格，而从我国现有的理论观点来看，似乎更加关注宽松的监管政策。英国FCA对互联网金融的监管以融资平台监管为核心，从经营许可制度到为维护客户利益而施加的各种行为监管，再到最低资本要求的审慎监管，乃至经营失败时的应急计划要求，均体现了严格监管的精神。[2] 例如，当平台公司的贷款价值在12个月之内增长超过25%时，需向FCA报告的制度；具有动态特征的审慎最低资本要求措施；按照《业务行为手册》实施高标准的公平、清晰和没有误导性的信息披露要求等。而美国把网络融资完全置于严格的证券管制体系下，使这一新兴行业产生了过高的服从成本——主要是详尽的信息披露成本，以及联邦和州多头、交叉监管带来的额外负担。

当然，美、英等国对互联网金融的监管，也不是完全没有考虑监管与创新之间的关系平衡问题。[3] 英国FCA在其互联网融资平台监管目标中，就有"促进符合消费者利益的行业有效竞争"这样的表述。美国通过的《初创期企业扶持法案》(以下简称《JOBS法案》)，为创业企业利用众筹方式筹资提供了多项监管豁免，若发行人在12个月内所众筹的融资不超过100万美元，那么将不受联邦证券法的监管。此外，也对单个投资者的投资额度，根据年收入做出了上限规定，投资者年收入低于10万美元，投资额不能超出2 000美元或者年收入的5%；年收入等于或高于10万美元，投资额不得超过10万美元或年收入的10%，若单笔投资额超出了上限标准则不再享有监管豁免的权利。《JOBS法案》还豁免了公众小额集资中投资者数量限制，公开发行人数容量由500人增加至2 000人。[4]

---

[1] 张贺,白钦先.中美互联网金融监管比较及启示:一个比较金融学框架[J].甘肃社会科学,2022(1):7.
[2] 魏雅华,穆雪峰.互联网金融的监管[J].2022(8).
[3] 杨莉萍.比较与镜鉴:互联网金融法律监管的困境及对策[J].晋中学院学报,2017,34(4):6.
[4] 高岩.美、英互联网金融监管模式对我国的启示[J].中国信用卡,2014(10):4.

与美、英等国相比,在我国对互联网金融监管要保持最大克制、应对其有更高的风险容忍度、需掌握好监管与创新的平衡关系等理论观点十分流行,这表明我国存在着"监管与创新"关系的天平向创新倾斜的现象,我国金融监管当局近年来对互联网金融"等等看"的监管态度,也从侧面印证了这一点。在金融监管领域,"等等看"体现的是一种对金融创新的监管宽容态度,因为贸然出手,过快的监管回应可能会不利于金融创新的发展。近几年来,我国互联网金融急剧发展,与此同时,隐藏的巨大流动性风险迅速积聚。

与国外相比,我国的传统金融体系金融抑制现象突出,具有明显的"金融排斥"特征,而互联网金融在我国被贴上了厚重的普惠金融标签,在解决传统金融体系难有作为的金融排斥问题上,人们对其寄托了很大的期望,这就使我国的互联网金融似乎占据了某种"道德的制高点",从而导致人们对互联网金融具有更高的包容性。[①] 美、英等发达国家的情况与我国大不一样,发达而多样化的金融体系,以及各种公平信贷法规所提供的强有力的法制基础,使其传统金融体系满足社会多层次投融资需求的能力要远胜于我国。因此,可以认为,在美、英等国家,互联网金融是借着新技术乘虚而入的一种传统金融的替代方式而已,因此,其普惠金融的色彩自然要远逊于我国。事实上,在美国 Lending Club 网络融资平台上融资的客户,整体上属于中上层阶级,无论从信用评分、"债务—收入"比,还是信用历史长度和年均收入等指标来看,这些人绝不是被传统金融排斥的对象。以英国最大的 Zopa 平台为例,它对投资者的投资上限并没有限制。

---

① 仲维敏.经济法视角下互联网金融模式风险监管探讨[J].商业观察,2021(24):69-71.

第二节 国外互联网金融监管政策比较分析

一、国外互联网金融的监管政策

美国、英国及欧盟等国家和地区,对互联网金融监管研究的时间较长,积累了许多成功的监管经验。就监管实践经验来说,上述国家和地区在互联网金融诞生之初利用已有的包容性金融监管框架对互联网金融予以规范。在互联网金融发展到一定阶段时,当原有监管框架的部分条款不再适用于发展中出现的新矛盾和新问题时,才在业界、学界及监管当局充分酝酿讨论,并形成共识的基础上,对原有监管框架做出修改和完善。下面进行梳理归纳上述国家和地区在互联网金融监管实践中采取的政策措施。

(一)美国的互联网金融监管实践

美国在 20 世纪末,已有互联网金融产品和业务诞生,美国并未将其归纳为互联网金融。针对互联网金融这个新生事物,美国通过对现有的监管法律法规进行修改和完善,并将其逐步纳入现有金融监管框架,从而达到对互联网金融进行有效监管的目的。[①] 美国现行的对金融行业的监管模式主要为分业监管,其主要采取设置联邦和州两级监管机构,实行"双线多头"监管,毫无疑问,这一制度沿用到了对互联网金融的监管之中。

值得注意的是,美国将第三方支付的监管要点放在第三方支付平台而非交易流程,实质是功能监管方式。第三方支付因被美国证监会认为是传统支付服务的一部分,故被认为是一种货币转移业务,因而没有专门针对第三方支付进行立法监管,而是将其纳入货币服务业务管理框架。依据《金融服务现代化法案》等法律规定,第三方支付企业无须取得银行业务许可证,但在爱荷华、华盛顿等州,按当地的《货币服务法》,须取得从事货币转移业务的营业

---

① 巫文勇.美国《金融服务现代化法案》对我国金融监管的启示[J].企业经济,2005(3):3.

许可证，这是当地规范第三方支付机构进行的举措。[①] 美国在联邦层面，监管第三方支付是 FDIC 的职责。在各个州，由各州确定本州的监管标准。同时，FDIC（联邦存款保险公司）设立专用的无息账户，用来存放第三方支付平台的沉淀资金，这是因为沉淀资金被视为负债，既然不是存款，则利息用来支付保险费。为保护消费者数据在第三方支付中的安全性，如果第三方机构是金融机构的外包机构，由 CFPB（美国消费者金融保护局）依据《格莱姆-利奇-比利法案》实施监管，如果第三方机构是不涉及外包的非金融类机构，则由联邦通信委员会依据《公平贸易法案》实施监管。

针对网络贷款，美国是从现有法律中查找相关的内容作为监管依据，并未制定专门的网络贷款监管法案。美国网络贷款主要采用平台模式，借款人获得的贷款由网络贷款平台的合作银行提供，网络贷款平台不提供担保，投资人通过购买网络贷款平台售出的是收益权凭证获得债权，借款人不会构成对投资人的债务关系。美国证券交易委员会从《证券法》出发，将网络贷款界定为发行证券的活动，从而将其纳入证券监管的范围，通常要求披露相关信息来保护消费者权益。在联邦一级，准入资格是证券交易委员会的权限，网络贷款平台有信息披露的义务。在州层面，地域准入是各州证券交易监管部门的职责，由其授予网络贷款平台在本地的营运资格。证券交易委员会的监管重点在于信息披露，证券交易委员会要求网络贷款平台披露收益权凭证所对应贷款的具体条款、借款人的信息等。证券交易委员会对错误的信息披露抓得很严，出现资金风险时，投资者可在出现资金风险时，通过举证证实发行说明书中提供了错误的关键信息，即可通过诉讼维权索赔。[②] 此外，《金融服务现代化法案》和《华尔街改革和消费者保护法》赋予 FDIC 和 CFPB 保护消费者的权限。

对于众筹融资模式，美国金融监管当局最初并不认可。依照美国《证券法》，发行或销售证券须取得券商牌照，而众筹平台以股权作为标的物，并未履行相关手续，属于违规行为。美国证券交易委员会发布了关于众筹融资的

---

① 李石凯.《金融服务现代化法案》实施以来美国银行业的结构性变化[J]. 中国金融, 2006(14): 2.

② 丁洁茹. P2P 网络借贷风险的法律管控[D]. 扬州大学, 2017.

第八章　互联网金融监管国内外比较研究

指导规则,从众筹融资平台行为规范、融资企业信息披露、年度融资规模上限及投资者年度投资规模上限等方面,对众筹融资各参与方提出了监管要求,其一,众筹融资平台为满足准入条件,必须在证券交易委员会登记为经纪商。其二,融资企业必须在证券交易委员会备案。其三,证券交易委员会还对融资企业的年度筹资上限及投资者的投资上限做了规定。

在网络银行方面,原有监管规则被移植于网络电子环境,使之适应网络银行的特点。为此,美国以旧法为基础,新法为补充,一方面对网络银行采用并不严格的监管措施,在不过多干涉网络银行发展的前提下,保护网络交易和消费者权益;另一方面,强调网络银行应在降成本、提高服务等方面继续延续原有优势,做好经营管理。实际上,美国对网络银行,在监管、准入和监督方面,与传统银行并无太大区别。

(二)英国的互联网金融监管实践

英国现行的金融监管模式为"准双峰型",对金融行业实行集中监管,最近兴起的互联网金融业务也被纳入集中监管框架之中。[1] 金融危机前,监管工作主要由英国 FSA(金融服务管理局)负责。金融危机后,英国对金融监管体制做了反思,以《监管改革新举措:改革蓝图》白皮书为号角开始了全面改革。首先,新设金融政策委员会监管处置系统风险,这一审慎监管机构置于中央银行管理,发挥宏观作用。其次,FSA 退出历史舞台,被分割成立 PRA(金融市场审慎监管局)和 FCA(金融市场行为监管局)来行使原 FSA 的审慎监管和行为管理权职能,在互联网金融中陆续落实改革措施。

网络贷款在发展初期被英国监管当局界定为消费信贷,纳入消费信贷管理范畴,实行消费信贷许可证制度。[2] 在此阶段,网络贷款平台并无最低资本金要求。英国 FCA 成立,开始承担对英国金融服务业的行为监管职能,由 FCA 监管网络贷款。FCA 制定了《关于通过互联网众筹及通过其他媒介发行非易于变现证券的监管方法》,该规定针对大量网络贷款平台,实际上也发行网络贷款业务,FCA 采用"借贷类众筹"的新概念,通过了信息的披露与保护、

---

[1] 底晶.英国互联网媒体金融广告监管的实践与启示[J].金融电子化,2019(1):2.[1]
[2] 何姐娜.英国互联网金融监管对于我国 P2P 模式监管的经验借鉴分析[J].财经界,2016(17):1.

消费者资金保护与合同解除权、最低审慎资本金额、平台关闭后的借贷管理、纠纷解决等核心监管措施,新的监管制度格外强调披露信息的重要性。

对于股权型众筹,英国最初并未专门制定监管法律,但由于其涉及证券发行和金融产品推介,在产生之初便受到已有法律体系的监管。① 依据《2000年金融服务与市场法》的相关规定,对向公众发行非上市证券的股权型的众筹实行许可制度。② 按规定,投资者必须是年收入10万英镑或净资产25万英镑以上,以及FCA认证的成熟投资者,如果不属于成熟投资者,投资额不能达到净资产的十分之一以上,要获得FCA颁布的投资咨询机构认证。这项新监管方法侧重抬高准入门槛,通过高要求降低了监管成本。

英国并未针对网络银行单独制定监管法规,而是将其纳入银行监管规范之中。其监管体系和关注的问题与美国大同小异。英国认为,网络银行主要在战略、商业、安全、声誉和运行等方面存在潜在风险,但这些风险并不是全新的风险。③

(三)欧盟的互联网金融监管实践

欧盟的金融监管框架由欧盟理事会和欧洲议会通过立法程序制定,欧盟制定的金融监管法规是各成员国必须遵守的最低标准。

鉴于欧盟的组织架构,尚未有统一的金融监管机构。而监管立法则由成员国互相承认其他成员国的相关立法解决,具体的实施方案由各成员国的金融监管机构实施,欧盟和各国金融监管委员会,在其中发挥协调功能。在正式的多边协调机构之外,还有多边协议模式,通过较为松散的非正式安排来协调欧盟与成员国,对金融市场进行监管。

在第三方支付方面,欧盟认为这是商业银行货币或电子货币业务,为此先后制订《电子签名共同框架指引》《电子货币指引》《电子货币机构指引》和《支付服务指引》等法律进行规范。根据前述法律,必须取得相关的营业执照方可从事上述业务,这是针对网络银行业务特殊风险的监管手段。监管要求与传

---

① 吴晶妹,邵俊睿.基于美、英、澳股权型众筹平台信用风险防范手段运用分析——兼论对中国股权型众筹发展的启示[J].现代管理科学,2016(12):3.
② 唐琦.我国互联网股权众筹法律监管研究[J].互联网天地,2022(4):6.
③ 李洋,计明军.英国股权众筹的发展、监管及启示[J].内蒙古民族大学学报(社会科学版),2015,041(004):112-115.

第八章 互联网金融监管国内外比较研究

统银行业金融机构有许多相通之处,主要强调资本监管、沉淀资金管理、风险控制、信息披露等方面的内容。资本必须拥有充足的自有资本(不低于100万欧元)和流动资金,准入门槛较高;对于沉淀资金,采取与银行机构类似的准备金管理制度,必须在中央银行开设专门账户并存入足够的准备金,沉淀资金的运用也受到严格限制;必须建立审慎、稳健的风险控制制度;必须做好完善信息记录和报告制度的工作。

在网络贷款方面,欧盟出台特别的指引文件对涉及消费者信贷、不公正的商业操作条件等进行监管,但没有制定专门法。上述指引文件作为规范,基本都重视信息披露和消费保护的各方权责,其指向的交易阶段为合同缔约前,作为前置监管。其中对网络贷款的规定比传统信贷方式的要求更为高级,尤其是网络上的信贷广告,有专门的披露规定。同时,对于消费者保护,还赋予其14天内无理由的撤销权,并且应当有合理而充足的考虑期,来对合同进行全盘的审慎考虑。①

欧盟主要基于现有法律框架对网络银行业务进行监管,同时非常注重对网络银行业务特别风险的防控。欧盟对网络银行的监管原则为,坚持适度审慎原则和保护消费者原则,尤为重视各成员国的合作,欧盟认为在现在的情势下,做好网络银行的监管应当发挥各成员国的合作作用。尽管具体的监管工作主要由欧盟各成员国、国内监督机构负责,但欧洲中央银行发挥着重要的协调功能,其使命在于监督各成员国对网络银行的监管原则步调一致,防范法律和信誉、操作和网络风险,提高服务水平。

(四)日本的互联网金融监管实践

受日本经济"失去的二十年"的影响,日本对金融监管予以完善,所以在金融危机之中,日本金融所遭受的冲击不大,也因此并未跟随国际社会的金融监管改革热潮。

日本的情况颇为特殊,由于日本经济有"失去的二十年"的惨痛教训,日本在20世纪末开始对金融监管非常重视,这也导致日本在后来的金融危机中,所

---

① 李畅,梁潇.互联网金融中个人信息的保护研究——对欧盟《GDPR条例》的解读[J].电子科技大学学报:社会科学版,2019,21(1):7.

受冲击较小。但这也导致日本没有跟上世界主流的金融监管改革脚步。①

日本对金融行业实行综合监管，拥有立法权的国会制定的《保险法》《银行法》《信托法》《证券法》等构成了金融监管法律体系。因此，日本金融监管机构在这样的法律体系下各司其职。需要明确的是，日本是混业监管，以金融厅作为全能的监管机构，不分银行、证券和保险，而是由其对整个金融市场进行监管并确保市场的正常运行和消费者权益。

互联网金融监管方面，日本通过21世纪初出台的《金融商品销售法》《金融商品交易法》等一系列规定调整新兴的金融产品和金融服务，上述极具针对性的法规是日本对互联网金融开展监管的主要法律依据。值得注意的是，日本在《金融商品销售法》立法时，突破了金融业务的界限，将"有价证券"等同于投资类金融商品，将新兴的金融产品和业务都纳入了该法律的监管方位，极具前瞻性。上述法律和其他金融监管法律一起形成了较为完善的金融监管法律体系。

日本对第三方支付的监管模式与欧盟较为接近，也侧重于机构监管。日本效法欧盟，先后制定和实施了《信息技术基本法》《电子签名及认证服务法》，上述法律先后确立电子商务监管和认证的规则，解决电子签名及其认证问题、网上交易合法化问题、网上支付问题等，还细化了处罚措施。②

日本对于网络银行的监管思路包含在监管指引之中，主要监管问题为申请设立网络银行的准入门槛，包括资本金是否充足、股权结构是否合理、人员配置是否到位、风险保障措施是否完善等。监管的重点包括客户身份确认监管、网络银行的客户管理、反洗钱监管和防止金融犯罪、网络银行的系统安全管理等。

二、国外互联网金融监管政策的主要特点和发展趋势

从上述情况可知，美国和英国等西方国家的金融监管有不少异同。应当看到，第一，各国监管实践中的共同特征越来越多，例如各国均采取成文立法的方式对互联网金融予以监管；第二，即便是那些差异性特征，也并非截

---

① 占云生.金融业综合统计的国际经验与启示——以日本为例[J]. 2022(5).
② 孙章伟，王聪.日本"消金三恶"与治理研究[J].现代日本经济，2011(01): 38-46.

第八章　互联网金融监管国内外比较研究

然对立、互不相容。这些差异性特征,或者是因为各国的经济体制有所不同;或是由于各国的金融监管体制存在差异,导致对于互联网金融监管的侧重点有所不同;或者是各国在本质上相似的互联网金融监管理念,贯彻到本国现行金融监管框架的过程中,形成了差异化的外在特征。下面对美、英等国在互联网金融监管实践中的主要特点及发展趋势加以归纳和总结。

(一)依托既有金融监管制度构建互联网金融监管框架

在对互联网金融进行监管时,美、英等国并不是另起炉灶,而是依托已有的金融监管制度,利用已有的金融监管法规和措施,结合本国的互联网金融现状,找到有本国特色和符合本国行业规律的金融监管方式。

美国对金融业采取分业监管模式,不同金融业务监管分别由不同的监管机构负责实施,有利于各部门明确职权范围,从而达到对金融业的有效监管,因此这一制度也沿用到互联网金融监管之中。例如,在美国,第三方支付和众筹融资、网络贷款的监管分别由FCA和证券委员会负责。除了接受联邦一级监管机构的监管之外,在美国"双线多头"的监管体制下,互联网金融业务还需接受州一级监管机构的监管。

英国对金融行业采取集中监管体制,将包括互联网金融在内的金融业实行一体化监管。金融危机之后,英国为了加强审慎监管,对金融监管体制进行了全面改革,在中央银行之下新设FPC等一系列新机构各自行使审慎监管职能和行为监管职能。其中,系统重要性金融机构则由PRA实施监管,互联网金融业务行为由FCA负责监管,涉及宏观审慎监管的事项,PRA和FCA都接受FPC的指导。

(二)功能监管虽与机构监管共存,但前者更受关注

以权限划分为标准,金融监管可分为机构监管、功能监管模式。对于前者,审慎原则是核心要义,由主管的监督机构,负责监管特定类型金融机构的所有监管事项;对于后者,遵循专业原则,同一监管机构监管一类金融业务。据此,美、英等国家和地区的金融监管思路体现为进行差别化监管,在具体监管工作中,监管重心按业务形态有所偏重,但机构监管与功能监管同时存在。但各个国家的整体思路必然有所差异,这表明,任何情况下,机构监管与功能监管应是一个有机整体,而非有他无我的关系。英国的FCA以

"不易变现证券"为中心，不区分"非上市股票"或"非上市债券"，将上述投资型众筹活动均纳入监管范围之中。

实际上，功能监管在提高金融监管的专业度和针对性上，更能符合互联网金融的综合、全能趋势。因为功能监管在互联网金融不断推陈出新的今天，更能符合监管权责统一的需要，反过来也能推动金融创新。但局限性在于无法在整体上掌控风险和实现审慎监管目标。例如美国把第三方支付界定为对传统支付业务的延伸，对其实行功能监管。①而欧盟则认为第三方支付有别于其他支付手段，第三方机构被要求取得相应的执业执照和达到自有资本和流动资金标准，甚至采取与银行类似的准备金管理制度。

总体来说，功能监管和机构监管各有利弊，不能一味地推崇功能监管的专业性，也不能一味地推崇机构监管的合理性，应当利用功能监管和机构监管各自的优越性，使功能监管和机构监管并存。

(三)行为监管与审慎监管框架日渐清晰

金融危机之后，行为监管和审慎监管越来越受到各国重视。美国和英国在客户资金保护方面，命令平台将客户资金存到指定的机构或账户，强调平台资金和客户资金的区分。英国甚至要求平台承担一定的信托义务，在行为上，对互联网金融的关联行为、基础构造的监管同样重视，目标在于保护交易的高效、公平和稳定。

互联网金融可能给社会带来负外部性，审慎监管的目标是通过引入监管限额管理等风险管理手段，调控互联网金融机构的风险承受能力，控制互联网金融的负外部性。例如，最低审慎资本要求是英国对网络借贷企业进行的特殊规范，为避免平台的过度扩张，保持稳定性，应做到以自有资本抗拒相关风险。FAC要求静态最低资本至少为5万英镑（2017年4月前为2万英镑），依据平台借贷资产总规模，实行差额累计制，以求得动态能承受住的资本底线数额，再取较高值作为最低审慎资本限度。同时，FAC列出了审慎资本工具的范围确保平台达标。

---

① 王刚，任浩聪，雷薇.影响我国金融监管效率的主要因素[J].2021(2015-6)：1-6.

(四)多措并举,注重金融消费者保护

互联网金融产品在发挥其信息优势、为非互联网金融无法覆盖的长尾人群带来投资机会上具有优势,但反作用是可能会把风险最高的项目带到抗风险能力最差的人面前。此类人群的认知水平完全无法与互联网金融机构处于同一水平,为了防止利用这种信息不对等侵害消费者权益,域外非常重视消费者保护。

第一,美、英等国家发挥信用制度健全的优势,采用阶梯式和资产认证双重管理。按照投资人资产的高低对其投资额度做出了相应限制,在吸引更多社会闲散资金进入小微企业的同时,避免给投资者的资产安全带来过大冲击,从而保护互联网消费者的财产权,以股权众筹为例,美国限定年收入不足10万美元,对股权众筹的投资额不超过2 000美元或者年收入(净资产)的5%。若年收入在10万美元以上的,则投资额不得逾越年收入(净资产)的10%。英国也对投资者的投资额度做出了类似规定。

第二,美、英监管部门督促互联网金融机构加强风险告知的披露,并使用普通消费者能够理解的语言进行表述,使金融消费者明确知晓产品的收益和风险。以网络信贷为例,美国要求网络贷款平台对收益权凭证所对应贷款的具体条款和借款人信息进行详尽披露,以保证互联网消费者的知情权;英国也要求网络信贷交易双方严格履行信息披露义务。此外,监管当局非常重视对金融消费者的风险教育,尤其是金融风险预防,一定程度上有利于金融消费者风险规避能力的提高。例如,为了确保众筹投资者对投资风险有足够的认识,英国要求众筹平台对投资者具有的知识和经验进行测试。

第三,在消费者隐私保护方面,美、英监管当局要求互联网金融机构公示对金融消费者的隐私保护规则,并制定了违规惩罚措施。例如,对于第三方支付业务中的消费者隐私和数据安全问题,美国针对不同的第三支付方机构实行差异化管理,在州层面也有相应的监管要求,要求第三方支付机构定期公开披露数据泄露情况。

第四,美、英监管当局为互联网金融消费者建立了较为完善的维权渠道。例如,美国在金融危机后新设立了CFPB(消费者金融保护局),专门负责监管包括互联网金融在内的消费金融产品和服务,其职责包括消费者金融保护相

关法律的制定、监督和执法，同时接受消费者投诉，消费者可通过 CFPB 网站，提交投诉并查询受理进程。此外，英国、澳大利亚等国家还专门成立了金融申诉专员服务公司[①]。

三、各国互联网金融监管政策之不足

英、美等国目前已初步建立了互联网金融监管的基本框架，并取得了一定的成效，但在监管实践中也暴露出一些问题，其他国家在互联网金融监管政策实践中的经验和教训，应当引起重视。

(一)分业监管容易导致重复监管和监管盲区

美国依托现有金融监管体制，构建互联网金融监管的基本框架，总体上延续了"双线多头"的分业监管制度框架。尽管美国财政部在金融危机后发布了《现代化金融监管架构蓝图》，提议对现有金融监管架构进行改革，但由于太过激进而未被采用。因此，当前美国的金融监管架构同金融危机前相比并未发生实质性变化，这样多头监管体系难免会导致"三不管地带"的出现和监管范围重叠问题。美国第三方支付企业 PayPal 案，就是因"双线多头"监管体制而引发互联网金融监管冲突的一个典型例子。事实上，纽约州和加利福尼亚州从 PayPal 所从事的业务实质出发，认定 PayPal 非法从事银行业务，曾叫停 PayPal 的服务。应当认真汲取美国的经验教训，明确各监管机构的职责边界，加强监管中的协调沟通。

(二)监管过严将会推高企业运行成本、抑制创新

美国将网络贷款由美国证券交易委员会实施监管。[②] 曾有学者对上述监管规则适用提出了批评，认为贷款平台的运营成本由此大幅度上升，对美国网络贷款行业发展造成了"毁灭性的打击"[③]。美国金融监管把网络贷款认定为证券交易，依据的是《证券法》中的条款："所有票据凭证和投资协议都是证券。"有学者认为，网络借贷不能归类于投资协议或票据凭证类的证券产品，故而

[①] 岳金禄.金融申诉专员机构的类型划分及我国的路径选择[J].法治论坛，2021(1)：27.

[②] 杨松，张永亮.美国 P2P 网贷平台法律监管困局之反思[C]// 中国国际经济贸易法学研究会暨中国法学会国际经济法学研究会年会.中国社会科学院对外贸易国际金融研究中心；中国互联网金融诚信联盟，2014.

[③] 朱兴龙，邱凯.美国现金贷行业监管经验对我国的启示[J].黑龙江金融，2018(4)：3.

网络借贷并不具备构成证券交易行为的条件,证券交易委员会作为网络贷款业务监管主体的正当性有争议,其监管给投资人利益和行业发展带来了危害。①证券交易委员会无法提高网络贷款平台对借款的审查水平,却给网络贷款平台的运行增加了诸多不必要的法律程序,增加了网络贷款平台运行的法律成本,这些最终都由网络贷款平台的使用者负担。部分规模较小的网络贷款平台由于无法承担高昂的运行成本,不得不放弃在证券交易委员会注册,导致无法持续经营,最终只能停牌歇业。而英国在鼓励互联网金融创新方面的思路和做法对我国具有参考价值,英国在金融消费者保护方面走在前列,建立了金融服务补偿计划,但英国并未要求网络融资平台加入该计划,原因就是为了不给这一新兴行业增加额外成本。②

第三节　国外经验对我国互联网金融监管的借鉴与启示

我国互联网金融行业,在高速发展的同时逐渐显露出各种风险和隐患。近年来,这些风险和隐患愈演愈烈,特别是频繁发生的"卷款跑路"事件,更加严重地阻碍了互联网金融行业的健康发展,亟待建立完善的互联网金融监管体系。我国互联网金融监管体系的制定原则和思路,应当以现有金融监管制度框架为基础,借鉴国外互联网金融行业相关监管工作的经验教训,根据互联网金融与传统金融的差异性特征创新监管,不断促进我国互联网金融行业的快速发展。充分借鉴美、英等国经验,在现有基础上,有针对性地完善监管体系,逐步将互联网金融行业监管纳入现有监管框架之内,在促进互联网金融行业不断创新蓬勃发展的同时,坚守互联网金融行业风险底线。

---

① 张琳,史达,马秀程.网络借贷的投资从众行为研究——平台与投资者的双重视角[J].东北财经大学学报,2022(2):12.
② 黄震,邓建鹏.英美P2P监管体系比较及启示[J].中国农村金融,2016(15):3.

一、遵循一致性原则，协调主体监管和行为监管

互联网金融以互联网为依托，实现资源的有效配置。网络也让金融和非金融机构的分界线消失了，为了应对这种新形势，必须对监管思路进行调整，让主体监管和行为监管共同发挥作用。由于互联网金融参与主体规模大小不一，参与主体也比较复杂，在这个市场里，持牌机构与非持牌机构、传统金融机构与互联网公司和众多创业公司等、大型企业与小微企业同台竞争。面对如此复杂的环境，秉持传统的主体监管方式难度极大、效果有限。而美、英的方案是把重点放到互联网行为监管，既能充分提高监管的效率，又能防止监管套利，保证市场的开发和有效，促进市场主体竞争及参与的公平性，对我国监管改革有示范作用。在监管实践中，主体监管与行为监管密不可分，主体监管有利于优化互联网金融业的结构，明晰主体范围和要求；行为监管有利于公平的市场环境的建立，激发各个市场主体的能动性，应遵循一致性原则处理好两者之间的关系。无论经营主体是持牌的传统金融机构还是非持牌的准金融机构或非金融机构，如果某种互联网金融业态实现了与传统金融相似的功能，就应当接受与传统金融相同的监管；如果几种不同的互联网金融业态实质上实现了相似的功能，产生了相同的风险，也应当受到相同的监管。此外，也不能简单照搬其他国家的互联网金融监管模式，应结合我国现行的互联网金融监管体制，在参考其他国家的互联网金融监管政策的同时，也要根据各业态在本土化过程中，出现的新特点和新风险做出适应性调整，核心是要根据业务和风险来实施监管。

二、通过修订现行监管法律强化对互联网金融监管

国家保障金融安全需要实施金融监管，而金融监管的根本依据和效力来自法律法规的规定。为保障我国互联网金融、科技金融乃至于数字金融的可持续发展，必须完善我国全国人大立法层面的互联网金融监管法律法规体系。就互联网金融监管立法来看，美、英等国并不是另起炉灶，而是依托已有的金融监管制度。应利用已有的金融监管法规，本着尊重行业发展规律的精神，结合现有的金融监管方法，实事求是，从客观情况出发，搭建适合我国现状

第八章　互联网金融监管国内外比较研究

的互联网金融监管体系，加快金融消费者权益保护、社会信用体系构建、信息网络安全维护等相关法律的立法进程，并参考他国先进经验，最终建立起我国的互联网金融基础性法律框架。①

三、以审慎监管应对系统性金融风险

互联网与金融的结合会在一定程度上放大金融风险，往往在某一环节就会发生系统性金融风险。② 即使是某个环节上的小概率事件也可能导致系统性金融风险。加强审慎监管，防范系统性风险，已成为当务之急。所以，为了防范此种事件的发生，必须强化和贯彻审慎监管。作为相较于传统互联网金融具有准入容易、覆盖面大，且大众参与度高等特点的互联网金融，一旦发生风险，将给社会造成大范围损害；同时，互联网金融的发展加快了金融与其他产业的融合，互联网金融企业和传统金融机构可能会因业务关联、声誉风险等原因造成风险传染。监管机构需要保持高度的风险敏感性，不仅要关注个人机构的风险特征，还要密切关注互联网金融创新活动的系统性影响，加强微观审慎监管和宏观审慎监管。为了实现上述目的，监管部门应当重视内部的信息分享和配合能力的提升，对风险传播的各个关键环节实行有效识别及追踪，提高宏微观层面的审慎监管协调力度，健全风险监管的研判和指标体系和系统性风险警示系统，以便在风险出现征兆时尽快化解危机。

四、以信息披露制度改良为导向构建综合性消费者保护机制

长尾人群在享受互联网金融带来的投资便利的同时，也面临着极高的交易风险，但互联网金融的持续性发展不能离开消费者，消费者的持续性参与来源于消费者权益保障。③ 我国监管部门可以从信息披露制度入手，借鉴英美等国在此方面的先进经验，要求被监管对象做到如下几点：披露真实运营模式、业务数据等经营信息，资金需求方应如实披露财务报告、资金用途等关

---

① 杨艺婕. 老年人金融消费权益保护国际经验及对我国的启示[J]. 现代营销：下，2022(2)：3.
② 巫卫专. 我国系统性金融风险的测度与监管研究[D]. 江西财经大学，2014.
③ 孙天琦. 关于金融风险"早识别，早预警，早发现，早处置"的几点思考[J]. 清华金融评论，2022(2)：4.

键信息，让消费者避免在受到错误信息误导或信息不充分的情形下做出投资决定。首先，监管部门应当要求平台机构建立合格投资者制度，并遵循"小额分散"原则对投资者的投资额度做出适当分层和限制。其次，打破根深蒂固的"刚性兑付"观念，通过风险防范教育予以纠正。最后，对金融消费者的投诉应当重视和尊重，建立完善投诉处理机制，及时对互联网金融消费者的投诉进行调查和反馈，将风险扼杀在摇篮之中。可以借鉴域外先进经验，以新设部门或从原有部门中指定专门的机构来履行消费者保护职责，行使强制监管权力。实际上，我国的"一行两会"已成立金融消费者保护局，虽然这是好的开始但是将来还需细分权责，从而建立完善的综合性消费者保护机制。

五、建立互联网金融时代下的社会信用评级体系

在英美等国，网络信贷和股权众筹融资平台的飞速发展，离不开成熟规范的个人信用体系。良好的征信服务既有利于投资，又可以拓宽资金来源渠道。而我国的征信体系建设刚刚开始，中央银行建成了全国统一的企业和个人信用信息基础数据库，该系统对所有接受过金融服务的顾客出具专属的"信用报告"。但是，该系统离达到支持信贷平台和股权众筹融资平台的距离还差得很远，这是信息采集覆盖面的局限性导致的。况且，信息由不同的机构保存，导致征信标准差异性非常明显。由此可见，建立覆盖全国的统一征信系统、完善信用服务机构的评级，并规范其服务行为，完成信息互通互联，对发挥信用信息对失信行为的约束和监督，最终实现促进互联网金融行业发展的意义重大。

六、在加强监管的同时不损害行业创新

虽然行业的健康发展需要监管，但监管也是双刃剑，过度的监管会抑制创新的生命力。由于传统金融系统有严重的金融抑制现象，互联网金融带来的普惠金融才受到大众的追捧。这给监管部门带来了新的挑战，即在做好监管、化解风险的同时，又不能损害互联网金融在资源配置方面的创新力。监管部门应当与行业创新同步改进监管方式及监管工具，提高对复杂金融创新产品的专业监管能力。面对互联网金融创新的特性，切实转变监管思路，把

第八章　互联网金融监管国内外比较研究

握好监管的边界，也是监管部门当前任务的重中之重。美、英两国对于互联网监管与创新的关系，并非制造更多限制条件，阻止企业进入互联网金融领域，而是致力于推动行业有效竞争，这种充分发挥市场的作用的手段值得借鉴。给予互联网金融适当的试错机会，是监管部门在防范系统性风险的同时，包容互联网金融创新的体现，在没有对行业发展路径、规律了解清楚前，对部分互联网金融业态的监管应当审慎。[①] 监管部门应当持续评估发展态势，建立动态监管体系，根据实际情况及时调整监管策略。

---

① 徐勤龙，凌小平，庄超超.互联网金融监管的国际经验及启示[J].唯实：现代管理，2017(8)：3.

第九章　互联网金融监管体系构建

随着互联网金融爆发式的发展，存在一系列金融风险法律问题，加强互联网金融法律监管已达成共识。目前，中国人民银行进一步明确了互联网金融监管的职责分工：中国人民银行负责第三方支付的监管，银保监会负责网络贷款的监管，证监会负责众筹的监管。针对互联网金融的法律法规缺乏系统性，当务之急，需要对互联网金融的监管体系进行整体设计，构建起互联网金融监管完善的组织体系、法律体系、自律监管体系和监管协同体系。

第一节　互联网金融监管总体思路

一、监管理念

虽然互联网金融的监管政策陆续出台，但一定要注意监管的双重性，监管政策过严或过松都不利于互联网金融有序、健康地发展。互联网金融具有金融创新的特征，属于新生事物，在互联网金融监管工作中，总体上应当体现开放性、包容性、适应性，同时坚持鼓励与规范并重、培育和防险并举，维护良好的竞争秩序、促进公平竞争，构建包括行业自律、内部控制和外部监管在内的三位一体安全网，维护金融体系稳健运行。具体来说，互联网金融的监管理念如下。

(一)开放、包容的理念

互联网金融作为金融新业态，在不断的创新过程中得到发展。互联网金融的网络技术特性,决定了创新是其永恒的主题。因此,对互联网金融主要业态业务模式进行充分研究后,要在明确底线的基础上,准确把握法律关系和风险实质,分类进行强度不等的监管,为行业发展预留一定空间。

(二)全面监管的理念

与传统金融相比,互联网金融的杠杆高、风险更大,这决定了网络金融更加脆弱,但整个金融体系与所有环节紧密相连,任何不慎操作都会导致整个金融体系的崩溃,被称为"蝴蝶效应"。因此,当我们考虑金融创新与金融监管的关系时,必须优先考虑金融创新,但金融创新必须在有效监管下进行,放松甚至放弃必要的金融监管,以满足金融创新是必须付出的代价。[①]

(三)协调监管的理念

互联网金融横跨多个行业和市场,交易方式广泛、参与者众多。而有效控制风险的传染和扩散,推动行业可持续发展,离不开有效的协调监管。协调监管的理念体现相关部门在金融监管中相互的协调与配合。互联网金融各自有其不同的运行机制和风险防范手段,监管中的协调是必要的。

(四)重点监管的理念

我们应当对一切可能对金融稳定构成威胁的互联网金融企业进行监管,但对大型互联网金融机构进行重点监管是保证金融系统安全与稳定的重要环节。

(五)普惠、安全与效率的共融的理念

互联网金融普惠、金融安全与金融效率的协调,应当以统筹兼顾、金融安全优先为原则,对于具体制度和规则的制定,应当对其目的、功能(包括正功能和负功能)进行全面评估,进行最终抉择。

二、监管目标

(一)保障金融市场的稳定发展

金融市场是现代经济活动的中心,对整个市场经济具有整体效应,因此,

[①] 李艳,范逸男.互联网金融监管体系改革进路研究——基于创新协同角度[J]. 2021(2020-5):79-86.

保障金融市场的稳定和发展，是互联网金融监管的主要目标。

互联网金融发展对整个金融市场产生了双重影响，一方面，互联网金融增加了金融服务供给渠道，扩大了金融市场参与群体，提高了资源配置效率，促进了金融市场的发展；另一方面，互联网金融的存在和持续发展，不仅给金融市场带来了新的风险，而且增加了传统金融的风险，网络金融创新使央行货币政策目标面临诸多挑战，削弱了政府信贷政策的效果，增加了整个金融市场的系统性风险。[1] 因此，鉴于金融市场在国民经济生活中的重要地位，必须把实现金融市场稳定发展的目标贯穿于整个互联网金融监管之中。

(二)促进互联网金融竞争的公平性

互联网金融行业现在呈现出"强者愈强，弱者愈弱"的马太效应，一些互联网金融巨头已经形成了一定的垄断优势地位，规模效应非常明显，大多数还向多元化业务经营方向发展，客户忠诚度也比较高，同时，很多中小型的互联网金融机构却惨淡经营，有的被迫转业甚至关门收场；另外，由于法律法规和监管不健全，互联网金融市场上恶性竞争事件层出不穷，扰乱了互联网金融秩序，严重损害了整个行业的长远发展，因此，促进互联网金融行业竞争的公平性，也是我们监管的必要目标之一。

(三)保障互联网金融安全

互联网金融存在特殊风险。互联网金融门槛低、准入机制不完善，这意味着非金融机构也可以介入金融业，从而降低了传统金融机构的特许价值和金融服务行业的专业化程度。在激烈的竞争压力下，一些非传统金融机构为了吸引消费者，在片面追求高收入的同时，忽视了风险控制，对互联网金融安全风险视而不理。[2] 此外，互联网金融高度依赖互联网技术本身的发展，互联网技术差距也会给互联网金融带来意想不到的风险和损失，而现阶段互联网金融也面临着缺乏法律约束的特殊风险，因此如何防范互联网金融的系统性风险就很有必要。由于这些特殊风险，确保互联网金融安全已成为我们的监管目标之一。

---

[1] 袁远.由"管制"向"公共产品"的转型——互联网金融法律监管的困境与对策[J].湖北大学学报：哲学社会科学版，2019，46(03)：166-172.

[2] 刘巍.互联网金融风险中政府的监管作用分析[D].辽宁师范大学，2015.

(四)合理引导互联网金融创新

互联网金融的出现和发展虽然带来了新的风险和问题,但在监管中不能采取因噎废食的态度,应给予网络金融创新足够的检验和试错空间,合理引导其创新方向。对于负面影响小、影响大的互联网金融创新,如众筹投资、小额网上借贷、同业拆借等,可以采取鼓励发展的态度;对于风险和影响较大的互联网金融创新,如互联网支付,应采取密切监控、少干预的做法;对于容易沦为投机工具的互联网金融创新,应严格监管。总体来说,我们应该允许互联网金融创新在探索中寻找出路,但不能犯致命的错误,要对互联网金融创新进行合理的引导。

(五)保护消费者合法权益

与传统的金融服务不同,新兴的互联网具有很强的"草根性",参与门槛低、消费者数量很多,因此,保护消费者合法权益既是互联网金融监管的一个重要目标,也是互联网金融监管的重点。要加强消费者教育,引导消费者厘清互联网金融业务与传统金融业务的区别,促进公众了解互联网金融产品的性质、提升风险意识,在此基础上,切实维护金融消费者的合法权益。[①] 由于互联网金融数据存储高度依赖网络,当前必须加强消费者隐私信息保护,打击侵害消费者权益的行为。同时,互联网金融市场活动应当以证券市场为范例,做好风险揭示和投资者教育工作。

三、监管原则

我们必须清醒地认识到互联网金融的金融功能属性和金融风险属性,通过功能监管法、穿透式监管法、完善的法律监管体制机制,把可能引发的风险控制在可预期、可承受的范围内。这需要在监管的过程中坚持以下监管原则,加强规范管理,促进以创新为动力的这一新型金融服务业态在可持续的轨道上健康发展。

(一)适度监管原则

包括互联网金融在内的一切金融创新,均应有利于提高资源配置效率,

---

① 尹优平.保护金融消费者合法权益可助实现共同富裕[J].当代金融家,2022(2):3.

有利于维护金融稳定，有利于稳步推进利率市场化改革，有利于中央银行对流动性的调控，避免因某种金融业务创新而导致金融市场价格剧烈波动，由于互联网金融创新型经济业态，还未经历经济周期的考验，因此互联网金融监管应坚持从风险防控、保障公众利益的角度出发，严守底线，严打金融诈骗等违法行为，积极扎实地服务经济实体。

(二) 分类监管原则

互联网金融有很多种模式，不同模式的特点、风险特征、风险监控都不一样，所以无法建立统一的监管标准、监管模式，监管政策应该具有针对性，应对每一类经营模式制定符合其发展特点的监管政策。例如，在互联网金融业务中，对于潜在风险越大、影响越广泛的业务，就越应加强监管强度；而对于提供小微金融、服务特定群体的互联网金融业务，就应注重发挥自律组织的作用，避免过高的监管成本。

(三) 协同穿透式监管原则

我们既要坚持监管规则的公平性，加强监管协同，防止监管套利，又要通过穿透式监管将所有互联网金融风险纳入监督管理体制中去完善监管，不留死角。不同行业的监管部门应加强监管协作，推动监管体系无缝对接。[①]

(四) 监管创新原则

互联网金融无法改变金融的风险属性，但是在新的金融科技创新下，它的安全风险更为突出，在制定监管政策法律时，既要考虑其创新性，又要加强建设明确统一的监管风险标准，强化功能监管、行为监管、智慧监管、科技监管等高科技手段，并培育多层次监管体系，引入审计、评估、法律等专业化、市场化评价体系，加强知识普及和投资者教育等。

四、监管模式

(一) 功能监管与机构监管相结合

互联网金融普遍具有"跨界、跨领域"的特性，从国际实践看，应处理好

---

① 李文红，蒋则沈. 分布式账户、区块链和数字货币的发展与监管研究[J]. 金融监管研究，2018 (6): 12.

第九章 互联网金融监管体系构建

机构监管和功能监管的关系,在以机构监管促进单个机构审慎合规经营的同时,强化功能监管,维护市场统一秩序。① 同时,完善行为监管,规范信息披露,打击恶意欺诈等行为。② 众所周知,功能监管的核心是根据互联网金融的业务和风险来实施监管,其主要是针对风险的监管,基础是风险识别、计量、防范、预警和处置。而互联网金融兼具"互联网"和"金融"的双重基因,这决定了其风险远比互联网和传统金融本身的风险更为复杂。互联网金融风险主要是流动性风险、信用风险、操作风险、声誉风险、信息泄露风险、IT信息系统风险等,互联网金融也存在误导消费、夸大宣传、欺诈等问题。因此,对于互联网金融,功能监管(审慎监管、金融消费者保护)和机构监管的主要监管方式也都适用,"一行两会"、工业和信息化部、商务部、公安部等可以在借鉴的基础上加强协同,形成合力,通过部门间的协作配合,促进监管信息交流和资源共享,提高监管透明度和监管效率。

1. 审慎监管

审慎监管分为微观审慎监管和宏观审慎监管两大类。前者是对单个互联网金融机构安全和稳健发展的监管,后者是对互联网金融系统安全和稳健发展及对实体经济影响的监管。审慎监管的目标是控制互联网金融的外部性,保护公众利益。③ 审慎监管是在风险识别的基础上,通过引入一系列风险管理手段(一般体现为监管限额),控制互联网金融机构的风险承担行为及负外部性(特别是在事前),从而使外部性行为达到社会最优水平。目前来看,互联网金融的外部性主要表现为信用风险的外部性和流动风险的外部性,对这两类外部性,可以借鉴银行监管中的相关做法(风险准备金拨备、资产损失准备金、不良资产拨备覆盖率、资本充足率、流动性覆盖比率、净稳定融资比率等监管指标),按照"内容重于形式"的原则,采取相应的监管措施。

2. 金融消费者保护

金融消费者保护,即保障金融消费者在互联网金融交易中的权益。④ 目

---

① 李箐,崔红军.中国互联网金融的风险与监管研究[J].卷宗,2019(15):187.
② 范逸男,任晓聪.互联网金融监管体系改革进路研究——基于创新协同角度[J].西南金融,2020(3):7.
③ 王妍,赵杰."金融的法律理论"视域下的"穿透式"监管研究[J].2021(2019-5):92-98.
④ 产品100.互联网金融的未来是啥样?[J].信息与电脑,2017(2):3.

前,"一行两会"均已成立金融消费者保护局,主要采取以下措施:第一,互联网金融机构有义务加强信息传播,产品条件必须简单透明,让金融消费者了解风险与利益的关系。第二,给金融消费者提供维权渠道,一是赔偿机制,二是诉讼机制。美国的做法允许金融消费者起诉银行、保险公司和证券公司欺骗金融产品,分销商对金融产品负有连带责任。第三,及时发现金融消费者投诉监管漏洞,需要互联网金融机构改进(现实生活中,有些互联网金融机构的"准欺诈产品"很难被监管者发现)。第四,利用互联网平台扩大金融消费者维权投诉的传播,通过社交网络和大数据扩大保护。①

互联网金融的机构监管的隐含前提是:可以对互联网金融机构进行分类,并且同类机构从事类似业务,产生类似风险,因此适用类似监管。据各种互联网金融机构在支付、信息处理、资源配置上的差异,可以将现有的互联网金融机构分成五种主要类型,即第三方支付、网络借贷、众筹、互联网金融渠道和网络虚拟货币。部分互联网金融活动已经出现了混业特征,如在金融产品的网络销售中,银行理财产品、证券投资产品、基金、保险产品、信托产品完全可以通过一个网络平台销售。因此,在此种情况下,就需要根据互联网金融机构的具体业务、风险,从功能监管角度制定监管措施,并加强监管协调。第一,对于第三方支付我国已经建立起一定的监管框架,包括《非金融机构支付服务管理办法》《支付机构客户备付金存管办法》等规章制度,要求这类产品必须如实向投资者揭示风险,如实披露信息,满足平均期限、评级和投资集中度等限制条件,避免投资者形成货币市场基金永不亏损的错误预期。第二,对于网络借贷的监管,借鉴国外经验,联系我国实际,要以"放开准入,活动留痕,事后追责"为监管理念,从准入监管、运营监管、信息监管三个方面着手。第三,对众筹融资的监管,主要包括三个方面的限制,对发行人的限制;对众筹融资平台的限制;对投资者的限制,可以借鉴美国《JOBS法案》。第四,对互联网金融渠道的监管,首先,要明确针对传统金融中介和市场监管框架措施都适用于互联网金融机构,但需要加强对信息科技

---

① 黄瑞.美国互联网金融监管特色及对我国的启示——兼论我国互联网金融标准化建设的必要性[J].经济师,2019(9):3.

第九章　互联网金融监管体系构建

风险的监管；其次，要明确对于金融产品的网络销售，监管重点要放在消费者保护方面。

(二)互联网金融分层监管与分类监管相结合

面对新兴的互联网金融机构和层出不穷的商业模式，中央和地方政府部门之间、不同的政府部门，分担监管网络金融机构的责任。日常监管和风险管理是一个非常复杂的问题，为进一步加强金融监管协调，确保金融业平稳运行，国务院同意建立由中国人民银行牵头的金融监管协调部际联席会议制度，其职责之一是"交叉性金融产品、跨市场金融创新的协调"，这实际上为我们搭建一支独特的专门履行互联网金融监管职责的金融网络监管体系提供了思路——可以通过制定专门的《互联网金融法》，依法组建独立的互联网金融监管机构(中国互联网金融监管管理委员会)，专职履行互联网金融监管职责，联合中央银行，形成"一行两会"的金融监管体制，中央集权，分层监管，其下分为不同的行业，实现对金融的综合监管(如构建互联网金融业务统计监测指标体系、设立专门的互联网金融风险处理机构等)。

此外，由于传统金融监管手法不能完全适应互联网金融的监管，可以由"一行两会"起牵头作用，开发网上互联网金融监管平台，建立互联网金融监管信息交流平台，促进监管部门的监管信息交流和资源共享，降低监管成本，提高监管透明度，实时对互联网金融实施监管。但由于互联网金融模式众多，且在不断更新，部分互联网金融活动出现了混业特征。例如，以余额宝为代表的"第三方支付＋货币市场基金"合作的产品，同时涉及支付业和证券业，在某种程度上还涉及广义货币创造。在这种情况下，就需要根据互联网金融机构具体的业务、风险，从类似监管角度制定监管措施，结合不同类型互联网金融机构的特点，有针对性地实行分类监管。如网络贷款归属银保监会监管，众筹和余额宝类产品归属证监会监管，而第三方支付则归属中国人民银行监管等等，加强监管协调。

(三)互联网金融外部监管与内部监管相结合

为了促进互联网金融的健康、可持续发展，维护金融秩序的稳定，保护消费者的合法权益，必须加强互联网金融监管，完善相关法律法规，监管非法融资，完善信用体系建设，在建立各级外部监管体系的同时，要加强监管机构、金融机构的内部控制机制、行业自律等内部监管。首先，按照分业监管的原则，中央银行、银保监会、证监会按照各自的职责，设立专门的监管机构，对本部门互联网金融机构进行监管，并定期披露信息。其次，互联网金融机构必须从内部组织的规章制度入手，建立风险防范体系，完善业务开发程序，充实内部科技和风控力量，打造专业的风险防控队伍，通过这些，他们率先制定自律标准，建立内部自我管制和控制机制，如我国目前的网络贷款行业。监管机构还应对互联网金融机构的内部自我约束机制采取明确措施和评估。再次，考虑到中国互联网金融创新速度快，政府立法和法律修订相对缓慢、缺失、不完善的现实情况，可以借鉴英国、日本等的经验，采取互联网金融行业协会等自律组织的方式[1]，填补中国在立法修法过程中的监管空白，由行业自律组织承担部分政府的监管职能，通过加强行业自律管理并制定行业组织的监管办法，规范和引导互联网金融机构的行为。这样一个内部与外部监管相结合的监管体系，对于互联网金融的发展及投资者保护均具有积极意义。[2]

(四)互联网金融创新监管和行为监管相结合

我国对互联网金融的创新精神和服务实体经济、服务大众的态度保持一种支持、鼓励的态度，需要明确的是，互联网只是一种渠道、媒介，不可能因为互联网而改变金融固有的本质，对其的监管仍需要遵守线上、线下一致的监管原则。一定意义上来看，行为监管就是对互联网金融的运营优化，其主要目的是使互联网金融交易更加安全、公平和有效，具体包括对互联网金融基础设施、互联网金融机构及相关参与者行为的监管，主要内容如下：第一，加强对互联网金融机构的股东、管理者的准入审查监管，严格控制持续经营阶段的关联交易，防止其通过资产占用等方式损害互联网金融机构或客户的合法权益。第二，对互联网金融有关资金及证券的托管、交易和清算系统的监管，一方面，要提高互联网金融交易效率，控制操作风险；另一方面，平台型互联网金融机构的资金与客户资金之间要有效隔离，防止挪用客户资

---

[1] 郑素勤.大数据时代下中国互联网金融创新发展与监管研究[J].中文科技期刊数据库(文摘版)经济管理：00237-00237.

[2] 赵春英.关于互联网金融风险防范和监管问题的相关研究[J].财讯，2019(8)：1.

第九章　互联网金融监管体系构建

金、卷款跑路等风险。第三，要求互联网金融机构有健全的组织结构、内控制度和风险管理措施，并有符合要求的营业场所、IT基础设施和安全保障措施。第四，要求规范互联网金融机构提供互联网金融产品或服务的合同条款，并就重要条款或免责条款对消费者做出解释说明。第五，要求互联网金融机构在收集、保存、使用、对外提供消费者个人信息时，严格遵守法律规定，采取有效措施加强对个人金融信息的保护，防止信息泄露和滥用。第六，要求互联网金融机构做好消费者教育工作，引导消费者更好地学习互联网金融基本知识、知晓互联网金融基本风险，增强其投资和借贷的能力及诚信意识。行为监管机构要联合社会各方力量共同开展互联网金融知识普及工作，评估各种消费者教育项目的有效性，构建互联网消费者教育的长效机制。[1]

由上可知，对互联网金融的行为监管，可以借鉴行为监管机构对金融机构经营行为提出的规范性要求，但互联网金融作为新生事物，对它的监管不能完全照搬普通金融机构的监管模式，要在结合互联网金融模式、风险特殊性的基础上进行创新监管，充分发挥互联网金融的创新活力，坚持保护金融消费者和投资者利益的风险底线，防止区域性和系统性风险的发生。也就是说，互联网金融监管模式面临的一大难题是，如何在有效维护金融稳定和金融秩序、保护金融消费者权益的前提下，促进互联网金融的创新发展。正是互联网技术的发展与应用，才促使互联网金融能更好地服务于实体经济和金融消费者，但要引起重视的是网络安全问题。互联网具有开放性的特征，网络安全是互联网金融稳健运营的关键和难点所在，而技术漏洞、管理缺陷、人为因素和自然因素等都有可能危及网络安全。例如，互联网技术所独有的快速处理功能，在方便、快捷提供金融服务的同时，也加快了相关风险的积聚速度，极易形成系统性风险。因此，对于这样一类新出现的金融业态，金融监管上需要留有一定的试错空间，过早、过严的监管会抑制创新，不利于金融效率的整体提高，但也要将互联网金融的整体风险保持在可控制范围内，不能引发系统性风险，影响金融稳定。总之，互联网金融监管的良好实践应当是既避免过度监管，又防范重大风险，鼓励创新，规范发展。

---

[1] 常祖钺，余健.互联网金融模式及风险监管思考[J].新商务周刊，2019(4)：1.

五、监管内容体系构成

互联网金融业态正改变着金融业的竞争模式，也促成了金融消费方式和交易行为的巨变，同时，还在一定程度上弥补了传统金融服务的不足，为实体经济发展提供了诸多方面的支持。这是互联网金融的积极作用方面，但我们在肯定互联网金融贡献的同时，也不能忽略其存在的诸多风险。互联网金融兼具"互联网"和"金融"的双重因子，这决定了互联网金融风险远比传统金融本身的风险复杂多变。因此，互联网金融监管应以满足实体经济发展的有效需求为落脚点和出发点，构建政府监管、行业自律和社会监管"三位一体"的互联网金融监管体系，以健全的法律法规体系为支撑，完善市场准入监管、运营过程监管和市场退出监管体系，具体的监管内容如下。

(一)政府监管、行业自律和社会监管"三位一体"的互联网金融监管体系

如何将新兴的互联网金融逐步纳入金融监管体系，防范各种金融风险和违法犯罪行为，是各国规范和促进互联网金融发展的趋势，也是我国实行金融改革的必经之路。监管主体的明确是十分关键的问题。我们认为，互联网金融监管应在法律框架内由政府监管、行业自律和社会监管三个层次构成，形成在法律框架内，以政府监管为主体、行业自律监管与社会监管为补充的互联网金融监管体系。

1. 政府监管

政府监管机构可以超脱于金融活动当事人之外，能够公平、严格地发挥金融监管的作用，保护公众的利益不受侵犯，具有至高的权威性。互联网金融组织和平台可以由"一行两会"和地方政府统一协调监管，赋予地方政府对互联网金融机构和平台部分监管职能，但地方政府不能干预互联网金融机构的经营。可以在统一监管的框架下，采用监管机构内部专业化分工的方式，构建我国互联网金融监管体系，即成立中国金融监督管理委员会作为一个集中统一的金融监管机构，内设互联网金融监督部门和系统性风险防范与控制部门。[①] 金融监管委员会的职权直接由法律赋予，向全国人民代表大会及常务

---

① 蔡宁伟. 国际金融危机后美国外资银行监管变革研究[J]. 金融监管研究，2018(6)：18.

第九章 互联网金融监管体系构建

委员会负责,与国务院及相关部门协调开展工作,其下分设银行业、证券业和保险业监督委员会,形成"一统三"的功能型监管框架,加强这些监管主体的独立监管权,强化省级以下金融监督管理分委员会的互联网金融监管职能,加强基层监管队伍的建设。在功能监管框架下,结合机构监管要求,明确各互联网金融子行业的政府监管主体。目前,除了第三方支付已正式纳入央行监管外,其他模式的定位不清,将严重破坏我国互联网金融的健康、可持续发展。因此,相关机构应尽快规范不同的互联网融资模式,明确监管问题,明确监管责任,为互联网融资的健康发展创造良好的监管环境。我们认为,应加强主管部门之间的沟通与协调。建立包括司法、工商、税务、通信等有关部门在内的联席会议制度。

2. 行业自律

一般来讲,行业自律组织比政府机构更熟悉本行业的实际情况,其在制定和执行行业内管理条例的过程中,更具有灵活性和预防性,且行业自律包含伦理道德的约束,作用空间较大,又能更好地与业内各金融机构沟通。行业内自我管理、自我规范、自我约束,可以有效地避免各金融主体之间的不正当竞争,规范金融主体自身的行为,促进它们彼此的协作,使它们自觉维护金融秩序,从而与政府金融监管机构共同维护金融体系的安全与稳定。[①] 因此,互联网金融监管有必要有效发挥行业协会的自律作用,加强对互联网金融的自律管理,促进形成互联网金融的活力和合力。从国际经验看,行业自律组织在互联网金融发展过程中发挥着重要的规范性作用。例如,"中国互联网金融协会"的成立,把P2P网络贷款平台、支付机构、众筹、征信等都会纳入协会之中。协会制定互联网金融行业发展规则和标准,引导行业健康发展,特别是在全行业树立合法合规经营意识,强化整个行业风险防管能力,加强公平竞争,营造良好市场环境和经营秩序,发挥更为积极的作用。通过法规明确界定互联网金融自律组织与法定金融监管部门的关系,将那些监管部门不宜管而又需要监管的工作,尽量交由协会负责,尽快形成我国互联网金融市场自我约束、自我管理机制,使行业自律与政府监管机构一道维护金融体

---

① 孙博洋.探析互联网金融的风险及防范措施[J]. 2020(25):39.

系的稳定与安全。

3. 社会监管

引入社会公众监督，建立互联网金融外部监管约束机制，增强金融监管的透明度，能有效抑制互联网金融风险，降低金融监管成本，促进互联网金融机构和平台内部审计工作的全面和规范，提高互联网金融监管的效率和质量。① 我们认为，互联网金融社会监督包括三个方面：一是发挥互联网金融机构利害关系人的外部约束力量的作用，如存款者、债权人、投资者等；二是发挥第三方机构的监督作用，如外部审计机构、会计师、审计师事务所、信用评级机构等社会中介机构的监督。从目前来说，对于那些条件成熟、发展较好的互联网金融机构，监管部门可以要求会计师事务所、审计师事务所和资产评估师事务所介入，对其财务报告、资产质量进行全面和严谨的审计，同时加快开展互联网金融企业和平台的资信评估工作，及时向社会公布评估结果，完善信息披露制度；三是有效利用社会舆论监督。

(二)健全的互联网金融法律法规体系

法律法规是国家实施金融监管、保障金融安全的根本依据，加强互联网金融研究立法和制度建设，建立健全互联网金融监管法律法规体系是我国互联网金融持续健康发展的重要保证。② 在宏观层面上，我国现行的金融法律，如《中华人民共和国商业银行法》、《中华人民共和国证券法》和《中华人民共和国保险法》等，立法基础是传统金融，很少涉及互联网金融相关内容，应该尽快将互联网金融纳入法律监管的视野。例如，确立对P2P网络借贷、众筹融资等新型业态的监管规则，如建立《P2P网络借贷监管试行条例》《众筹融资监管指导办法》等，再视实际逐步提升立法规格和立法层次，如建立《数据保护法》《电子资金划拨法》《信息合同服务规范法》等，构建一个权责分明、法理明确的互联网金融市场。在微观层面上，应以互联网金融业务的实质和风险特征为出发点，确立相应的制度制约和监管安排。例如，对于存在期限错配和流动性转换的互联网金融业务，就需要建立流动性管理规则；而对于具有委托代

---

① 刘雨航.基于我国互联网金融监管现状及体系构建分析[J].中国宽带，2020.
② 周涛.互联网金融风险及其防范探析[J].中外企业家，2020(14)：1.

理问题和道德风险的互联网金融业务,就需要加强风险管理和信息披露。

(三)完善的互联网金融准入监管制度

对监管机构而言,由互联网金融发展所形成的虚拟金融服务市场是一个信息高度不对称的市场,容易产生道德风险和逆向选择。互联网金融又以互联网的传播方式开展创新金融业务,其覆盖范围较广、社会影响较大,若发生恶性事件,社会危害性大。[①] 因此,需要制定监管规则,细化互联网金融发展的原则,设立规范的互联网金融行业准入门槛,以实现市场良性竞争。例如,可将是否具有相当规模的互联网设备、是否掌握关键技术、是否制定严密的内控制度、是否制定各类交易的操作规程等内容作为互联网金融市场的准入条件,对互联网金融各种业务的开展加以限制和许可。还可以根据开办互联网金融业务的主体及其申报经营的业务,实施灵活的市场准入监管,在防范金融风险过度集聚的同时,加大对互联网金融创新的扶持力度。

(四)严密的互联网金融运营过程监管

1. 严格的内控制度

对于网络金融业务的公示、信息披露和系统设计等要有制度性安排,对于互联网金融机构开展的业务,必须具备完善的风险识别、鉴定、管理、风险弥补和处置方案。

2. 完善严密的各类交易操作规程

对客户申请开立账户、客户授权的声明、一般交易程序等拟定细则,防止违法交易和侵害互联网金融交易系统的违法犯罪活动。

3. 现场检查与非现场检查相结合的监管方式

现场检查主要是为了关注风险管理是否适合,内部控制是否健全,通过对网络防火墙功能、技术要素、客户口令安全状况进行检查,确保互联网从业企业选择恰当技术。非现场检查着重对互联网金融业务发展规模进行检查,如检查受到病毒感染或黑客攻击的次数、业务覆盖区域、交易额等。作为虚拟化的金融交易,互联网金融运营监管应坚持现场监管和非现场监管相结合,并以现场监管为主。

---

① 李刚,麻晓悦:探究互联网金融监管现状及体系构建[J]. 现代经济信息. 2017(13)

4. 完善的互联网金融信息披露制度

互联网金融发展所形成的虚拟金融服务市场是一个信息高度不对称的市场,信息披露是解决信息不对称问题的主要途径。我国监管部门应要求互联网金融企业按照法律规定,遵循公开、公平、公正的原则,以保护投资者的利益和防范各种各样的金融风险为核心,制定比传统金融业务更为严格的信息披露制度,规范信息披露的内容、格式、频率等,完善相关数据分析系统,以增强业务运营管理的透明度,让监管机构和相关投资者充分了解相关互联网金融企业具体运营信息,如风险信息、财务信息、管理信息等,从而增强互联网金融行业的透明度。[1]

5. 建立全方位互联网金融实时动态数据监测和调控制度

为了避免互联网金融监管漏洞,防止出现监管"黑洞",应对互联网金融企业数据信息进行全方位的实时监测监控,基于监测到的金融业海量交易数据,根据监管对象的主要特征,通过大数据分析挖掘技术对数据进行整体评估论证,确定互联网金融业务的风险状况。监管部门应根据互联网金融风险形成的基本机理和过程,制定监控标准(包括确定数据类别、定义监控指标、划分统计范围、确定监控频率等)。[2] 监管部门在建立风险评估机制时,应追踪互联网金融发展的最新动态,以便抓取新的金融风险类型,并及时制订应对方案。

(五)市场化的互联网金融退出监管

优胜劣汰是金融市场机制配置资源的有力法则,只有引入退出机制,及时清除不合格互联网金融企业,才能促进我国互联网金融产业的良好发展。由于互联网金融涉及金融相关服务,牵连到公众利益,所以其市场退出机制也应该有其特殊规则(如注重对公众投资人保护等),应尽量化解互联网金融企业退出市场对市场的冲击及其各种社会不稳定因素的发生,降低民众的投资损失。

第二节 我国互联网金融监管的基本框架设计

金融监管要积极适应互联网金融的创新发展,做出相应的调整和变化。

---

[1] 梁军峰.互联网金融风险与监管研究——基于制度经济学视角[J].财会通讯,2020(4):4.
[2] 伍旭川,刘学.浅谈金融科技信息技术安全三个重要体系的建设[J].债券,2017(8):3.

第九章 互联网金融监管体系构建

当前,除了现行的金融监管体制外,应建立互联网金融监管体系,促进互联网金融的健康发展。从分部门监管到混合监管,从机构监管到职能监管和行为规范,短期内必须借鉴传统金融行业分业监管的经验,建立相应的互联网金融发展金融监管体系,达到防范金融风险、维护金融市场安全与稳定的监管目标。

一、建立互联网金融监管组织体系

由于互联网金融业态比较多,不同业态间的差异比较大,要建立统一的监管标准、明确统一的监管机构的可能性比较小,同时分业监管框架短期内是不可能打破的。因此,应遵循现有分业监管体系,根据互联网金融企业的主要商业行为及承担的具体金融功能,将其划归到相应的监管部门,对于跨界混业的机构和产品,应发挥金融监管协调部际联席会议制度的作用,明确主监管部门和相应的协助监管部门,具体如图9-1所示。

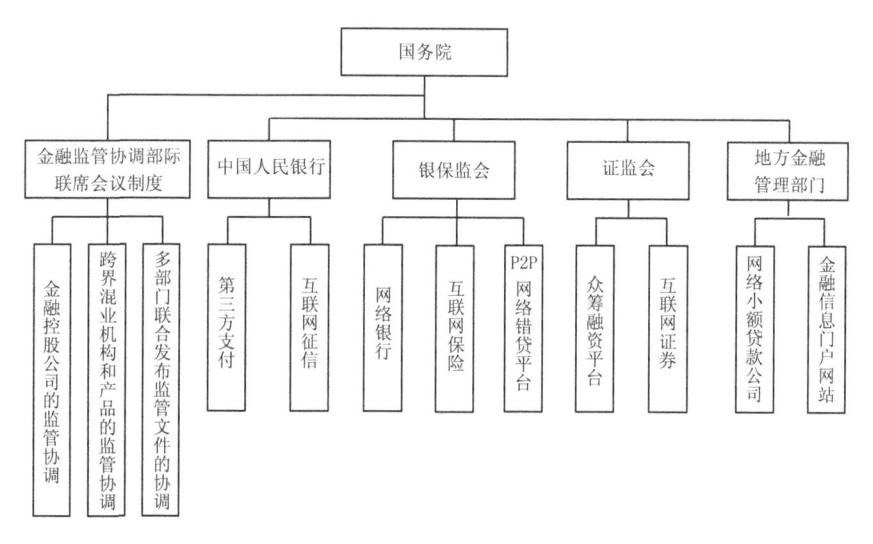

图9-1 互联网金融监管组织体系

二、建立互联网金融监管法律法规体系

由于互联网金融具有许多共同的特点,大多数业态均处于无门槛、无标

准、无监管的"三无"状态,这要求将互联网金融作为一个整体进行统一规范。2015年,由中国人民银行牵头、银监会、证监会、保监会、工业和信息化部等部门共同研究制定的《关于促进互联网金融健康发展的指导意见》,作为对互联网金融监管的全国统一规则,确定了监管原则,建立了监管体系,可以有效避免监管缺位及监管重叠等问题。针对具体业态,建议由具体的监管机构出台相应的管理办法。

三、建立互联网金融自律监管体系

从国际经验看,行业自律在互联网金融发展过程中发挥着重要的规范性作用。目前,虽然我国一些地区已经成立了互联网金融自律组织,如中关村互联网金融行业协会,广东互联网金融协会,但总体上,授权和统一的自律组织仍然缺乏。中国互联网金融协会已正式获得国务院批准正式成立,今后应充分发挥行业自律部门的协会作用,推动形成统一的行业服务标准和规则,指导互联网金融标准的发展。鉴于互联网金融行业众多,建议在中国互联网金融协会内设立多个专业委员会,负责各类行业的自律管理,如图9-2所示。

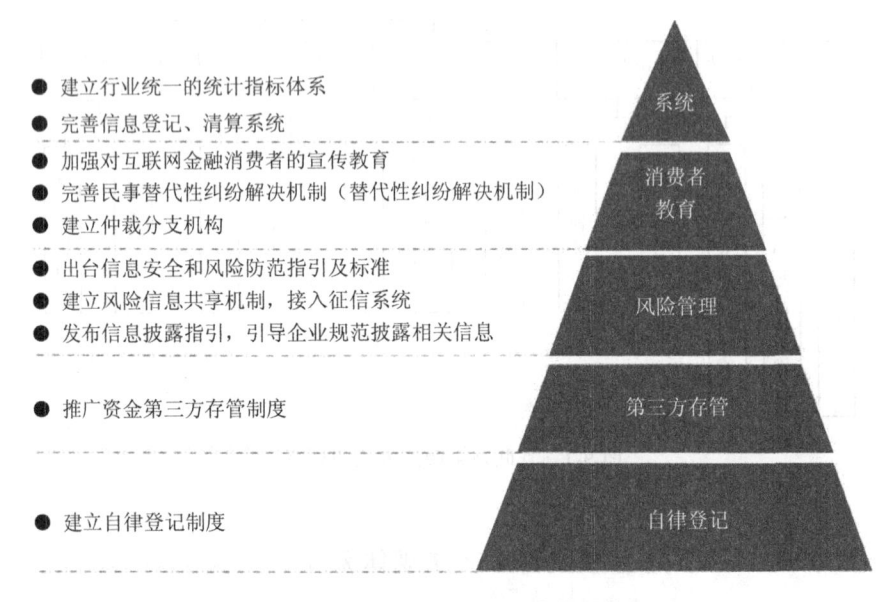

图9-2 互联网金融行业自律管理体系

四、建立完善互联网金融监管协同体系

在目前分业监管的框架下，我国已建立起连接不同金融监管部门的监管联席会议机制（金融监管协调部际联席会议制度）。该机制规定每季度召开一次联席会议，由主席或其授权的副主席参加，讨论和协调有关金融监管的重要事项、出台的政策的市场反应和效果评估及其他需要协商、通报和交流的事项。监管协调部际联席会议制度对于解决金融业务的交叉和混业监管、填补监管的空白地带，发挥了积极的作用。[①] 目前，一是需要完善和细化这项制度，可以考虑针对互联网金融，在该项制度下建立专门的互联网金融监管联席监管机制，并充分发挥该项机制在互联网金融监管中的协同作用。应从市场准入与业务合规性监管多个层次，从不同专业形成互补的监管要求与标准，应有效改善既有的分业监管体系所带来的监管分工不明确、标准不统一、职能交叉等弊端。二是鉴于互联网金融的跨界性，需要加强与工业和信息化部、公安部的监管协调，建立信息共享机制，进一步完善互联网金融业务的互联网内容提供商许可和从事金融业务的备案体系。金融监管部门和信息产业管理部门可以合作建立互联网金融网站在线技术监测分析制度和在线监测系统，加强对互联网金融企业经营情况和网络安全情况的监测。三是加强与地方金融管理部门的监管协同，这是因为：一方面，地方金融管理部门也是部分互联网金融业态的监管者，如电商网络小额贷款公司；另一方面，互联网金融业态种类繁多，具有较强的区域特色，互联网金融的风险防范和处置，也需要地方金融管理等部门的支持和配合。最终在金融监管协调部际联席会议制度的框架下，建立起包括金融监管部门、信息主管部门、地方金融管理部门等在内的互联网金融监管协同系统。

---

① 李怡然，侯璐.完善我国互联网金融监管法律制度的路径探析[J]. 2021(2018-4)：151-152.

第三节 互联网金融监管协调机制构建

一、中央与地方政府监管协调机制

目前我国金融监管主体既有中央级的"一行两会",也有地方级的"金融办"。《中华人民共和国国民经济和社会发展第十四个五年规划和2035年远景目标纲要》明确了金融体制改革目标。我国区域经济发展差异大,地方政府金融办对地方金融活动更为熟悉和了解,由地方政府金融办主导的地方金融监管可能更为有效。[①] 不管互联网金融监管主体是中央级的"一行两会",还是地方级的"金融办",互联网金融监管的主体间都存在着监管协调问题。[②]

(一)建立中央和地方两个层级的监管协调机制

我国金融监管机构除了中央银行和监管机构以外,还应包括政府有关部门。依据现行的中国人民银行和各监管机构的组织体系,为了保证协调机制的权威性和可操作性,可以建立中央和地方两个层级的监管协调机制。中央层级的监管协调机制突出其权威的协调性与指导性,地方层级的监管协调机制则突出其对中央层级政策的操作性。同时应明确中央和地方层级监管协调合作机制,应明确在上下联动、信息传递、风险预警、危机处置等方面的权限和职责,应明确责任、合理分工、加强配合、制订预案,形成合力。

中央层级的监管协调机制,由"一行两会"根据相应法定职责,负责全国性的监管指导和统筹,负责互联网金融指导性规则的制定、风险监测和预警、风险的应急与处置。地方层级的监管协调机制则由中国人民银行分支机构与地方政府共同牵头,吸收地方政府职能部门参加,结合地方经济金融发展,在"一行两会"互联网金融指导性规则内,制定相应的实施细则,对区域互联网金融风险进行预警与处置,中央监管机构负责协调各地方互联网金融监管

---

① 黄成.集中"爆雷",P2P网贷何去何从?[J].计算机应用文摘,2022(15).
② 曾海舰,林灵.期限错配与互联网融资暴雷风险——来自P2P期限拆标的经验证据[J].金融论坛,2022,27(6):10.

第九章 互联网金融监管体系构建

政策的"一致性"。

互联网金融风险的识别、预警需要长时期经济金融运行数据的支撑,而这些数据的获取需要各监管机构的密切配合才能完成。互联网金融风险的应急与处置也需要各个监管机构通力合作,将损失降至最低,将风险控制在最小范围内。

(二)建立中央层级的互联网金融风险预警与应急处置机制

由"一行两会"制定和部署互联网金融风险应急处置方案并组织实施。应规定互联网金融风险处置程序,制订覆盖各监管业务范围和监管机构,且协调一致的互联网金融风险处置应急预案。应建立有效的互联网金融应急备份系统,可以在危机发生时保证金融业务的连续性,即使在金融系统遭受大范围破坏后,金融业务也能够迅速恢复。应建立紧急流动性支持系统,当危机或突发事件发生时,中国人民银行应当根据实际情况,及时判断并决定是否为金融体系提供足够的流动性支持。

(三)建立健全中央和地方监管机构互联网金融信息的沟通共享机制

良好有效的互联网金融监管的根本在于信息共享。无论是法律制度的安排,还是临时的联席会议,不同层次的监管协调机制都离不开监管信息的收集、交流、共享。互联网金融监管协调机制能够降低互联网金融监管主体之间信息不对称。一个完整的互联网金融监管协调机制涉及实体经济、互联网金融体系运行的宏观和微观的信息需求。互联网金融监管主体,虽然在获得金融业常规信息方面没有多大障碍,但由于没有明确哪些信息是可以实时共享的、这些信息如何共享,所以没有机制保证信息的实时共享。互联网金融信息共享可以降低金融监管当局、金融中介机构收集数据和信息的成本,提高监管的有效性,增强互联网金融机构和平台的市场竞争力。应设立跨部门的经济金融信息共享平台,整合宏观经济管理部门的实体经济信息和金融监管机构的监管信息,明确信息收集、交换与共享的制度安排,为完善互联网金融监管协调做好基础性工作。

互联网金融监管信息共享机制是指中央银行与其他监管机构之间就金融监管进行交流的一种合作制度。参与该机制的各方就各自所掌握的有关维护金融稳定、各行业监管事项和跨行业监管事项等信息,进行定期或者不定期的交流和沟通，共享监管信息，整合适应互联网金融监管协调机制的统计监测指标体系。中国人民银行和各监管机构内部应设立专门负责信息采集、交换的管理部门，明确负责本单位信息和数据的收集，并负责为其他监管机构及时提供真实、准确和完整的信息，应建立各监管机构与中国人民银行的监管信息定期送达制度，建立地方监管机构月度、季度、半年度、年度实时信息上报制度，建立重大事件及时上报制度。

(四)建立重大突发情况紧急磋商机制

应在互联网金融监管协调组织框架内成立一个常设机构，由中国人民银行牵头并参与，由银保监会、证监会、财政部、工商局、工业和信息化部的相关负责人和专业人员组成，一旦发生需要救助的事项，由该常设机构负责人负责召集有关组成人员进行紧急磋商，经紧急磋商，提出解决方案报国务院。

二、互联网金融行业监管协调机制

互联网金融既有混业经营的机构和平台，也有专业性强的各子行业经营机构和平台，因此互联网金融监管要将功能监管与机构监管有效结合，建立各子行业监管政策的协调机制，借鉴美国《多德-弗兰克华尔街改革和消费者保护法》中监管机构的框架体系。

(一)建立统一的具有最高权威的金融监管机构

应建立统一的具有最高权威的金融监管机构，负责互联网金融行业整体的监管。[①] 金融监管协调制度要从根本上解决互联网金融跨市场、跨业务、跨区域带来的监管难题，目前的金融监管协调部际联席会议并非常设机构，更非统一的金融监管机构，成员都是平级的部级单位，一旦发生监管争议，协调难度较大，势必会影响监管效率。应建立统一的金融监管机构，制定统一的金融监管法规，协调监管政策和监管标准，统一调动监管资源，对我国金融机构和金融市场进行统一监管。按照这一设想，应成立统一的金融监管委

---

① 刘丹冰.新发展视角下统一"金融监管法"的制定[J].法律科学：西北政法大学学报，2022，40(1)：10.

第九章 互联网金融监管体系构建

员会,现有的银保监会、证监会可调整为金融监管委员会的下属部门,分别负责对银行业、保险业、证券业的监管,而对互联网金融涉及行业交叉的部分,则可由金融监督管理委员会制定统一的监管规则或确定牵头机构,进行统一的功能监管。为做好互联网金融监管,当前的可行途径是在"一行两会"的监管体制下,中央银行增设金融监管协调委员会,作为中国金融监管协调机构。金融监管协调委员会应设置金融信息、会议筹备记录、研究调查等部门,职能是为各金融监管部门的协调提供相应的服务,如安排会议、发布通知、维护金融信息共享平台等。

(二)建立统一的互联网金融法规体系

互联网金融发展时间不长,目前还缺乏统一的互联网金融监管法律法规体系,与互联网金融相关的政策法规大致分为鼓励、扶持互联网金融发展的相关规范,与互联网金融消费者利益保护相关的规范,与互联网金融基础设施建设相关的规范。互联网金融监管的目标是在维护金融稳定和保护金融消费者利益基础上,提升金融效率。互联网金融法规应着眼于:(1)审慎监管,防范系统性风险;(2)行为监管,保护金融消费者利益。

(三)互联网金融子行业协调制度

无论采用的是统一监管模式(表现为同一个机构内部不同部门间的沟通)还是分业监管模式(表现为不同机构间的沟通),不同监管领域间的协调都极为重要。互联网金融监管涉及"一行两会"、科技部、工业和信息化部、商务部、工商总局和税务总局,须整合或新设相关机构,形成既有专业分工又统一协调的互联网金融监管机构体系。根据我国国情,须构建以"一行两会"为主,以科技部、工业和信息化部、商务部、工商总局、税务总局等多部门为辅的既有专业分工又统一协调的互联网金融监管机构体系。

1. 定期及不定期互联网金融法规政策协调制度

建议建立定期政策协调制度,由金融监管委员会(或者金融监管协调委员会)通过金融联席会议的方式实现。为了使这种协调机制成为有约束力的制度性安排,建议制定有关金融监管协调的条例,避免联席会议流于形式,使协调机制适应金融业的发展变化,切实防范金融机构的整体风险。

2. 建立互联网金融业务协调制度

应按照分业监管、职责明确、合作有序、规则透明、讲求实效的原则，确立互联网金融监管的主监管制度，即对互联网金融内相关机构、业务的监管，按照业务性质实施分业监管，而对互联网金融内的多业务机构依据其主要业务性质，归属相应的监管机构负责。此外，对依照主监管制度依然无法界定监管责任的业务，金融监管委员会或者金融监管协调委员会作为组织者和协调者，应指定一家金融监管机构按照金融业务的功能实施监管。

3. 建立互联网金融分级决策机制

应采取分层次决策、分层次协调的形式，即在建立健全中央和地方互联网金融监管协调机制的基础上，合理划分不同层面的监管协调机制决策权限及各部门的责任，在互联网金融风险的处置方面进行分级决策。建立日常状态和危机状态这两个层面的协调决策机制。日常状态的协调决策针对日常性、一般性监管事务，危机状态的协调决策主要针对支付危机等有可能影响金融稳定的重大事件。要明确两种状态下决策的程序和方式，确保任何状态下都能及时、有效地协调决策。

4. 建立互联网金融监管问责机制

建立监管问责机制，防止监管部门间的恶性竞争和推诿现象，在监管失败时追究监管责任，确保协调监管机制的良好运行。

5. 加强反洗钱监管协作

利用互联网金融进行洗钱的操作是常态，因为对互联网金融进行监管难度大，所以有大量的人借此洗钱。[①] 随着互联网金融的发展，网络交易洗钱已成常态，主要有利用在线支付业务洗钱和利用网络借贷平台洗钱等方式，而互联网金融的反洗钱工作存在客户身份难识别、可疑交易难发现、资金流向难追踪、难以掌握完整信息等特点。互联网金融反洗钱的监管协调机制主要在于：(1)中国人民银行要积极履行国务院反洗钱主管部门与召集人的职责。司法部门应进一步加大对洗钱案件的侦破与打击力度，提升反洗钱工作的成

---

① 黄立志. 互联网金融背景下对反洗钱监管的博弈分析[J]. 重庆科技学院学报：社会科学版，2017(7)：6.

第九章 互联网金融监管体系构建

效。金融监管部门要进一步强化反洗钱合规监管责任,在审批新设金融机构或金融机构新设分支机构时,严格审查新设机构反洗钱内部控制制度方案,加强反洗钱准入监管。(2)构建反洗钱工作体系,针对互联网金融的特点建立系统化的反洗钱工作机制,以保证反洗钱全过程有效涵盖互联网金融各方面。坚持和完善联席会议制度,建立日常联系人制度,加强沟通交流,进一步完善日常联络协调、情报会商、线索移送、案件协查机制。(3)建立信息共享平台,建立中国人民银行账户管理、征信系统与组织机构代码管理、公安部门、工商部门、税务部门等的信息共享平台,为异常交易的识别提供基础信息。(4)加强部门之间的合作,实现互联网金融各义务主体反洗钱工作间的无缝衔接和反洗钱合力的充分发挥,共同建立高效运转的反洗钱工作机制,共同防范和打击利用互联网金融洗钱犯罪。(5)加强打击网络洗钱的国际合作,除了运用我国法律对洗钱犯罪进行预防和控制外,还应通过多边和双边的公约和条约来加强互联网领域的反洗钱国际合作。

三、互联网金融监管国际协调机制

网信金融在美国旧金山开通分站,正式启动美国市场拓展。这是我国国内首个在海外设站的互联网金融企业。随着亚洲基础设施投资银行的成立、我国经济实力的增长、人民币国际化的推进,金融服务会迅速向其他国家辐射,互联网金融业务也将向其他国家和地区推广。在亚太经济合作组织(Asia-Pacific Economic Cooperation,APEC)峰会上,互联网金融国际化成为热点议题,互联网金融的国际监管也将提上议事日程。

(一)互联网金融国际化的原因

由于互联网环境有国际性特点,所以互联网金融随之国际化,其国际化历程具体由三个方面促成。

第一,互联网的国际性。由于各国法律的不同和物理空间的存在,传统的货币流通受限于国界和地域,但是互联网具有全球化的特点,突破了时间和空间的界限,能够促进货币在不同区域流通。因此,存在于网络环境下的互联网金融特别是网络虚拟货币也随之无国界化。

第二,用户多国籍化。网络用户来自世界各国,以大型网络游戏魔兽为例，近些年该游戏风靡全球，受到各国青少年的喜爱，不同国籍的用户因为该游戏购买和交易虚拟货币。此时，虚拟货币就实现了跨国流通，而虚拟货币的小额支付方式又能让很多网络用户觉得便利，也会有越来越多的不同国籍的网络用户使用虚拟货币。

第三，跨国电子交易和支付。目前，由于电子商务的国际化发展及金融国际化、自由化发展，互联网金融特别是虚拟货币支付的跨国性表现在两个方面，一方面，虚拟货币持有者在他国网站上交易或购买他国的产品服务；另一方面，虚拟货币的发行商可以在他国发行虚拟货币，获得虚拟货币的用户可以在本国购买产品服务。由此可见，虚拟货币会作为跨国支付手段在世界范围内流通。

综上所述，互联网金融的国际化进程目前虽然处于初级阶段，但由于网络的无边界性、用户的多国籍化及跨国支付的需要，未来互联网金融的国际化进程加快是必然的，其必将在全球经济社会中起到重要作用。①

(二)互联网金融国际化面临的困难

突破了空间限制的网络使得互联网金融参与者多国籍化，但是由于虚拟货币不是国家法定货币，且目前没有受到货币监管部门的制约。所以，网络虚拟货币在国际化的过程中，必然面临着复杂的问题，如不同国家立法的冲突、管辖权不明确及跨国征税难以落实等，这些都使得虚拟货币的跨国监管难度加大。尽管如此，虚拟货币的跨国监管仍迫在眉睫，其主要面临的困难具体体现在以下几个方面。

第一，立法冲突。这方面的困难来源于两点：一是不同的国家在管理网络虚拟货币方面的法律不同，在美国和韩国等国家，网络虚拟货币是合法的，而在大多数国家，网络虚拟货币的法律地位没有明确；二是不同的国家对虚拟货币发展和流通的态度不同，有的国家持支持鼓励态度，并不断制定相关法律法规予以完善，有的国家持消极态度或无视虚拟货币的影响作用。

第二，管辖权模糊。由于网络无边界性的特点，加上虚拟货币服务的国

---

① 徐浩杰.互联网金融时代下电子商务金融化问题的探讨[J].商业2.0(经济管理)，2022(4)：3.

第九章　互联网金融监管体系构建

际化,很容易出现发行商、交易商和用户不在一个国家的情况,当遇到纠纷时,对于到底采用哪个主体所在国家的管辖权存在争议,目前也没有具体可以参考的依据,很容易导致国家为争夺管辖权而产生冲突,而管辖权的不同又直接影响到纠纷处理的结果。

第三,跨国征税困难。首先,不同国家对虚拟世界交易征税持不同态度,我国虽然下达文件明确规定对网络虚拟货币交易实施征税制度,但是有些国家,如美国,对虚拟世界里的一切交易都不征税。其次,通过国际间长时间的合作,税收利益如何分配已经形成规范,但是由于虚拟货币的跨国支付特点,传统的分配方式难以沿用。最后,由于网络的匿名性,纳税主体和征税主体难以确定,标准难以制定,导致稽查工作难以开展,跨国征税难度加大。

(三)确立互联网金融跨国经营的监管原则

由于网络虚拟货币的国际化进程加快,突破了国界的流通,监管难上加难,各国由于法律、风俗及态度等不同产生了一些矛盾,因此,有必要确立国际化虚拟货币的监管原则,这将有助于监管主体依法开展工作,有利于各国相关机构规范自身的行为。

对国际化虚拟货币的监管需要遵循以下原则:首先,要维护各国国家主权的安全。对国际化虚拟货币的监管要建立在维护国家主权的基础上,只有在政治、经济和法律上维护各国主权,才能保证世界范围内的监管顺利、长久地开展。其次,实行民主协商机制。虽然投票方式有利于监管活动的开展,但是有时候真理掌握在少数人的手中,所以民主协商机制能够有效弥补这一不足。最后,要平等合作。发达国家在经济、技术等方面拥有优势,但是发展中国家网民的数量比较多,因此,在监管过程中对发达国家、发展中国家和落后国家要一视同仁,以促进各国共同发挥作用。

(四)互联网金融国际监管措施

1. 建立互联网金融国际监管主体

在上面的分析中我们探讨了在我国明确监管主体的重要性,而随着互联网金融发展国际化进程的加快,互联网金融国际监管的重要性也日益凸显,它有助于使互联网金融在国际市场中正常运行,维持社会经济的稳步前进。在国际上,国际金融论坛可以承担这一重要职责,下设专门的监管机构负责世界范围内的互联网金融交易，以及虚拟货币的发行、流通和退出，充分发挥其重要作用，互联网金融国际监管框架如图9-3所示。

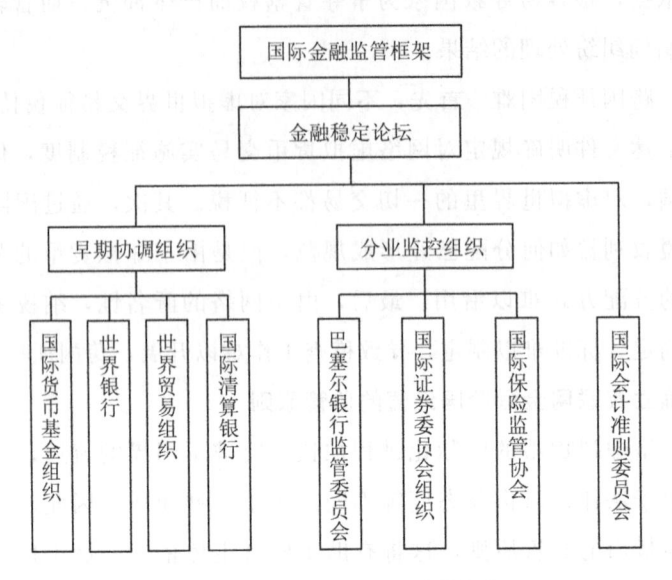

图 9-3　互联网金融国际监管框架

互联网金融国际监管机构需要承担以下职责：首先，对国际互联网金融组织及虚拟货币的发行商进行监管，明确申请资格，核实申报资料及告知其权利、义务。其次，对在国际间进行流通交易的平台进行监管，定期报送交易记录等。最后，对国际化虚拟货币用户进行监管，规范其使用行为。另外，对于利用国际互联网金融交易平台进行不正当活动的相关机构和人员依法惩处。同时，国际互联网金融监管机构有必要起到桥梁纽带作用，促进不同区域的相互交流、资源共享和长久合作，以使互联网金融的国际化发展平稳、有序。

2. 明确互联网金融国际管辖权的法律适用

法律适用受制于管辖权，在具体处理国际互联网金融事务时，不同管辖权使得民事诉讼的流程、解决方案和惩处等都有很大的差异，因此，对管辖

第九章　互联网金融监管体系构建

权的确定非常重要。[①] 目前,由于互联网突破了时空限制,国际虚拟货币得以跨国流通、国际金融得以跨国活动,这导致互联网金融的各个主体都没有法律确定其管辖权。[②] 那么,国际互联网金融监管机构需要根据具体的问题决定采取处理的原则,如属地原则、属人原则或是紧密联系原则等。其中,属地原则(属地原则是指根据案件发生地适用的法律来处罚犯罪行为)相对而言能够更有效地,解决互联网金融跨国活动和虚拟货币跨国流通带来的法律问题。

3. 建立国际互联网金融法律冲突解决机制

因此,随着互联网金融国际化进程加快,不可避免地会出现一些纠纷,需要以法律为依据进行处理,此时,建立国际互联网金融法律冲突解决机制便显得尤为关键。[③] 国际互联网金融监管机构需要发挥其重要作用,当出现纠纷和矛盾时,要主动承担协调、仲裁的重任,负责化解双方的矛盾,解决存在的纠纷并协调双方之间的关系,以促进国家之间的和平相处。另外,各个国家也需要配合监管机构的指导,相互理解、合作,共享资源,共同打击以虚拟货币、互联网金融平台为工具的犯罪行为。

4. 实现跨国征税的国际协调与合作

网络具有匿名性、虚拟性及无纸化的特点,因此,身份和地址的明确比较模糊且难以追踪,这就导致互联网金融国际税收管辖权难以确定,征税相应面对很大的挑战。所以,要想实现跨国征税的顺利进行,首先要确定管辖权。在互联网环境下,纳税人可以利用技术手段改变国籍、住所等传统认定居民身份的标准,因此,需要采取数字身份制度来确定网络交易人的身份,某些发达国家已经开始实施这项制度,另外,由于发达国家采取居民管辖权对自身比较有利,而发展中国家采取来源地管辖权对自身比较有利,所以,双方需要相互尊重税收标准,以促进这一领域的发展。

在实际操作上,要从两方面着手,一方面,各国在税制上要保持总体上的一致,在立法、征管及稽查等方面切实合作,形成广泛的税收协定来消除

[①] 有星,侯凌霄,潘政.互联网金融纠纷案件法律适用与司法裁判规则的反思与完善——"互联网金融纠纷案件的法律适用与司法裁判规则"研讨会综述[J].法律适用,2018,No. 406(13):132-139.
[②] 周晨.互联网金融案件管辖规则的法律研究[D].浙江大学,2018.
[③] 魏新侃.互联网金融活动的金融法规制方向[J].时代人物,2022(7):3.

贸易壁垒和重复征税。[①] 另一方面，各国要及时交流沟通税务情报，对互联网金融的纳税人税务凭证、业务动态等相互了解。另外，要开展网络税务监控，及时发现纳税人的跨国逃税、避税行为。总之，要通过国际间的相互配合来维护各国财税收入及国际互联网金融市场的正常运作。[②]

5. 建立和完善跨国金融领域的交流机制和对话平台，推动成员国双边和多边的金融监管合作

建立和完善跨国金融领域的交流机制和对话平台，是进一步深化金融合作的基础。建立和完善中央银行货币政策协调与业务合作机制，应通过平等的磋商来解决各成员国之间的政策冲突、提高金融监管透明度、协调金融政策、披露相关信息，以及在此基础上寻求深层次共识，协调金融合作进程。

第四节 完善互联网金融监管体系的政策建议

一、互联网金融监管制度法律化

互联网金融监管仍需探索，我们在前边探讨了具体监管制度的建立，构建了基于分类监管的互联网金融监管体系。分类监管体现了功能监管的思想，同时也兼顾机构监管，应该是当前情况下的最优选择。

当一套监管体系依靠规章制度建立起来后，关键的问题就是执行。执行的力度取决于一系列因素，其中规章制度的效力层次是非常关键的因素。这里说的效力层次是指规章制度在法律法规意义上的效力等级。根据《中华人民共和国立法法》和相关理论，我国的法律法规效力层次从高到低依次为宪法、法律、行政法规、地方性法规和部门法规。效力高的法律法规权威性强，易于执行，但立法过程繁杂，缺乏灵活性，效力低的法律法规正好相反。互联网金融是新生事物，对于新生事物的监管，有两种思路：一是用传统的法律

[①] 毛婷. 距离、异质性机构投资者与跨国并购[J]. 国际商务财会，2022(5): 8.
[②] 曹明星. 数字经济国际税收改革：理论探源、方案评析与中国抉择[J]. 财贸经济，2022, 43(1): 15.

第九章 互联网金融监管体系构建

法规经过拓展进行规范,二是建立新的法律法规进行规范。前者要求原来的法律法规具有较好的伸缩性,能够扩展适用,如果不能,就采用第二种思路。英美法系的国家(如美国)对于互联网金融的监管,目前基本沿用原有的法律框架,所以互联网金融出现以后,并没有掀起惊涛骇浪。我国则不同,互联网金融出现之后,立即显现出明显的监管问题,因而必须通过建立新的监管框架的方式予以解决。

创新是一个经济体的生命力,对于互联网金融这个新事物,监管从哪里起步关系到整个行业的发展。从目前的情况来看,直接出台互联网金融监管的法律不多,因为当前互联网金融平台涉及的领域过于广泛,与现有部分法律重合严重,所以无法实现一步到位的法律监管。政府之手是有形之手,也是刚性之手,市场之手是无形之手,也是柔性之手,由社会柔性之手制定一些行业规则、制定一些行业标准,使其进而形成行业惯例、社会公约,由行业惯例和社会公约进行的监管就是柔性监管,行业惯例和社会公约是一种软法,由软法进行的监督管理称为软法治理。在社会和地方层面的监管取得成效以后,就可以将软法硬化、固化,软法也就成了国家立法。

国务院需要形成顶层设计,出台相应的指导意见,政府各部门要将其细化,形成部门法规。顶层设计及其细化所形成的制度体系,是对互联网金融进行监管的主体性文件。软法和这些主体性文件,在条件成熟的时候上升为国家法律,这就是监管制度的法律化。因此,互联网金融监管制度的法律化是一个渐进的过程和目标,从两条主线展开,一条从软法过渡到硬法,一条是从部门法上升到国家法。事实上,我国法律并非完全与互联网金融无关,关于互联网金融的监管,有一个原则叫底线监管原则,其中最重要的底线就是不能够触犯目前的法律法规,包括非法吸收公众存款、欺诈等。因此,我们在研究新的监管制度法律化路径的时候,不要忽略目前既存法律的作用,有必要根据互联网金融向科技金融再向数字经济、数字金融发展的趋势,由全国人大制定《中华人民共和国数字金融管理法》来全方位地规范我国的互联网金融、科技金融、数字金融发展。按照金融业务功能监管法实施无缝隙的金融监督规则,并且实施金融科技"监管沙盒",并且严格禁止没有国家背书的比特币、以太坊等私人电子货币在我国使用,同时严禁未经过中国证监会批准的"ICO"(首次公开募币)的任何发行,确保我国数字金融的良好发展运行。①

二、构建互联网金融监管平台

互联网金融监管的目标,主要是控制互联网金融风险,保护互联网金融消费者权益,维护互联网金融健康发展,进而发挥互联网金融对经济和社会发展的积极作用。互联网金融是金融领域的新业态,互联网金融没有颠覆金融,但在很多方面颠覆了传统。很多人在对互联网金融进行批评的时候,大谈互联网金融对金融的颠覆,这是方向性逻辑错误。传统金融机构害怕互联网金融,金融业却可以欢迎互联网金融,金融业因为互联网金融焕发新机,传统的金融机构却可能在互联网金融的洪流中沉没。互联网金融既然没有颠覆金融,这就要求对它的监管仍然按照金融行业要求进行;互联网金融既然颠覆了传统,这就要求对它的监管要区别于传统,要按照新业态设计新的管理模式。

互联网金融对传统的颠覆,主要体现在:参与主体平民化、广泛化,精英金融转向普惠金融;大数据在投融资决策中发挥了越来越重要的作用,出现了依赖大数据进行贷款决策的信用贷款;个人定制金融产品、理财产品的现象越来越多,冲击着传统标准化产品和营销渠道,网络营销日益重要;面对面、物理平台金融服务方式逐步演变成网络交流和虚拟平台服务方式等。互联网技术的运用,带来的不仅仅是渠道的简单更替,还是思维方式的改变、经营理念的改变、商业模式的改变,这种改变在某种程度上看,是全方位的,甚至是革命性的。

这些变化呼唤新的监管方式与之适应。既然这一切变化都源于互联网技术的应用,源于互联网思维的冲击,那么,互联网金融监管方式的转变也就顺理成章了,这一转变就是监管的互联网化,只有以互联网思维的监管对应互联网思维的金融业务。只有这样,我们才能更好地理解互联网金融,才能

---

① 肖雨晴. Fintech 的监管研究——"监管沙盒"的移植与本土化[J]. 新商务周刊, 2018, (014): 225-226.

第九章　互联网金融监管体系构建

更好地贴近互联网金融，最后才能更好地实现监管目标。

基于此，我们建议在原有分业监管的体制下，在我国构建一个基于互联网的、全方位的跨部门监管平台——互联网金融监管平台。互联网金融监管平台是一个类似政府联合办公的窗口机构，而且是一个基于互联网金融开放性窗口，这个窗口将中国人民银行、银保监会、证监会、司法部门等监管部门整合在一起，使其共同办公，以更高的效率实施监管。这个平台至少需要包含以下几个子平台。

1. 互联网金融业务许可公示子平台。金融业是特许行业，任何经营都需要获得特许经营资格，互联网金融也是如此。该平台归集所有注册或备案的互联网金融经营机构的资料，供社会查询。监管机构还应该增强主动性，在有条件的情况下，对活跃的、没有特许经营证的经营机构和平台、经营业务予以公布。

2. 风险预警子平台。应在风险预警子平台对违规事件和违规机构进行公示，公布违规事件和机构，对可能发生风险的领域进行预警。同时，还要对互联网金融的风险点进行识别和评估，建立一套基于风险点的风险评估和风险预警系统，对互联网金融运行机构和平台进行安全性评估，发布安全性排行榜。

3. 互联网金融消费者保护和教育子平台。对金融消费者进行风险培训和教育，提高消费者的风险识别能力，接受消费者的投诉，并及时向有关部门转达投诉，为消费者维护自身权益提供通道。研究互联网金融消费者的行为特征，研究消费者投诉分布规律，提高金融消费者保护效率。

4. 互联网金融政策法规子平台。归集所有与互联网金融相关的法律法规和政策，及时公布新政策并进行政策解读。

5. 互联网金融发展与理论研究子平台。介绍互联网金融理论研究的新进展、互联网金融行业发展的新业态，把握互联网金融的发展方向。同时，还要依托研究机构和大学研究力量，利用大数据开展有针对性的、专题性理论和实证研究，提升监管理论水平。对于这个子平台，我们有更多的期待，在大数据时代，商业经营者利用大数据开展精细化产品开发和营销，监管部门可以利用大数据进行精准监管，这尽管只是个设想，但却是一个大趋势。

互联网金融监管平台是以互联网思维监管互联网金融的新尝试，同时又是一个跨部门平台，因此，迫切需要各部门积极配合。各部门要抽调精干人员参与，在资金方面予以扶持，在信息提供方面进行配合，在案件处理方面要及时。金融监管平台的建立，整合了现有的监管资源，克服了分业监管体制分割监管的不足，填补了各部门的监管空白区，因此具有重要的现实意义。

三、加强互联网金融消费者权益保护和教育

尽管金融消费者的概念还没有统一，为方便分析问题，我们采用一种宽泛的概念，我们认为，"弱势地位"是定义金融消费者的关键性指标，正是因为"弱势地位"，所以才有保护的必要和现实意义。在互联网金融领域，互联网金融消费者主要是指那些在互联网金融交易中处于"弱势地位"的自然人，具体指P2P业务中的贷款人、众筹业务中的投资者、余额宝类产品的购买者等。

金融消费者保护已引起各国的高度重视。加强金融消费者保护，不仅可以保障个人的合法权益，而且对于提高金融服务质量、促进金融安全具有重要的现实意义。英国颁布了《金融服务与市场法》，负责保障消费者权益，推行消费者教育、加深公众对金融体系的认识，以及确保消费者获得适当的保障。美国颁布了《多德-弗兰克华尔街改革和消费者保护法案》，该法案通过一系列详细规定来切实加强对金融消费者的保护，要求设立新的消费者金融保护署，并赋予其监督权、检查权和执行权等一系列权力，专门对提供金融商品或服务的金融机构等服务实体进行监管，以对金融消费者提供更为全面的监管保护。

从国际上看，金融消费者保护包括：（1）制定法律、法规；（2）检查、监督；（3）受理、调解消费者投诉；（4）促进对弱势群体的金融服务；（5）金融消费者教育；（6）金融消费者行为特点研究等等。金融消费者保护是个系统工程，对于涉及的这些方面，传统金融消费领域我们要加强，互联网金融消费领域也是如此。因此，对于互联网金融消费者的保护和教育，我们提出以下建议。

第九章 互联网金融监管体系构建

1. 建立和完善金融消费者保护法律法规体系

已经存在的消费者保护法律的一些内容可以适用金融消费者,但金融消费者毕竟与一般消费者存在差异,制定专门的金融消费者服务法律法规具有必要性,根据互联网金融消费者的特性再进行扩展适用,互联网金融消费者的保护才能有法可依。

2. 依托互联网金融监管平台,突出互联网金融消费的消费者教育

互联网金融具有"草根性",其参与主体广泛而又复杂,长期以来,受限于收入和财产的数量,我国居民养成了储蓄的习惯,储蓄是不需要金融知识就可以完成的交易。互联网金融可使公众从简单的储蓄者转变成投资者,而投资者就需要承担风险,很多人还没有意识到这种转变,一旦出现亏损,他们往往无法接受,就会出现过激行为,甚至演变成群体性事件。

消费者教育是消费者保护的重要内容,英国的做法值得借鉴,英国进一步细化了消费者金融教育工作相关规定,成立了消费者金融教育团体,后又更名为货币咨询服务公司,主要职责包括:提高金融消费者对金融产品和服务的风险意识、对金融行为的规范意识;发行相关教育材料,开展教育活动;向社会公众提供金融咨询和建议服务。货币咨询服务公司的咨询服务对消费者是免费的,其资金来源于金融机构的纳税。我国应该借鉴英国金融消费者教育的做法,依托互联网金融监管平台的子平台——互联网金融消费者教育和保护平台,设立相应的专门机构,利用互联网知识传播的特点,开展积极、免费的互联网金融消费者教育。

3. 依托互联网金融监管平台,建立快速反应的金融消费者投诉和处理机制

与其他领域的消费者保护一样,金融消费者权益保护需要一套完善的金融消费纠纷解决机制。我国《中华人民共和国消费者保护法》规定了解决消费者权益争议的途径:双方协商和解;消费者协会调解;向行政机关申诉;仲裁机构仲裁;向司法机关提起诉讼。互联网具有碎片化、无间断、跨区间等特性,网民成千上万,24小时不间断运转,没有节假日概念,也没有地域概念。基于这些特性,依托互联网金融监管平台的子平台——互联网金融消费者保护和教育子平台,可以实现对互联网金融消费者投诉的快速反应,该子

平台可以 24 小时接受网上投诉,根据投诉将问题传达给相应的部门,并及时反馈投诉处理结果。同时还要依托互联网金融监管平台的子平台——互联网金融发展与理论研究子平台,开展投诉统计和实证研究,开展互联网金融行为特征研究等,通过对投诉数量、投诉性质、投诉对象、投诉地域,恶意投诉等数据的统计和分析,研究投诉分布状况,发现风险汇集区,以便对风险多发领域有针对性地采取预警或处置措施。

四、对互联网金融监管者的监管

事实上,互联网金融也不是完全凭空产生的,它毕竟没有脱离金融的本质,很多现有的法律法规依然可以起到规范作用,关键是有关监管部门是否认真执行。所以,对于我国互联网金融监管空白的现状,我们认为一些部门存在不作为的现象,由此产生了一个比较尖锐的问题,即如何监管监管者?

问责制看起来似乎可以解决对监管权力的监管,但是,事实没有这样简单,如果监管制度不合理,对监管者的问责就会起到反作用。问责制可能不仅没有激励监管者恰当地履行职责,相反使其由于害怕而引起不利结果,问责制会抑制监管者果断、及时地做出抉择,使监管者的行为趋于消极保守甚至是不作为。随着金融体系的纵向扩展,金融监管机构处于更加宽广及多样的监管空间。在这一趋势下,为防止金融监管可能存在的腐败、低效率、高成本等问题,加强对金融监管权的监督成为必要。随着监管治理的重要性逐渐为业界所认识,国际货币基金组织、世界银行等国际机构,加强了对监管治理的研究和评估。借鉴国外金融监管者治理实践,我们提出以下建议。

1. 依托金融部门稳定性评估计划,完善我国互联网金融监管治理

金融部门评估计划是国际货币基金组织和世界银行联合启动的,是主要用来评估各国金融体系稳健性(脆弱性)的评估项目,金融部门评估计划的推广者认为,监管治理会影响整个金融体系的治理水平,并进一步影响整个金融体系功能的发挥和稳定性,监管治理的缺陷会降低金融危机的预防和控制能力。因此,金融部门评估计划成为评价监管治理的重要工具,可以帮助成员国实施良好的治理实践。具体到互联网金融监管的治理,金融部门评估计划可以帮助我们理解一国的金融监管当局如何进行监管,包括监管者选拔、

任命、问责、监测的程序，以及这些方面存在的缺陷，是否会导致本国金融体系的脆弱性。显然，这个评估可以督促我们建立一套互联网金融监管者从选拔、晋升、问责到监测的监管组织和人事制度。金融部门评估计划评估的广泛性，非常有利于从各个方面提升我国互联网金融监管的治理水平。

2. 推出我国互联网金融监管治理指数

对于银行监管治理指数，已经有文献建立了标准，从这个理论出发，我们可以研究互联网金融机构和平台监管治理指数的可行性和必要性，研究互联网金融监管指数的指标体系和权重，在此基础上，尝试推出我国的互联网金融监管治理指数。

3. 形成中国互联网金融监管治理制度体系

从理论研究成果看，建立一个相对独立的、透明的、有操守的、包含问责制的金融治理体系是我们的政策目标。这里又回到了依法治国、依法行政的问题上，对于金融监管治理体系，也要通过法律法规进行规范，制度需要法律化，法律也要进行"再制度化"，只有行政法律法规，建立起我国的金融监管治理制度体系，才能起到管理监管者、提高金融监管效率的目的。

结 束 语

第三次科技革命将人类带入了信息化时代。互联网技术与电子计算机的快速发展，信息科技与金融全球化的完美结合，促使网络通信技术和电子计算机被广泛应用于金融领域。互联网金融凭借其较低的交易成本，灵活便捷的交易方式，不受时间、地点对银行业务办理的限制等优势，迅速成为增强金融创新水平和提高行业竞争力的重要手段。然而，互联网金融改变了人们的思维模式和消费方式，其给人们生活带来方便和便捷的同时，也带来了与传统金融完全不同的风险，这些风险使当前金融市场秩序的稳定性面临着巨大的威胁。此外，互联网金融的发展带有一定的自发性和无组织性，它是在相关互联网金融监管法律制度尚不完善的背景下产生的，而这种不完善无形中增加了互联网金融发生风险的可能性，甚至会影响金融行业的安全乃至整个金融系统的稳定发展。所以，本书对互联网金融监管的发展现状和监管法律制度进行深入分析，并探究了网络金融监管法律制度存在的问题，以求完善网络金融监管的相关立法，构建符合国情的网络金融监管法律运行机制，从而保障网络金融行业的健康发展，提高网络金融的国际竞争力。同时，本书通过对互联网金融监管的研究，从我国具体国情出发，以完善互联网金融监管，构建一个系统性的、全面性的法律机制，一定意义上说，这对规范互联网金融监管的发展、维护金融业的稳定具有重大的现实意义。

参考文献

[1]夏雨,郭凤君,魏明侠,等.基于"蚂蚁金服"事件网评文本的互联网金融监管蕴意挖掘[J].管理学报,2022,19(1):10.

[2]张贺,白钦先.中美互联网金融监管比较及启示:一个比较金融学框架[J].甘肃社会科学,2022(1):7.

[3]李雷.互联网金融监管的必要性与核心原则[J].财讯,2022(6).

[4]宋寒亮.风险化解目标下互联网金融监管机制创新研究[J].大连理工大学学报:社会科学版,2022,43(2):10.

[5]雍杰栋.新形势下互联网金融监管思路探析[J].中国市场,2022(13):4.

[6]张贺,李晓丹.互联网金融监管内在选择比较:趋势与未来[J].金融科技时代,2022,30(1):5.

[7]崔莎莎.浅析互联网金融监管问题研究[J].农场经济管理,2022(1):3.

[8]杨素娟,卢爱珍.互联网金融监管研究[J].吉林金融研究,2022(6).

[9]高宇,孙雁南,姚鑫.互联网金融创新监管的多阶段博弈规律研究——基于平台异质性的市场反应分析[J].当代经济科学,2022,44(3):17.

[10]肖善允.摸着石头过河:探索中国互联网金融的有效监管模式[J].科技与法律(中英文),2022(1):14.

[11]魏雅华,穆雪峰.互联网金融的监管[J].2022(8).

[12]谢冰莹.互联网金融领域风险监管策略[J].合作经济与科技,2022(9):2.

[13]孔繁琦.互联网金融反洗钱监管的难点与建议[J].中国商论,2022(1):3.

[14]和平鸽,翟帅.互联网金融下沙盒监管制度的困境与进路[J].齐齐哈尔大学学报:哲学社会科学版,2022(3):4.

[15]金立山(特邀记者),杨小虎.区块链将颠覆互联网时代下半场——专访浙江大学互联网金融研究院副院长杨小虎[J].2022(6).

[16]金香爱,王曼迪.大数据背景下互联网金融企业风险监管探究——从某金融科技企业被暂缓上市切入[J].吉林农业科技学院学报,2022,31(2):5.

[17]唐功爽.互联网金融亟待加强监管——基于余额宝视角分析[J].2022(9).

[18]何涛.监管引领 守好互联网金融安全防线[J].中国农村金融,2022(4):2.

[19]姜上璞.互联网金融风险分析及监管建议[J].金融电子化,2022(9).

[20]郑晓龙.互联网金融背景下银行监管体系变革探讨[J].中国市场,2022(5):2.

[21]石光乾,寇娅雯.互联网众筹融资监管标准的多维度构建[J].广西社会科学,2022(5):10.

[22]高惺惟.传统金融风险与互联网金融风险的共振机理及应对[J].现代经济探讨,2022(4):9.

[23]陈皓.互联网金融的发展现状及监管政策研究[J].商情,2022(15):3.

[24]张凌寒.平台"穿透式监管"的理据及限度[J].社会科学文摘,2022(2):3.

[25]任静,青霞.重庆市互联网金融的发展趋势与监管对策[J].技术与市场,2022,29(1):4.

[26]张赢.省级农信互联网金融零信任架构设计和规划[J].金融电子化,2022(5):2.

[27]王昱,盛旸,薛星群.区块链技术与互联网金融风险防控路径研究[J].科学学研究,2022,40(2):12.

[28]倪武帆,樊冰璐,李明生,等.互联网金融业务风险透视及防控策略——以"蚂蚁花呗"为例[J].北方金融,2022(4):7.

[29]程雪军.论互联网消费金融对传统消费金融的冲击效应与竞合机制[J].兰州学刊,2022(2):15.

[30]刘汉广.互联网金融系统性风险治理的法治化思考——以"蚂蚁金服"平台为例[J].社会科学动态,2022(1):8.

[31]赵昕东.互联网金融背景下小企业现金流管理探析[J].上海商业,2022(5):3.

[32]曾晓梅.区块链金融:应用场景,风险及其监管[J].金融科技时代,2022,30(4):6.

[33]陈小梅.电商平台互联网消费金融的风险与防范研究[J].福建开放大学学报,2022(2):5.

[34]贺逸群.互联网金融第三方支付平台的风险监管及对策研究[J].产业创新研究,2022(3):5.

[35]陈立芳.长臂监管与穿透式监管理念国际经验梳理及本外币管理思路借鉴[J].武汉金融,2022(4):5.

[36]韦楹佳.区块链互联网金融模式的现状及风险问题与监管文献综述[J].经济技术协作

信息,2022(5):4.

[37]席薇.互联网金融发展模式的监管研究[J].中国国际财经(中英文),2017(24):289-290.

[38]王笑涵.互联网金融的发展及其监管模式的研究[J].经贸实践,2018(3X):2.

[39]王诗霖.新形势下互联网金融的创新发展与监管研究[J].消费导刊,2020,(39):199-200.

[40]陈益民,候舒寒,何梦瑶.大数据下的互联网金融发展问题及创新监管研究[J].2020.

[41]郑志来."互联网+"背景下共享金融发展路径与监管研究[J].当代经济管理,2016,38(8):6.

[42]吕娜,张海珍,余明明.互联网金融发展与监管研究[J].商,2016(21):1.

[43]江世捷.互联网金融发展与监管研究[J].读天下,2016(18):1.

[44]沈宇星.我国互联网金融发展中的风险以及监管问题研究[J].经营者,2019,33(001):104-105.

[45]张宏睿,张璐瑶.互联网金融理财产品发展趋势监管研究[J].科技经济导刊,2019(1):1.

[46]杨星.浅析互联网 金融对我国商业银行的影响[J].明日,2021(4):2.

[47]梁晓鸣,陈白玉.浅析互联网金融对C商业银行的影响[J].中国商论,2019(7):2.

[48]郎慧苹.互联网金融发展面临的主要风险与监管对策研究[J].商场现代化,2019(19):2.

[49]赵润滋.我国互联网金融发展的问题与监管对策研究[J].财讯,2019(9):2.

[50]刘强.我国互联网金融发展及其监管问题的研究[J].投资与创业,2018(9):2.

[51]李世玲.互联网金融行业反洗钱监管问题研究[J].经济视野,2020(20):2.

[52]梁军峰.互联网金融风险与监管研究——基于制度经济学视角[J].财会通讯,2020(4):4.

[53]魏雅隽.论P2P网络借贷的风险防范与监管[J].农村经济与科技,2018,29(24):2.

[54]黄小汶,许瑞华,林倩,等.农村互联网金融监管问题及对策研究——基于乡村振兴的金融支持视角[J].农村经济与科技,2021,32(11):4.

[55]赵丹.浅谈互联网金融风险防范与监管[J].市场周刊·理论版,2020(30):122.

[56]阮小成.互联网金融风险监管机制与政策研究[J].北方经贸,2021(11):3.

[57]付乐.互联网金融监管优化路径探析[J].品牌研究,2020,(26):123-124.

[58]王怡婷.互联网金融监管的必要性与措施[J].数码设计,2020,9(23):1.

[59]陆岷峰,徐阳洋.科技向善:激发金融科技在金融创新与金融监管中正能量路径[J].

南方金融,2021(1):10.

[60]刘蕾.金融科技法律监管问题分析[J].武汉冶金管理干部学院学报,2020,30(1):3.

[61]程诚.中国互联网金融的风险与监管研究[J].消费导刊,2019,000(049):176,179.

[62]程雪军,吴敏,马楠.互联网消费金融资产证券化的发展反思与监管建议[J].消费经济,2020,36(2):10.

[63]冯晓亮.众筹与互联网金融:机遇、挑战与监管[J].生产力研究.2017(2).

[64]李箐,崔红军.中国互联网金融的风险与监管研究[J].卷宗,2019(15):3.

[65]应依汝,王旭程.浅谈互联网金融的发展[J].农村经济与科技,2018(10)78-79.

[66]李想.当代互联网金融监管体系现状研究[J].科技经济导刊,2019(1):1.

[67]吴传德.我国互联网金融监管体制的研究[J].经济研究导刊,2019(3):3.

[68]关捻珉.地方监管部门对互联网金融监管的困境与研究[J].区域治理,2020(29):1.

[69]江婉婷.共享经济时代下的互联网金融创新与金融监管研究[J].丝路视野,2020,(32):65.

[70]邱晓君.跨境电子商务与互联网金融的融合与监管研究[J].消费导刊,2020,(23):172-173.

[71]詹亮.互联网金融风险及监管研究综述[J].现代商贸工业,2021,42(7):2.

[72]王斌.我国互联网金融监管研究[J].时代金融,2018(23):2.

[73]苏灿.新时期互联网金融监管体系探究[J].经济与社会发展研究,2021,(12):9.

[74]郭晓娟.中国互联网金融的风险与监管研究[J].财会学习,2018(19):1.

[75]林蓉蓉.中国互联网金融风险分析及监管研究[J].今日财富:中国知识产权,2020(1):2.

[76]程雪军,王刚.互联网消费金融的风险分析与监管建构[J].电子政务,2020(5):11.

[77]杨扬.互联网金融风险及其监管策略分析[J].数字通信世界,2021(12):3.

[78]左天武.互联网金融风险分析及监管建议研究[J].IT经理世界,2020(4):88.

[79]詹昆.互联网企业金融风险的监管路径分析[J].中小企业管理与科技,2021(16):2.

[80]唐谏珍.互联网消费金融监管与国际经验借鉴[J].区域金融研究,2020(8):6.

[81]王健,赵秉元.互联网金融创新的沙盒监管:挑战与应对[J].兰州学刊,2021(10):13.

[82]吕天勤.互联网金融的发展与困境[J].中小企业管理与科技,2020(6):5.

[83]袁嫣.政府优化互联网金融风险监管举措的方法研究[J].中小企业管理与科技,2021.

[84]石成玉.互联网金融监管面临的挑战与应对[J].时代金融,2018(18):1.

[85]官毅,官雪.互联网金融市场风险分析[J].管理科学与研究.2022(03).

[86]朱莹.互联网金融风险的社会特性与监管创新研究[J].财富生活,2021(22):2.

[87]刘晋晋.个人征信市场化发展与创新监管机制探析[J].金融发展评论,2019(3):10.

[88]路璐.互联网金融监管实施必要性以及核心原则研究[J].消费导刊,2021,(13):209-210.

[89]杨丽,王雅娟.政府对互联网金融风险的监管问题研究[J].现代商业,2021(29):4.

[90]侯雪.互联网金融发展与风险管控研究[J].中国管理信息化,2021,24(16):2.

[91]卢希.商业银行互联网金融业务全面风险管理体系构建研究[J].中国管理信息化,2019,22(6):2.

[92]胡翼慧.互联网金融风险监管研究[J].合作经济与科技,2019(23):3.

[93]毕娟.我国互联网金融监管探析[J].社会科学(全文版),2021(2018-7):12-12.

[94]陈宝贵.对互联网金融风险与监管的研究[J].金融经济:下半月,2018(1):2.

[95]冯左左.浅析互联网金融的法律监管问题[J].职工法律天地,2019,000(006):193.

[96]陶士贵.制度惯性中的金融监管体制改革[J].2021(2016-10):106-110.

[97]沈联涛.金融创新,金融监管与此次金融危机的联系及其改革方向[J].2021(2010-1):27-28.

[98]陆岷峰,徐阳洋.科技向善:激发金融科技在金融创新与金融监管中正能量路径[J].南方金融,2021(1):10.

[99]郁桦.我国互联网金融监管现状及体系构建分析[J].首席财务官,2021,(3):281,283.

[100]章琏.互联网金融市场监管法律探析[J].市场研究,2019(5):2.

[101]吴纪安.基于区块链技术的互联网金融监管路径优化[J].计算机与网络,2020,46(16):1.

[102]程雪军.场景消费金融的风险检视与监管对策——以长租公寓"租金贷"为例[J].南方金融,2021(12):13.

[103]王梦.国内互联网金融的发展——基于文献的研究[J].时代金融,2019(12):2.

[104]孙群.互联网金融监管法律体系的构建策略[J].通化师范学院学报,2021,42(11):5.

[105]黄茜.经济法视角下互联网金融模式风险监管研究[J].休闲,2020(30):1.

[106]姜奇平.互联网发展的一个积极信号[J].互联网周刊,2022(7):1.

[107]蒙立观.互联网金融发展下的央行支付结算监管对策研究[J].商讯,2020,No.201(11):70-71.

[108]王向楠,吴婷.互联网韧性监管动态及借鉴意义——以金融业为例[J].电子政务,

2020(1)：13.

[109]胡唐济. 互联网金融发展下的支付监管对策与建议[J]. 新金融世界，2019(4)：68-69.

[110]陈皓. 互联网金融的发展现状及监管政策研究[J]. 商情，2022(15)：3.

[111]赵润滋. 我国互联网金融发展的问题与监管对策研究[J]. 财讯，2019(9)：2.

[112]王诗霖. 新形势下互联网金融的创新发展与监管研究[J]. 2020. [24]田霄霄. 互联网金融发展与监管研究[J]. 经济技术协作信息，2021(27)：2.

[113]张爽. 新形势下金融科技的发展现状与风险防范[J]. 市场周刊·理论版，2019，(21)：134-136.

[114]刘昕. 互联网金融的风险监管与发展对策研究[J]. 现代营销：经营版，2021(3)：2.

[115]刘振斌. 互联网金融发展与监管路径研究[J]. 甘肃金融，2020(9)：3.

[116]宋士平. 对互联网金融的发展与监管对策研究[J]. 财经界，2019(23)：1.

[117]秦伟广，李红. 金融监管对互联网金融创新的风险与发展影响研究[J]. 当代金融研究，2020(1)：6.

[118]梁梦龙. 互联网金融监管背景下互联网金融发展的策略研究[J]. 时代金融，2018(24)：2.

[119]陶佳昕. 基于互联网金融发展与监管研究[J]. 中国高新区，2018，03：21-21.

[120]孙丹. 我国互联网金融监管现状及发展研究[J]. 南方企业家，2018(3)：1.

[121]宋改改，吴伟容. 我国互联网金融的发展及其监管问题研究[J]. 中国集体经济，2020(13)：2.

[122]武文全. 我国互联网金融的发展与监管研究[J]. 中国经贸导刊，2018(35)：2.

[123]窦盈盈. 大数据背景下互联网金融发展问题及创新监管研究[J]. 企业科技与发展，2019(5)：2.

[124] Na Zhao；Fengge Yao. The Transmission and Preventive Measures of Internet Financial Risk[J]. Business Intelligence and Information Technology. 2021.

[125]Zhao N，Yao F . The Transmission and Preventive Measures of Internet Financial Risk[C]// International Conference on Business Intelligence and Information Technology. Springer，Cham，2022.

[126]Wu Z，Wang S，Yang H，et al. Construction of a Supply Chain Financial Logistics Supervision System Based on Internet of Things Technology［J］. Mathematical Problems in Engineering，2021，2021.

[127]Yong G K . Financial Supervision in the New Millennium[J]. World Scientific Book Chapters，2021.

参考文献

[128] Cui Z, An F, Zhang W. Internet Financial Risk Assessment Based on Web Embedded System and Data Mining Algorithm[J]. Microprocessors and Microsystems, 2021, 82(3): 103898.

[129] Cz A, Li M A, Jw B, et al. The mechanism of credit risk contagion among internet P2P lending platforms based on a SEIR model with time-lag[J]. Research in International Business and Finance, 2021.

[130] Zhou H, Sun G, Fu S, et al. Internet Financial Fraud Detection Based on a Distributed Big DataApproach With Node2vec[J]. IEEE Access, 2021, PP(99): 1-1.

[131] Wu J, Zhou Z, Luo Z. Research on Risk Prevention and Computer Modeling Optimization of Internet Financial Products[J]. Journal of Physics: Conference Series, 2021, 1744(3): 032108 (6pp).

[132] Wang X, Wan Z, Zhang Y. A DQN-based Internet Financial Fraud Transaction Detection Method. 2021.

[133] Dafermos Y. Climate change, central banking and financial supervision: beyond the risk exposureApproach[J]. Working Papers, 2021.

[134] Ni J, Ni H. Development Status, Causes of Risks, and Risk Supervision Suggestions on Internet Finance in China[J]. 商业经济研究, 2021, 4(5): 7.

[135] Qiu W. Enterprise financial risk management platform based on 5G mobile communication and embedded system[J]. Microprocessors and Microsystems, 2021, 80(4): 103594.

[136] Fan X, Wang Y, Wang D. Network connectedness and China's systemic financial risk contagion——An analysis based on big data[J]. Pacific-Basin Finance Journal, 2021, 68.

[137] Qi M, Gu Y, Wang Q. Internet financial risk management and control based on improved rough set algorithm[J]. Journal of Computational andApplied Mathematics, 2021, 384(2): 113179.

[138] Guang Y, Li S, Li Q. Internet Financial Risk Monitoring and Evaluation Based on GABP Algorithm[J]. Journal of Mathematics, 2022, 2022.

[139] Liu M, Gao R, Fu W. Analysis of Internet Financial Risk Control Model Based on Machine Learning Algorithms[J]. Journal of Mathematics, 2021, 2021.

[140] Lee D, Lim J, Phoon K F, et al. Financial Regulation and Supervision[J]. World Scientific Book Chapters, 2022.